学前教育专业“互联网+”

新形态一体化系列规划教材

# 学前儿童社会教育与活动指导

主　编◎刘　阳　杨贺芳　陈俊芳

副主编◎张晓萍　赖满瑢　陈李笑　卫扬勇

参　编◎李宝枝

厦门大学出版社
XIAMEN UNIVERSITY PRESS
国家一级出版社
全国百佳图书出版单位

"学前儿童社会教育"精品课程

图书在版编目(CIP)数据

学前儿童社会教育与活动指导 / 刘阳，杨贺芳，陈俊芳主编. -- 厦门 ：厦门大学出版社，2023.2(2023.7 重印)
(学前教育专业"互联网＋"新形态一体化系列规划教材)
ISBN 978-7-5615-8888-8

Ⅰ. ①学… Ⅱ. ①刘… ②杨… ③陈… Ⅲ. ①学前儿童—社会教育—教材 Ⅳ. ①G611

中国版本图书馆CIP数据核字(2022)第225978号

出版人 郑文礼
责任编辑 林 鸣
美术编辑 李夏凌
技术编辑 许克华

出版发行 厦门大学出版社
社 址 厦门市软件园二期望海路 39 号
邮政编码 361008
总 机 0592-2181111 0592-2181406(传真)
营销中心 0592-2184458 0592-2181365
网 址 http://www.xmupress.com
邮 箱 xmup@xmupress.com
印 刷 湖南省众鑫印务有限公司

开本 787 mm×1 092 mm 1/16
印张 20.75
字数 345 千字
版次 2023 年 2 月第 1 版
印次 2023 年 7 月第 2 次印刷
定价 53.00 元

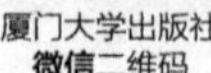

厦门大学出版社
微信二维码

厦门大学出版社
微博二维码

# 前　言

“学前儿童社会教育”是学前教育专业的必修课程，是研究学前儿童社会性发展的现象、规律及其教育和训练的一门科学，是以发展儿童的社会性为主要目标，以增进儿童的社会认知、激发社会情感、引导社会行为技能为主要内容的教育。课程关注学前儿童社会性发展的影响因素及其规律，侧重提升该专业学生在学前儿童社会教育方面的知识、技能和素养水平，是一门具有较强的应用性的课程。

本教材以《幼儿园教育指导纲要（试行）》（以下简称《纲要》）、《3—6岁儿童学习与发展指南》（以下简称《指南》）等文件精神为指导，在吸收学前教育相关领域研究成果，分析学前教育专业学生学习认知规律的基础上，结合幼儿园教师岗位相关要求，形成本教材的结构，共计八个项目：项目一为学前儿童社会教育概述、项目二为学前儿童自我意识的发展与教育、项目三为学前儿童社会认知与教育活动、项目四为学前儿童社会情感与教育活动、项目五为学前儿童社会交往与教育活动、项目六为学前儿童性别角色发展与教育、项目七为学前儿童问题行为干预与矫正、项目八为学前儿童社会教育评价。

总体而言，本教材在编写过程中力求体现科学性、时代性和实践性的统一，从文字到内容的编排，都力求深入浅出，突出重点。本教材特色主要体现在以下几个方面。

1.注重系统性和实用性，适应学前教育课程发展的需要

本教材每个项目设有情境导入、理论阐释、案例分析、知识拓展等板块。同时加入活动设计、思考实训、思维导图等，为学生实践活动提供范例，提高学习的有效性，也增强了教材的可读性。

作为用于教学的教材，本教材拓展补充了《纲要》《指南》等文件中与学前儿

童社会教育相关的内容，力求引导学生在学习中更好地掌握相关文件要求。

2. 符合《纲要》等文件精神，具有较强的时代性和针对性

本教材收集整理了先进的幼儿园社会教育活动理论，借鉴新观点、新方法。同时结合社会教育的热点和前沿问题，加入学前儿童性别角色教育、问题行为干预等项目和专题任务。理论阐述紧密围绕相关文件和政策法规，突出新时代幼儿教育和社会教育的原则与要求，具有较强的时代性和针对性。

3. 借助信息化手段，实现教学资源的丰富性

本教材为“学前儿童社会教育”精品在线课程的配套教材，建立了丰富的课程在线资源，在线课程中包括与学前儿童社会教育相关的理论阐述、绘本教育、园长访谈、案例评析等。教材中借助互联网技术引入二维码，实现了教学资源和教学手段的丰富性。

书中参考、引用、借鉴了许多国内外同行的最新研究成果，同时参考、借鉴了一些已出版的优秀教材，在此一并表示感谢。

由于时间仓促和编写人员的水平所限，书中难免存在疏漏和不足之处，敬请广大读者批评指正。我们将认真听取意见和建议，不断予以完善。

厦门南洋职业学院

刘　阳

2022 年 10 月于厦门

目 录

# 项目一　学前儿童社会教育概述

## 学习目标

1. 了解我国学前儿童社会教育的发展历程。
2. 理解学前儿童社会教育的内涵、意义。
3. 掌握学前儿童社会教育的目标、原则与具体方法。
4. 能将学前儿童社会教育的途径和方法应用于教育活动的设计。

## 情境导入

教师访谈 1：在我们幼儿园，社会教育基本上算是“副科”。社会教育一般都是在平时生活中进行，实施起来随意性比较大，都是靠教师自己把握，所以社会教育的内容、实施的频率和效果都和教师个人有很大的关系，这之间的差别性比较大。

教师访谈 2：我们幼儿园比较少开展专门的社会教学活动，一般都将社会领域的内容融入一日生活当中进行，比如在午饭前、散步时间、下午的区域活动时间和一些过渡环节，会进行相关的社会教育。小班的社会性包括有礼貌地对待别人、学会打招呼、接纳同伴；中班的社会性就是学会自己的事情自己做；大班的社会性就是要爱护环境等。社会教育是贯穿于幼儿一日生活中的，不是靠专门的社会课来完成的。

**思考：**

两位教师的访谈内容凸显了幼儿园社会领域教育存在的哪些问题？学前儿童社会教育与语言教育、艺术教育、科学教育、健康教育有着怎样的关系，具有哪些重要意义？如何更好地实施学前儿童社会教育？

# 模块一　社会化与学前儿童发展

学前儿童社会教育是研究学前儿童社会性发展的现象、规律及其教育和训练的一门科学，是以发展儿童的社会性为主要目标，以增进儿童的社会认知、激发社会情感、引导社会行为技能为主要内容的教育。社会教育是幼儿全面发展的重要组成部分，是由社会认知、社会情感以及社会行为技能三方面构成的有机整体。

要想真正了解学前儿童社会教育的研究对象，首先需要掌握社会性、社会化的概念及其相互关系。

## 一、社会化与社会性

### （一）社会化

《指南》中指出："社会领域学习与发展的实质在于促进幼儿社会化，形成良好的个性品质。"

每个儿童从出生的那刻起就处于一定的社会环境和社会关系中。特定的社会环境和社会关系构成了儿童身心发展的基本条件，也构成了其身心发展的重要内容。社会化有广义与狭义之分。广义的社会化指的是儿童从生物人（自然人）向社会人的转化，即获得人类所具有的基本特征（包括直立行走、使用工具、言语交流、抽象思维等）；而狭义的社会化则是指儿童融入所在的社会环境与社会关系，接受所在社会群体认可的价值观和行为方式等系列过程。同时，社会化的过程其实也是个性化的过程。

社会化是儿童学习与发展的中心任务之一，因为只有习得所在社会群体认可的价值观和行为方式才能成为合格的社会成员。社会领域的学习与发展，其实质在于促进儿童社会化，并在社会化的过程中逐渐形成良好的社会性与个性。

**知识链接**

埃里克森将正常人的一生，从婴儿期到成人晚期，分为8个发展阶段。在每个阶段，个人都面临并克服新的挑战。3～6岁的儿童从父母身上学会基本规则、获得基本的社会技能后，开始自觉地使用和进行自我管理，从而培养对自己的信任。

成人对儿童主动发起的社会活动的积极回应能够促进他们自主感和自信心的建立，反之消极回应则会导致内疚感，使他们感到没有能力进入成人社会。从学前儿童的身心发展水平出发，鼓励他们积极地参与社会活动，帮助他们进行有效的社会学习，是学前儿童社会教育的主要任务。

### （二）社会性

人在交往中获得了社会性，社会性是人的社会化的内容和结果。

关于社会性的内容，心理学家、教育家、社会学家、文化人类学家都在关注，但关注的角度不同。例如，心理学家重视个体在社会性发展和演变中的那些心理规律，教育家重视教育对儿童社会化过程的影响作用，等等。

同时，关于社会性的具体内容，东西方学者也有不同论述。但实质都是一致的，就是学习如何与别人友好相处并适应环境的能力。

所以，如果要对社会性下一个定义，我们可以这样描述：社会性是指个体在掌握社会规范、形成社会技能、学习社会角色的社会化过程中所产生的一种心理特征。《指南》明确指出，人际交往和社会适应，是幼儿社会教育的两大核心内容。

学前期是个体社会化的第一个关键期，我们只有了解学前儿童社会性发展的含义，认识到学前儿童社会性发展的重要价值，掌握不同年龄阶段学前儿童社会性发展的特点，才能从环境和教育的角度为学前儿童社会性发展提供适宜的支持和引导，有效促进学前儿童的社会化进程，并为他们后续的社会性发展奠定良好的基础。

## 二、社会性对学前儿童发展的意义

雅思贝尔斯说：“教育所要唤醒的是人的潜在本质，能让儿童逐渐认识自我、认识知识和探索道德。”社会教育虽然不是学前教育的全部，但在整个人生过程中，它起到十分重要的作用，不仅能让幼儿亲身体会到作为公民的权利和责任，还是一种潜移默化、润物细无声的陶冶式教育和为人处世、积极生活的教育。

### （一）社会性是学前儿童社会性情感及社会交往的需要

儿童自出生的那一天起就生活在社会之中，也就是说，儿童一出生就预示着其社会性发展的开始。按照心理学家马斯洛的需要理论，儿童除了基本的生理需要外，还有社会性的需要，比如安全需要、归属和爱的需要等（图 1－1）。随着儿童的发展，儿童的社会性情感及社会交往的需要也越来越强烈。罗杰斯指出，儿童有“积极关注”的需要，即儿童对诸如温暖、爱、同情、关怀、尊敬及获得别人承认的需要，而积极关注是儿童在社会性情感交流及社会交往过程中获得的。

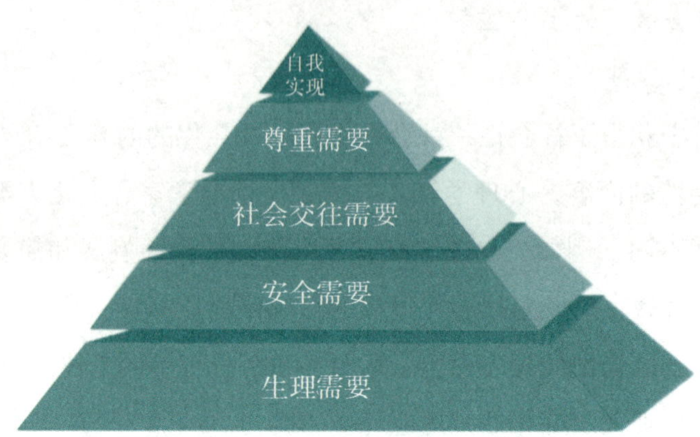


图 1-1　马斯洛需要层次

好的教育并不只是智力的训练，因为相比较而言，社会性水平的高低更能决定孩子在未来生活中获取幸福和成功的能力，其中也包括家庭关系的成功与幸福。心理学家史迪夫·比道夫说过：“无论成人或儿童，不可能总是快乐无忧，但我们都希望能够帮助孩子学会控制自己的情绪，使之向快乐的方向转化。”也就是说，如果想让一个儿童获得爱的情感、与人相处愉快，良好的社会性是必不可少的。

### （二）社会性影响学前儿童身体、心智的发展

首先，良好的社会性会促进孩子的身体健康。因为人生活在社会环境中，时时刻刻接收着来自周围人、事或自身内部的种种信息，这些信息经过大脑的整理和分析，会对情绪、情感产生影响。例如，当一个儿童和其他小朋友和谐相处时，他会感到自己是开心、愉快的。这种开心与愉快使他的内分泌系统处于平衡状态，全身的各种腺体正常工作，这有利于他的生长与发育。有医学专家研究表明：心平气和的孩子比生气、烦躁的孩子免疫力更强，更不易患传染病。

其次，社会性还会影响学前儿童的心智发展。社会性发展得比较好的孩子，适应能力和自制力都比较强，他们更容易与老师、同伴相处得融洽，有更多的机会与老师、同伴交往，从他们那里得到信息，扩大自己的眼界，在与同伴的合作游戏中，提高自己的能力。另外，社会性发展得比较好的孩子，往往心态积极，情绪稳定，自信心强，遇到挫折或困难时，他们也能寻找原因，努力克服困难，而不轻易放弃。

良好的社会性中的自制力、适应能力、毅力、真诚等心理品质，对一个人的学习和工作都是极其重要的，它虽然不能直接提高智力程度，但是它们能使心智能力得到充分的发挥。

### （三）社会性认知的需要

儿童很早就表现出对社会事物或现象的兴趣，并在此基础上形成认知的需要。但是，儿童的社会性认知不等同于对一般客体的认知，它是儿童主体观念（比如是非观念、价值观念等）形成的过程；不是简单地接受成人的观念，或记住现行社会的规则、规范，而是在了解它们的基础上做出自己的判断、抉择，形成自己的认识。换言之，社会教育的价值不在于“塑造”儿童，而在于为儿童形成自己的观念提供相应的“材料”，促使儿童自我塑造。

总而言之，幼儿阶段是人社会性发展的重要时期。在这个时期，幼儿学习怎样与人相处，怎样看待自己，怎样对待别人；逐步认识周围的社会环境，内化社会行为规范；逐渐形成对所在群体及其文化的认同感和归属感，发展适应社会生活的能力。

幼儿期也是人的个性初具雏形的时期。这一时期形成的对人、对事、对己的态度，逐渐发展出的个性品质和行为风格，不仅直接影响其童年生活的快乐与幸福感，影响其身心健康以及知识、能力和智慧的形成，更可能影响其一生的学习、工作和生活。所谓“三岁看大，七岁看老”，其实真正反映的是人的社会性和个性特征的稳定性。

**知识链接**

个性又叫人格，是指一个人独特的、稳定的和本质的心理倾向和心理特征的总和。简单地说，个性就是一个人的整体精神面貌。个性具有整体性、稳定性、独特性以及社会性等特点。整体性是指，个性虽有多种成分和特质，如能力、气质、情感、需要、价值观等，但在真实的人身上并不是孤立存在，而是密切联系的，组合成一个有机的、完整的动力系统。稳定性是指那些经常表现出来的特点，是一贯的行为方式的总和。独特性是指，人与人之间的心理和行为是不相同的，每个人各有其能力、爱好、认知方式、情绪表现和价值观。同时，个性是社会的人所特有的。

## 三、儿童社会性发展的影响因素

儿童从一个生物个体到一个社会成员的转化，是由多种因素促成的。一般认为，影响儿童社会化的因素主要有三方面。

### （一）环境

任何人都是在一定的环境中生长的，儿童社会性的发展离不开其所生活的环境。自然环境和社会环境都对儿童的社会性发展产生一定的影响，其中，社会环境的影响更为重要，主要包括家庭环境、幼儿园环境、社区环境和大众传媒等因素。

家庭是儿童社会化的最初场所，对儿童社会化的影响是潜移默化的，就像一个无声的老师，时时刻刻在发挥着特殊的影响作用。而且，这种影响是建立在家庭成员之间感情密切联系基础之上的一种社会教育，是其他因素所无可取代的。其中，家庭物质条件、家庭结构、家长的教育观念和教养方式以及亲子关系等都会直接影响儿童社会能力的形成和发展。

在幼儿园环境中，对儿童社会性发展产生影响的因素是多方面的，既有幼儿园物质环境带来的影响，也有教师、幼儿同伴等构成的精神环境的影响。

此外，社区环境与大众传媒对幼儿的社会性发展都有着不可忽视的影响。

### （二）儿童自身的因素

环境的各种影响必须通过每个人已有的心理发展水平和心理活动才能发生作用。正如布特曼所说："每一个人都是他自己个性的工程师。"任何环境因素要被个人所接受和理解才能发挥其影响作用，产生效果。在儿童社会性发展的过程中，儿童自身的各种因素如气质、认知水平、参与的积极性等都会影响其社会化的进程。

### （三）幼儿园教育

幼儿园的社会教育是教师按照国家的教育目标和一定的社会价值取向，针对不同年龄儿童的发展特点，通过有目的、有计划、有组织地实施教育影响，以发展儿童的社会认知、社会情感和社会行为的教育。幼儿园教育的形式多样、途径丰富，在儿童的社会性教育中起着至关重要的导向作用。

综上所述，影响儿童社会性发展的因素是多方面的，既有来自家庭环境的影响，也有来自幼儿园教育的影响，更有社会大环境的影响，而各种影响都要通过儿童本身才能起作用。可以说，儿童社会性的发展是多种因素共同作用的结果，是一个长期而复杂的过程。

# 模块二　学前儿童社会教育的学科地位与发展历程

## 一、学前儿童社会教育的学科地位

学前儿童社会教育课程主要研究学前儿童社会发展的现象、规律及教育原理、方法与途径，是一门兼有理论性、应用性、实践性的复杂学科。

### （一）学前儿童社会教育与其他课程的关系

健康、科学、社会、语言、艺术等幼儿园五大领域是一个统一的整体，不可绝对地分割。在课程实施过程中，教育者需要建立一种整体教育的观念。《指南》强调："关注幼儿学习与发展的整体性。儿童的发展是一个整体，要注重领域之间、目标之间的相互渗透与整合，促进幼儿身心全面协调发展，而不应片面追求某一方面或几个方面的发展。"

甘剑梅主张用身处无意识的环境影响的完整的人来表达五大领域的关系，因为学前教育的最终目标是培养完整发展的儿童，并为其一生的发展奠基。儿童的完整发展既受到有意识教育的影响，也受到无意识的环境的影响。①

如图 1–2 所示，人体与圆圈中的空白处标示着影响儿童发展的无意识环境，它渗透在儿童所处的所有环境中。整个人体部分代表有意识的五大教育领域，其中头部代表的是社会教育，它为学前教育提供价值的指引。没有价值指引的学前教育是盲目的，无助于人类进步的教育价值指引则是无益的，因而学前教育的第一步是根据儿童的身心发展规律和社会健康发展的需要，思考我们要培养什么样的儿童。身体躯干是健康教育，它是幼儿教育的主体，学前阶段所有的教育都需要考量它是否有益于幼儿的整体健康，违背幼儿整体健康发展的价值、知识与能力都是不具有教育性的，也是不值得提倡的。右手是美术教育，左手是音乐教育，它们是帮助幼儿体验世界之美的两种途径；右脚是科学教育，左脚是语言教育，它们是帮助幼儿认识世界、表达对世界的理解与体验的两种有力途径。从它们各自的功能来看，这五大教育领域对于幼儿的完整发展来说都是不可或缺的。

① 甘剑梅．学前儿童社会教育的内涵、性质与课程地位［J］．学前教育研究，2011（1）：53–58.

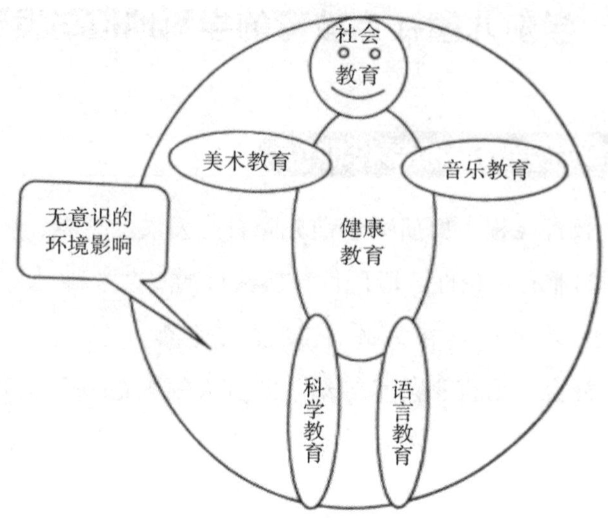


图 1-2　五大领域的整合关系

虽然这五大领域的教育共同作用于儿童的整体发展，但其中社会教育起着导向性作用，为其他领域提供方向与价值的指引。例如，在科学教育中，我们不仅要让儿童学会科学地认识与探究客观世界，还要让儿童认识到人类与客观世界的关系，以及人类对客观世界所承载的责任；语言教育也不仅仅只是教会孩子学会正确与流利地表达，还要教孩子学会表达真诚与善意；艺术教育也不仅仅是让孩子学会欣赏与创造美，还要让孩子体验与领会人性之美。这些都是社会教育的内容。可见，社会教育规定着所有课程领域的价值方向，即培养有益于促进人类社会健康发展的人。

幼儿期是孩子行为养成、品德塑造的关键期，因此幼儿期的社会教育对于儿童社会性的发展起着非常关键的作用。而幼儿在幼儿园接受的社会教育又是关键中的关键。

### （二）学前儿童社会教育的意义

#### 1. 有利于实现社会文化的延续与发展

学前儿童社会性发展是学前儿童从自然人发展到社会人的过程，也是学前儿童传承社会文化的过程。任何一个时代的教育都在起着向下一代传授知识、技能、思想、观念的作用，从社会文化传承的角度来看，学前儿童社会教育在幼儿教育课程体系中首先担负起了这一责任。学前儿童在社会教育过程中接受社会传统文化的同时，也在利用自身的积极主动性改造着社会文化，使社会文化在传承的过程中得到新的发展。社会性课程的内容中包含了系统的社会文化知识和经验，儿童掌握这些文化

知识和经验，便实现了文化的代际传递。

**知识链接**

文化归属感是一个统称，它是指学前儿童对更大范围的本社区、城市、民族、国家产生认可和接纳的感受，同时也包含对不同社区、不同城市、不同民族、不同国家之间差异的接纳感受。幼儿教师可以从身边挖掘教育素材，通过创设专门的教学活动、参观活动等，激发幼儿对社区、对家乡的热爱之情。同时还可以借助视频、图片等丰富幼儿对祖国的认识，培养幼儿对家乡的自豪感和责任感。学前儿童多元文化教育活动的内容（民族文化方面）主要包括以下几个方面：

（1）尊老爱幼、互相帮助、宽厚仁和等伦理道德观念；

（2）具有民族特色的民间艺术（例如剪纸、山水字画、泥塑、陶瓷、乐曲、歌曲、舞蹈等）；

（3）各民族特有的自然、人文环境（风景名胜），包括地理特征；

（4）风俗习惯（节日）；

（5）各民族具有特色的儿歌、童谣、故事和其他文学作品；

（6）各民族的民族英雄人物；

（7）各民族的特产、服装、语言、饮食等特点。

2. 有利于促进学前儿童的社会化和完整发展

社会化是幼儿适应、参与社会生活并能够在社会环境中独立生存的必要条件。幼儿需要通过社会化教育来了解社会、参与社会、适应社会，在社会中获得自身的发展与进步。社会性课程为儿童提供社会性经验，促进个体更好地适应社会；同时帮助儿童形成普遍的社会性素养。

社会教育在促进学前儿童完整发展和塑造健全人格上，起到了十分重要的作用。幼儿健全人格的发展是指认知、情感、意志品质的协调发展。幼儿的真正发展是在环境和成人的共同体中，不断地增长智慧、丰富情感、收获快乐和幸福，从而不断成长。

## 二、我国学前儿童社会教育的发展历程

从我国学前儿童社会教育近现代发展的历史看，学前儿童社会教育从最初只有零散的、缺乏系统的思想，发展到逐步完整的、较为系统的观念，并出现在幼儿园课程之中，经历了漫长而曲折的过程。这期间大致经历了三个发展阶段。

### （一）第一阶段：20 世纪初到 20 世纪中期

1904 年 1 月，清政府颁布《奏定蒙养院章程及家庭教育法章程》，这是我国第一部幼儿教育法规。章程要求对儿童实施全面教育，包括体育、德育、智育、美育等，并提出了在理解和掌握儿童行为习惯及心理特点的基础上，实行适度教育、榜样引领等教育原则。章程还规定了蒙养院儿童在院时间限制——每日不超过 4 小时，课程设有游戏、歌谣、谈话、手技等，课程设置符合儿童年龄特点和接受能力。

“五四”时期的思想解放给教育改革带来了契机，出现了许多学前教育改革家，主要代表人物有陈鹤琴、张宗麟等。他们开辟了学前教育本土化、科学化的发展道路，着手创立了我国最早的学前教育机构。陈鹤琴认为幼儿园课程的两大中心是“大社会”和“大自然”，提出“活教育”理论，并提出了著名的“五指活动”课程。张宗麟先生在《幼稚园的社会》一书中，详细论述了幼儿社会生活的思想，十分强调幼儿生活的社会倾向。总之，这一阶段，社会教育、社会课程作为幼儿园教育、幼儿园课程的有机组成部分逐渐得到确立，社会课程的结构、体系以及实践都得到较大的发展。

**知识链接**

图 1-3　陈鹤琴

陈鹤琴提出著名的“五指活动”课程：

其一，健康活动，包括饮食、睡眠、早操、游戏、户外活动、散步等；

其二，社会活动，包括朝夕会、周会、纪念日、集会、每天的谈话、政治常识等；

其三，科学活动，包括栽培植物、饲养动物、研究自然、认识环境等；

其四，艺术活动，包括音乐（唱歌、节奏、欣赏）、图画、手工等；

其五，语文活动，包括讲故事、唱儿歌、猜谜语、读故事等。

此外，还编制了教学原则、教学方法、教学评价等。

陈鹤琴强调儿童与社会的关系，要求儿童有能力和带着对公共服务的兴趣去参加社会活动，懂得个人与国家的关系，国家与世界的关系，以此来激励儿童的爱国心与爱人类之心。

### （二）第二阶段：20 世纪中期到 20 世纪 90 年代中期

1996 年，国家教育委员会正式颁布《幼儿园工作规程》（以下简称《规程》），这是学前儿童社会教育发展到第二阶段的主要标志。

1949 年后，幼儿园社会教育课程被取消，很长一段时间以“常识”或者“思想品德”课程来代替。

《规程》中提出幼儿园保育和教育的四大目标，其中之一是学前儿童社会领域教育。《规程》还对幼儿园的品德教育进行了正确的定位，指出“幼儿园的品德教育应以情感教育和培养良好行为习惯为主，注重潜移默化的影响，并贯穿于幼儿生活以及各项活动之中”。《规程》的颁布，对建立与完善幼儿园社会领域课程提供了法规、政策及理论上的支持。

### （三）第三阶段：20 世纪 90 年代中期至今

2001 年颁布的《纲要》，标志着我国幼儿园社会教育发展进入到第三阶段。《纲要》是对幼儿园课程具有直接指导意义的纲领性文件。《纲要》将幼儿园课程相对划分为健康、语言、社会、科学、艺术五大领域，其中的社会领域部分将社会教育的目标，内容和要求，方法和途径等进一步具体化，使幼儿园学前儿童社会教育课程的设计和实施有了明确的原则和方向。

2012 年颁布的《指南》分别从健康、语言、社会、科学、艺术五个领域描述幼儿学习与发展，每个年龄段设置科学合理的教育目标。其中社会教育领域从人际交往和社会适应两方面进行，设置教育目标、教育建议等规范社会领域教学行为。《指南》的印发对于有效转变公众的教育观念，提高广大幼儿园教师的专业素质和家长的科学育儿能力，全面提高学前教育质量具有重要意义。

## 知识链接

李莉对《幼儿园暂行教学纲要（草案）》《幼儿园教育工作指南》《幼儿园教育纲要（试行草案）》《幼儿园工作规程》《纲要》这几个纲领性文件进行了分析，阐述了从1949年到21世纪初这段时间内，我国幼儿园社会领域课程所经历的复杂的演变过程。她提出，在新中国成立后学前教育发展的大部分历程中，我国幼儿园社会领域课程是与德育课程画等号的，经历了从幼儿德育到幼儿社会教育，从最初融合、散见于其他课程领域到如今成为课程中相对独立的组成部分的变化过程，在这一变化中逐渐体现出科学化、人本化的发展趋势。

# 模块三　教师从事学前儿童社会教育的职业准备

幼儿教师要在具体的教育实践中有效地对幼儿进行教育，促进幼儿社会性的良好发展，必须有良好的职业准备。这种准备既包括观念方面，也包括知识、技能、策略方面，还包括自身社会能力与品格方面。

## 一、树立正确的学前儿童社会教育观

学前儿童社会教育观是指对学前儿童社会教育的性质与任务的基本观点，主要包括以下几个方面。

### （一）人格陶冶的教育目标观

人格包括了人的性格、道德品质、思想观点以及处世的原则与态度等。学前儿童社会教育是培养儿童完整人格的教育，是引导儿童做一个健康的、和谐的、服务于社会的人的教育。这是教师进行社会教育时要确立的基本观点，不要只将社会教育止于关于社会生活知识与生活技能的教育，更重要的是儿童良好的心灵习性、品格与态度的教育。

### （二）整合性的教育内容与力量观

学前儿童社会教育是一种整合性教育，涵盖面相当广，它整合了情感教育、社会性教育、品德教育、行为技能教育等诸多内容。因此，我们要有一种宽广的教育视野，将所有能帮助学前儿童社会性发展的资源与内容整合到自己的教育中。同时，学前儿童社会教育整合性还表现在它是一种整合多方力量的教育，即它需要幼儿园、家庭与社会共同合作来建构对幼儿社会性发展有益的环境。所以教师很多时候也会扮演协调者与引领者的角色。

### （三）渗透性的教育方法观

学前儿童社会教育是一种渗透性教育，因为儿童的社会学习有随机性的特点，教育与环境对幼儿的影响是潜移默化的。我们一定不能认为学习学前儿童社会教育的知识就是学习如何设计与组织专门的社会教育活动，把它简单地当作一门教法课。相反更应当注意的是自己如何养成敏锐的社会教育意识，让自己在所有的活动中注意儿童社会性发展层面的引导。

## 二、掌握相关的理论知识、教育规律与教育策略

### （一）相关的知识

既包括幼儿社会性发展的知识和理论，也包括关于社会教育的内涵、目标与内容，幼儿社会教育实施与评价等方面的知识。

### （二）要掌握的教育规律

包括学前儿童社会性发展的规律、学前儿童社会学习的规律、学前儿童社会教育的规律。这些原理与规律是学前儿童社会教育的依据，是需要认真学习的内容。

### （三）要掌握的基本策略

包括学前儿童社会教育目标设定、内容与方法选择、活动设计与组织策略等。这些策略可以帮助教师明白如何进行学前儿童社会教育。它是幼儿教师进行学前儿童社会教育需要深入学习与探讨的。

## 三、提升自身的品格、社会能力与教育能力

### （一）品格素质

在学前儿童社会教育中，教师品格是影响儿童人格成长的关键性因素。托马斯·利科纳在《培养品格》一书中列出了智慧、公正、坚忍、自制、爱等 10 种美德。对于幼儿教师来说，爱是教育的基础与动力，真正的爱是一种无私的、努力服务于孩子的爱，不是因为孩子听话、可爱、聪明才爱孩子。英国学者马丁·洛森指出，就培养孩子来说，爱意味着："承认孩子的个性，并协助他们发展；洞察孩子的潜能，让孩子成为他能够成为的人。"此外，尊重、自制、勤奋等都是非常重要的品格素质。

### （二）社会能力

社会能力主要是指胜任各种社会生活与事务的能力，它包括社会洞察力、社会适应力、社会行动力。

1．社会洞察力

对幼儿教师来说，这种能力能更好地帮助教师发现孩子真实的成长需要，并能根据孩子成长的真实情境提供恰当的帮助。社会洞察力需要通过对人和生活持久而深刻的观察才能得到提升。

2．社会适应力

这是一种适应社会变化的能力。对幼儿教师来说，孩子的发展是一个充满变化的过程，教师要善于适应这种变化。社会的适应力需要经验，但更需要一种开放和接纳的心态。

3．社会行动力

对幼儿教师来说，积极的社会行动力能让其成为幼儿学习社会行为规范的良好表率。社会行动力的培养，要求幼儿教师要培养一种说到做到的习惯，并率先示范要求孩子们要做到的事。

### （三）教育能力

教育能力主要包括教育活动的设计能力、教育活动的组织能力与教育研究能力。

1．规划与设计社会教育活动的技能

教育活动要能有效地进行，需要根据儿童的具体情况，依循教育规律进行预先的筹划与安排。这是一个设计的过程，即在教育活动开展以前教育者要对自己教什么、为何而教以及如何教有一个清晰的思考，这样才能尽可能保证教育的科学性与有效性。教育活动的设计能力是一种需要丰富的教育知识与经验的理性思考能力，这种能力的培养需要广泛的理论研习，也需要大量的经验积累。

2．有效组织社会教育活动的技能

组织社会教育活动的技能即根据教育活动设计来组织、实施教育活动的能力。与教育活动设计能力相比，它更主要的是一种现场互动的能力，即教师如何把自己关于教育的思考与设计，与儿童一起来加以实现。组织实施中面对的是充满活力与变化的儿童，或是各种变化的情境因素，需要教师随时有一种协调与应变的能力，这种能力更多地依赖于一种教育的敏感性与智慧。它需要教育者有长期的实践基础与反思的能力。

3．随机教育的意识与能力

儿童的社会学习无处不在，教师要善于抓住时机对儿童施加适宜的教育。对于教育者来说，拥有卓越的品格、社会能力与教育能力并不是件容易的事，更重要的是要有追求卓越的意愿，这种意愿本身也会带给孩子成长力量，因为孩子也正处于成长的过程中，一个愿意成长并追求成功的教师会成为他们同行的伙伴。

# 模块四　学前儿童社会教育的目标、途径与方法

## 一、学前儿童社会教育的目标

学前儿童社会教育的有效实施离不开对教育目标的认识和把握，学前儿童社会教育的目标是指人们对社会教育活动给幼儿身心发展带来变化的标准与要求的预期规定。

2001 年，教育部颁发了《纲要》，将社会领域列为幼儿园教育五大重要领域之一。它以儿童社会性发展特点和社会对儿童发展的需要为依据，明确地提出学前儿童社会教育目标有以下五点：

（1）能主动地参与各项活动，有自信心；

（2）乐意与人交往，学习互助、合作和分享，有同情心；

（3）理解并遵守日常生活中基本的社会行为规则；

（4）能努力做好力所能及的事，不怕困难，有初步的责任感；

（5）爱父母长辈、老师和同伴，爱集体、爱家乡、爱祖国。

《纲要》社会领域的目标是从两个维度提出的：一是社会关系的维度，包括幼儿与自身的关系（自信、主动、自决、坚持等）、幼儿与他人的关系（乐群、互助、合作、分享、同情）、幼儿与群体或集体的关系（遵守规则，爱护公物和环境）、幼儿和社会的关系（社会职业、家乡、祖国、世界文化等）；二是心理结构的维度，包括认识、情感态度和行为技能。两个维度的结合，构成了儿童社会学习的内容和社会性、个性发展的目标。

2012 年 10 月，教育部在《纲要》基础上颁布了《指南》，对学前儿童社会教育领域的方向做出了进一步指引并为社会领域的教育目标指明了核心价值和方向。据此，将社会领域的五个目标修改为两类大目标下的七类小目标。人际交往方面：愿意与人交往，能与同伴友好相处，有自尊自信自主的表现，关心尊重他人；社会适应方面：喜欢并适应群体生活，遵守基本的行为规范，具有初步的归属感（图 1－4）。

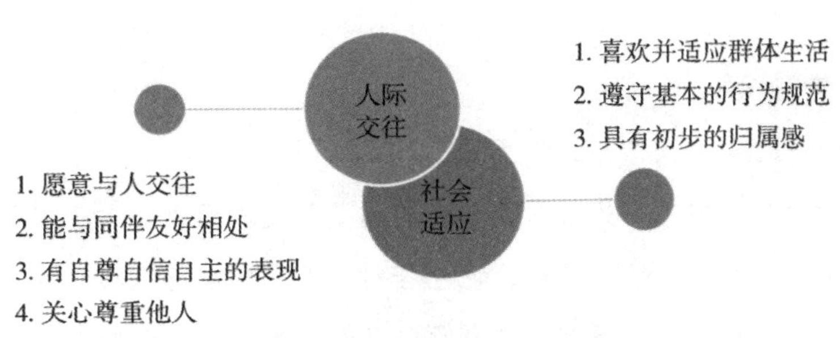


**图 1-4　社会领域包含的子领域**

《指南》将幼儿社会领域的学习与发展分为“人际交往”与“社会适应”两个子领域。为什么要这样划分呢?

“社会”从一定意义上看是一个关系系统，可粗略地分为人与人的关系和人与社会（群体、组织）的关系。人与人的关系通过交往实现，人与社会的关系则是一个认同与适应的过程。

幼儿社会领域学习与发展的实质在于促进儿童社会化，形成良好的社会性与个性。而社会化是在社会关系系统中，通过人际交往和对社会生活的主动适应而进行的。人际交往与社会适应既可以说是幼儿社会学习与发展的基本途径，也可以说是基本内容。

从心理学的角度看，人际交往有如下几个基本功能：交流信息；组织共同活动；形成和发展人与人之间的关系；增进人们之间的相互了解。人际交往的这些功能对幼儿来说更具有特殊的发展意义。

社会适应是个体在与社会环境的相互作用中，不断地学习或修正各种行为和生活方式，最终达到与社会环境保持和谐与平衡的过程，也是个体逐步接受所在社会群体的生活方式、行为规范和价值观的过程。儿童生活的社会群体和机构（家庭、幼儿园、社区等）常常具有一定的组织结构、行为规范和文化特征，会通过角色期望、行为规范、习俗传统等方式影响儿童。儿童作为一个具有主体性的成员也会有选择地接受这些影响，积极地适应社会。

社会适应，即幼儿与社会环境建立起和谐关系的过程，对幼儿的学习与发展具有重要意义。对幼儿来说，与周围的社会环境建立和谐关系即适应社会，是社会学习的重要内容之一。而喜欢并适应群体生活，遵守基本的行为规范，具有初步的归属感是社会适应的基本内涵。因此，《指南》将其作为社会适应子领域的三个目标提出来。

**知识链接**

马斯洛需要层次理论认为"归属和爱的需要"是人的重要心理需要。归属感既包括对人（父母、家人）的归属感，也包括对群体的归属感。幼儿最早期的归属感是对集体中人的归属感，并逐渐扩展到群体（如班级等）。如对幼儿来说，刚入园的小班儿童会表现出对家庭强烈的归属感，中班幼儿随着对幼儿园的熟悉和社交能力的提高，逐渐将对家庭的归属感转化为同伴团体归属感、班级归属感、幼儿园归属感；而到大班，幼儿开始愿意探索社区、城市、民族、国家的文化特征和差异。

归属感对个体的成长和发展具有非常重要的意义。研究发现，一个人对某个群体的归属感会影响他对这个群体的亲疏度和对群体规则的接受度。获得归属感使人具有安全感和舒适感，同时也使人具有责任感和成就感。幼儿获得归属感，也是培养幼儿热爱家庭、热爱家乡、热爱集体、热爱民族、热爱祖国的坚实基础。

从内容上看，《纲要》和《指南》对于学前儿童社会领域的教育目标大致相同，但被重新划分后定为两大目标的用意在于依据儿童发展的出发点不同，人际交往领域目标着重从个体出发，描述幼儿应达成的社会交往行为目标，而社会适应领域目标则是从群体出发，描述儿童在群体中的行为目标。

此外，《指南》中一个很核心的特点是明确了学前儿童各个年龄阶段的社会能力和品质的关键点，将儿童年龄差异与社会教育的要求相结合，让我们的教育工作者能对不同年龄阶段的儿童有针对性地实施教育措施。

如表 1－1 所示，不同阶段目标设定充分尊重了儿童社会性发展顺序的自然天性，避免幼儿教师在教育过程中出现拔苗助长的问题，使教育变得更加人性化，更具可持续性，也让教师检验其教育成果变得更加可行。而作为幼儿教师，在准备教学方案之前，应仔细结合《纲要》《指南》中对该领域关键能力的梳理，并根据学前儿童不同的年龄阶段发展需要，科学地选择合适的教育目标。

表 1-1　《指南》的社会适应目标

| 3～4岁 | 4～5岁 | 5～6岁 |
| --- | --- | --- |
| 1. 知道和自己一起生活的家庭成员及与自己的关系，体会到自己是家庭的一员。<br>2. 能感受到家庭生活的温暖，爱父母，亲近与信赖长辈。<br>3. 能说出自己家所在街道、小区（乡镇、村）的名称。<br>4. 认识国旗，知道国歌。 | 1. 喜欢自己所在的幼儿园和班级，积极参加集体活动。<br>2. 能说出自己家所在地的省、市、县（区）名称，知道当地有代表性的物产或景观。<br>3. 知道自己是中国人。<br>4. 奏国歌、升国旗时能自动站好。 | 1. 愿意为集体做事，为集体的成绩感到高兴。<br>2. 能感受到家乡的发展变化并为此感到高兴。<br>3. 知道自己的民族，知道中国是一个多民族的大家庭，各民族之间要互相尊重，团结友爱。<br>4. 知道国家一些重大成就，爱祖国，为自己是中国人感到自豪。 |

知识链接

### 不同国家社会领域的目标

美国：在美国幼儿教育协会（National Association for the Education of Young Children，NAEYC）发布的《儿童发展适宜性课程指南》（DAP）中提到社会领域的目标是让孩子在一个相互依赖的世界中，在一个多元文化、民主社会里发展社会意识和社会能力。具体包括：发展同伴关系，即如何建设性地发起、保持和停止互动和关系；能意识到别人的意见、观点和态度；学会如何用和平的方式协商冲突；发展对别人的同情心，识别他人的情绪，尊重他人的情绪反应；区别可接受的和不可接受的班级行为；发展自我控制技能；学习如何合作；学习如何助人；识别他们自己和他人的文化价值观和实践；发展对环境的责任感；意识到人们如何在家庭、邻里、社区生活等。

日本：在《幼稚园教育要领》中人际关系领域（类似于我们的社会领域）的目标为：体验幼儿园生活的快乐和依靠自己的力量行动的充实感；和周围的人交往并建立友爱和信赖的校园人际关系；养成在社会生活中的良好习惯和态度。具体包括：高高兴兴上幼儿园，和老师、小朋友友好相处，和他人保持亲近感；独立思考、自主活动；自己能做的事自己做；在同小朋友的交往中共同感受喜忧；让幼儿懂得与小朋友相处中公共规则的重要性；爱护公用的玩具和用具，并能大家共用等。

英国：英国教育改革议案提出，要重视道德教育，加强公民意识，使所有儿童懂得诚实、自强、责任心和尊重别人的价值观，形成适合现代生活的行为规范和伦理道德。在儿童社会性发展方面的主要目标有：培养幼儿的自我意识、自信心；使儿童能进行自我教育，发展自控能力；通过为幼儿提供与周围环境相互作用、与小伙伴相互交往的机会，促进幼儿社会交往能力的提高。具体表现为：对学习有持续的兴趣和动机；有信心尝试新的活动，能在熟悉的团体中谈话并表达自己的观念；保持注意力，能集中精神并在必要时保持安静；对自己的文化和信念产生尊重，同时能尊重不同文化；对重要经验有适当反应，并表达各种适当的感情；能与大人和同学形成良好关系，和谐共事；了解对与错，且知道原因；能自己穿脱衣物，并处理个人卫生事宜；能自行选择要玩的活动，并找出相应的资源来完成；能了解到自己的言行对他人的影响；理解到每个人有不同的需要、观点、文化和信念。其中，放在首位的目标是品德和情感教育，培养儿童能与其他孩子及成人建立良好的关系，有是非观念，发展独立生活能力，养成良好的个人卫生习惯，等等。

俄罗斯：关于儿童社会性发展方面的目标主要为：向儿童传递人类的文化遗产，尤其是俄罗斯的文化传统；培养儿童热爱祖国、关心国家大事的精神；教育儿童尊重别人和别人的劳动成果；帮助儿童养成愉快、乐观的心境，满足儿童情绪交往的需求；提高儿童的社会交往能力。

综上所述，美国社会领域教育的目标比较注重儿童个体的主体性、独立性、自尊，自我服务、自我管理能力的发展，社会交往技能和亲社会行为的培养，以及个体作为社会成员在一个多元社会和民主社会中应有的素质和对周围环境的关怀。

日本幼儿园的社会领域教育重视对幼儿独立性，生活技能和行为习惯，自我服务能力，勇敢、顽强的意志品质，关心周围环境的情感和社会交往能力的培养。强调通过集体加强幼儿的社会适应能力，培养儿童彼此之间的信赖关系，学会合作及解决与他人的冲突。

英国社会领域教育的目标重视道德教育、情感教育、公民教育，重视儿童与他人建立良好的关系，发展独立生活能力以及养成良好的个人卫生习惯。

俄罗斯社会领域教育的目标体现出对集体主义教育、爱国主义教育、劳动教育和传统文化教育的重视，强调儿童积极的情绪和社会交往能力的培养。

（资料来源：嵇珺. 我国幼儿园社会领域教育研究[D]. 南京：南京师范大学，2012.）

幼儿教师应树立明确的目标意识。社会领域教育的目标是否能够真正在儿童社

会性发展中实现，最终还取决于幼儿教师在各类教育活动及提供的教育环境中是否能够始终保持明确的教育目标意识。

由于社会领域知识和技能的掌握往往来源于幼儿的日常生活，因此，幼儿社会性的发展主要是在与同伴、师长和其他社会角色的多种交往过程中实现的。树立明确的目标意识，一方面体现在幼儿教师善于观察幼儿一日生活的各个环节，敏锐地发现各类教育机会，随时引导幼儿仔细体验人际交往时的感受，帮助他们总结相关的社会知识经验，甚至随时捕捉类似的生活情境来帮助儿童练习某种社会交往技能；另一方面也体现在幼儿教师在有计划地组织的社会教育活动中，让儿童通过结构化的游戏和互动讨论，学习相应的社会知识、体验相应的社会情感、掌握相应的社会技能。

因此，幼儿教师无论是在结构化的教学活动中，还是在非结构化的一日生活各环节中，都应时刻明确自身的教育影响，做到“眼中有孩子，心中有目标”。

以一日生活某些环节为例：早晨入园时，目标意识明确的幼儿教师会与幼儿及家长问好，向儿童示范见到熟人打招呼的方式，而目标意识不明确的幼儿教师很可能忽略这个部分，而更多是催促或代替幼儿归置物品及进行餐前准备等；再如穿脱衣服环节，目标意识明确的幼儿教师会鼓励幼儿在完成自己任务的基础上相互帮助，细心观察并表扬进步的幼儿，目标意识不明确的幼儿教师常嫌幼儿自己穿脱衣服慢，催促及包办代替，或嘲笑不会穿脱衣服的幼儿，等等。我们可以大致预想到不同的幼儿教师所教出的幼儿在社会性发展上将会有多大的差异。

作为幼儿教师，首先应切实掌握《纲要》以及《指南》中对学前儿童社会领域学习和发展的主要指导思想，明确目标结构，为具体教学找到依据；其次要能够树立教育的目标意识，对幼儿的一日生活处处留心，做到心中时刻有目标，处处有教育。

## 二、学前儿童社会教育的主要内容

幼儿社会教育是指以发展幼儿的社会性为目标，以增进幼儿的社会认知、激发幼儿的社会情感、引导幼儿的社会行为为主要内容的教育。幼儿的社会性发展主要包括社会认知、社会情感和社会行为等三个方面的内容，在幼儿的社会活动中又表现出明显的个性特征。所以，幼儿社会教育应包括形成积极良好的社会认知和个性、社会情感、社会行为等方面内容，具体包括自我意识、社会认知、社会情感、社会交往技能、社会适应能力、个性品质等。

自我意识指学前儿童对自我及自我与周围关系的认识，内容主要包括：自我认知、自我情感体验和自我控制等。

社会认知是指个体对他人、自我、社会关系、社会规则等社会性客体和社会现象及其关系的感知理解的心理活动。

社会情感是指幼儿在社会生活和社会交往中的情感体验。社会情感包括：依恋感、愉快感、道德感、归属感等。

社会交往技能是指学前儿童在与人交往或者参加社会活动时表现的行为技能。社会交往包括了亲子交往、同伴交往、师幼交往等。

社会适应是个体在与社会环境相互作用中，不断地学习或修正各种行为和生活方式，最终达到与社会环境保持和谐与平衡的过程，也是个体逐步接受所在社会群体的生活方式、行为规范和价值观的过程。幼儿的社会适应，即幼儿与社会环境建立起和谐关系的过程，对幼儿的学习与发展具有重要意义。

幼儿在社会生活和交往活动中必然表现出个性特征，而幼儿社会性发展水平和个性发展特点又相互影响、相互限制或相互促进。教师在对幼儿进行社会教育的同时，要有意识地引导幼儿良好个性的发展，注意培养幼儿良好的个性品质，如勇敢、独立、坚持、友爱、自信等。

社会认知、社会情感、社会行为等既是学前儿童社会性发展的主要方面，也是学前儿童社会性学习的主要内容。

## 三、学前儿童社会教育的原则

学前儿童社会教育的原则包括渗透性原则、实践性原则、情感支持原则、正面教育原则、一致性原则等。

### （一）渗透性原则

渗透性原则指学前儿童社会教育应渗透在幼儿的教育活动和一日生活中，使幼儿在潜移默化中受到教育。

《纲要》指出："幼儿园的教育内容是全面的启蒙性的，可以相对划分为健康、

语言、社会、科学、艺术五个领域。各领域内容相互渗透，从不同角度促进幼儿情感、态度、能力、知识、技能等方面的发展。”

1．渗透到各领域中

学前儿童社会教育属于幼儿园五大领域教育的一个部分，要实现该领域的教育目标，可以渗透到其他领域中去。如要培养孩子谦让的品质，可以渗透到艺术领域中学唱“排排坐，分果果”的歌曲，渗透到语言领域中学讲“孔融让梨”的故事等。这也是幼儿园课程的综合化发展趋势所决定的。

案例 1-1

今天，大三班的美术活动是“画柳树”。老师和小朋友一起在走廊上、院子里摆一些桌子，几个人一组，幼儿面向大柳树一边观察一边作画。

婷婷画得非常认真，甚至专门跑到树下捡回一片柳叶，仔细看它的叶脉，然后一片叶子、一条叶脉地画着。画好后她很得意地想向身边的浩浩炫耀。可一转身，看见浩浩的图画纸上好像只有用水彩笔涂抹出来的一片绿色。婷婷忍不住笑了起来：“你这画的什么呀！乱七八糟的！”浩浩看了看她，没说什么。突然一阵风吹了过来，浩浩马上抓住婷婷的胳膊说：“你看！”婷婷一抬头，看见柳树随风摇摆起来，像一面绿色的旗子在飘扬。婷婷看看浩浩的画，又看看自己的画，说：“你画的是刮风时候的树，我画的是不刮风时候的树！”

浩浩笑了，婷婷也笑了。

（资料来源：李季湄.《3—6 岁儿童学习与发展指南》解读 [M]. 北京：人民教育出版社，2013：104.）

幼儿的表现告诉我们，在这个美术活动中同时发生着社会领域的学习：他们切实感受到人与人的想法、看法可能是不一样的，各有各的道理，要理解、尊重不同，接纳、欣赏差异。教师只要真正理解了社会领域的目标和学习发展特点，就可以将整个社会领域的教育自然地渗透融入生活、游戏和其他领域的教育之中了。

当然，这不是说社会领域不可以有专门设计的教育教学活动，但必须看到，渗透性、伴随性是幼儿社会领域学习的基本特征。处理好渗透在各种活动中的社会学习和专门的教育教学活动之间的关系，才真正符合幼儿社会领域学习的规律和特点，才能真正有效地促进幼儿社会性和个性的发展。

2．渗透到游戏中

教师应该设计一些与社会教育内容相关的游戏活动，让学前儿童在愉快、自然的氛围中进行社会学习。如在角色游戏中学前儿童根据角色的社会行为来调节自己的行为，处理角色间的人际关系；在结构游戏中学前儿童可养成认真仔细、克服困难、团结协作的习惯。

3．渗透到一日生活中

教师要善于发现日常生活中进行社会教育的契机，及时进行社会教育。例如，教师发现幼儿有争抢玩具的现象，可以随机进行教育，培养孩子分享的品质。

**案例 1-2**

某幼儿园，10 点多钟，大一班的孩子们正在活动区自由活动。老师把两个装着豆浆的不锈钢罐和一托盘蛋糕卷摆在离洗手池不远的桌子上。丁丁看到后对莹莹说："该吃点心了！我们去吃吧？""等一会儿，我还没插好呢！"莹莹一边用积塑片插着造型，一边说。"那我等你！"

过了一会儿，莹莹插好了。她抬起头来，看了看放在食品桌旁的一个供六人使用的餐桌，发现人已经满了。"丁丁，咱们等一会儿再去吧，你看人都满了，没位子了！""那好吧，等他们吃完了我们再去！"

又过了几分钟，餐桌边只剩三个小朋友了。丁丁和莹莹一起走过去，先洗洗手，然后每个人拿起一个托盘，从不锈钢罐里倒了一杯豆浆，又夹了一个蛋糕卷放在托盘上的小盘子里，小心地端到餐桌前放下，坐到椅子上，一起吃了起来。吃完后，像其他小朋友一样，漱漱口，然后把杯子、盘子和托盘分别收到放置物品的地方。

（资料来源：李季湄.《3—6 岁儿童学习与发展指南》解读 [M]. 北京：人民教育出版社，2013：104.）

这是一个生活环节。由于这个幼儿园为幼儿创设了一个有利于培养自理能力的环境，幼儿的自主性、自我管理能力和规则意识都自然而然地培养了起来。

### （二）实践性原则

所谓实践性原则是指在社会教育过程中，教师应利用和创设各种情境，组织多种多样的活动，让学前儿童参与其中。学前儿童的社会认知、社会情感要和社会行为相结合。学前儿童的社会学习要通过实践才能内化。如当我们要让孩子记住“红灯停、绿灯行”的社会规则时，让他自己在大人的带领下过过马路，体验红、绿灯亮时自己应该做出的行为。贯彻实践性原则时教师应有目的、有计划地给学前儿童实践锻炼的机会，通过身体力行、反复练习使儿童形成良好的社会行为和习惯。在鼓励儿童自己解决问题的同时，教师在实践中要给予适当的指导，可使实践的效果更好。

### （三）正面教育原则

正面教育原则是指在学前儿童社会教育中坚持从正面加以引导，积极引导儿童辨别是非，掌握正确行为准则的原则。正面教育是学前儿童社会教育的基本准则和要求，要以积极的方式对学前儿童提出要求。所谓积极的方式，即在希望学前儿童表现出某种举动的时候，我们直接告诉学前儿童具体如何去做和做什么，而不是告诉他不要去做什么。

例如，教师看到一个学前儿童将剪下来的废纸丢在地上，可能会制止他，对他说：“××，不要乱丢！你怎么可以把垃圾扔地上呢！”也可能采取另外一种方式，对他说：“××，这里有一个纸篓，我们把剪下来的纸丢在里面。”第二种效果就会好很多。

除了不讲反话的道理外，用积极的方式提出要求和建议还有如下特征或优点：

第一，避免情绪对抗。消极的纠正和制止等教学行为容易激起幼儿的逆反心理。因为根据常识我们不难发现，几乎在任何年龄阶段，都存在着这种逆反的心理：越是不让做的事情，对人们就越是有吸引力。其结果就是在外部的压力与内部的需要之间造成了矛盾和张力。有的儿童会屈服于外部的压力，变得驯服起来；有的儿童则屈服于自我的本能，而成为具有反抗性的人；还有的儿童则在内心需要和社会压力之间往来穿梭，成为喜欢钻空子的小滑头。

第二，一举两得。教师用积极的方式提出建议，既可以中止幼儿不恰当的行为，又可以为他们该如何恰当行动指明方向，而不至于使他们在遭到批评的时候不知所措。

第三，为幼儿示范如何以积极的方式对同伴提出要求。许多幼儿在社会交往中缺乏合适的交往技能，其中之一就是不能以合适的方式向别人提出要求或进行评价，而教师的行为显然可以为幼儿树立良好的榜样。比如在幼儿因玩具发生争执的时候，用“你去玩别的玩具吧！”比“不许你玩我的玩具！”在效果上就要好一些，也不容易引起进一步的冲突。

第四，可以改善教师的工作心情。如果教师一直被幼儿的消极行为所困扰，一直为了纠正幼儿的行为并且在同幼儿消极的情绪对抗中疲于奔命，那么他既不会有令人满意的工作效率，也不会有令人满意的工作状态。相反，用积极的姿态提出建议，对于教师本人而言是愉快的，同时其效果也会进一步增强这种愉快感。

再如组织幼儿盥洗时对孩子们说“小朋友不要拥挤打闹，不要把衣服弄湿”，另一种方式是比较温和但坚决地说“请小朋友保持距离，用正确的方法把你的小手洗干净”。坚持正面教育原则，是由学前儿童身心发展特点决定的，也是“以人为本”教育理念的体现。

## 四、学前儿童社会教育的主要途径与方法

### （一）主要途径

学前儿童社会教育的开展需要教师在掌握基本原则的基础上，仔细观察幼儿园的一日生活与各种教育活动的特点，从而挖掘出能够用于促进幼儿社会性发展的教育契机。学前儿童社会教育的主要途径包括：幼儿园的专门教育活动、随机教育活动以及家园共育活动。

1. 幼儿园的专门教育活动

学前儿童走入幼儿园，有机会接受全面、系统的教育，包括社会教育。幼儿园的专门教育活动包括集体教学活动、区域活动、参观活动、游戏活动等。

（1）集体教学活动是指教师有目的、有计划地围绕某个社会内容，灵活采用教育方法对幼儿进行社会性教育的活动，即社会领域的教学活动。它是幼儿园实施社会教育的主要手段，也是幼儿获得社会知识、社会技能、社会情感态度的重要途径。

集体教学活动有很多优点，主要表现在：

首先，每一项社会性教育活动都有明确的目标来指导活动的开展；

其次，教师有清晰的设计思路，组织有条理；

最后，集体教学活动中教师能直接控制，明确地传递教育意图，以保证活动顺利进行。

（2）区域活动是指教师在一定时间内设置各种区域，让幼儿根据自己的兴趣和需要选择内容和方式的活动。它是幼儿最喜欢的活动之一。

《纲要》要求幼儿园一般尽可能在活动室设置不同内容的活动区角，如角色扮演区、美工区、音乐舞蹈区、建构区、图书角、益智区等。因此，幼儿教师以设置活动区的方式来布置班级环境，把日常的教学活动延伸到区角活动中。幼儿按照一定规则出入区角，从中进行自主开放性的、探索性的、体验性的自由游戏，这种教育方式被称为区域教育。区域教育满足了幼儿活动和游戏需求，使幼儿有更多自由、快乐和成长的机会，实现“做中学”。因此，教师要重视区域活动的创设和指导。

（3）参观活动是幼儿园社会实践的方式，它以拓展幼儿社会生活视野为目的，通过走出课堂、走出班级、走出幼儿园的方式，或请社会各界人士入园的方式实现对更为广泛的社会生活的探索。例如，教师将幼儿带到幼儿园的厨房，让幼儿参观厨师们的劳动过程；教师带幼儿走进社区，让幼儿表达对社区内各类服务人员的感恩；教师带领幼儿走进儿童图书馆，让幼儿认识图书陈列和整理以及借阅的流程，培养读书的兴趣，掌握修补图书的技巧等。设计参观活动应注意参观内容的选择，要与幼儿园主题教学活动相配合，与幼儿已有的知识经验相联系，避免单一地为了出游而活动。

（4）游戏是幼儿最喜爱、最能发挥其主体性的活动，游戏本身就是他们认识社会、参与社会生活的一种独特的方式。德国教育家福禄贝尔认为“儿童早期的各种游戏，是一切未来生活的胚芽”①。幼儿可以在游戏中认识不同的社会角色、社会环境，了解不同的社会规则，提高交往的技能，产生恰当的社会行为，形成良好的社会情感等。对儿童社会性发展影响较大的游戏，包括角色游戏、表演游戏等等。在这些游戏中，儿童和同伴协商内容、分配角色、克服困难，以保证游戏的顺利进行。这就促使儿童不断地认识自己，协调自己与他人的关系，提高自己的社会交往能力。教师应该重视游戏在儿童社会化中的教育功能。

---

① 福禄倍尔．人的教育［M］．孙祖复，译．北京：人民教育出版社，1991.

2．随机教育活动

儿童的社会性发展和教育是一个长期的过程，在这个过程中，除了教师有目的、有计划的社会教育活动以外，儿童的日常生活、自由活动、意外突发的事件以及其他领域的教育活动等也可能蕴含了很多社会教育的机会。以偶发事件为例，如某幼儿生病了，教师可以引导其他幼儿对他进行关心和照顾；某幼儿把他人的饭菜撞翻了，教师可以引导幼儿恰当处理等。因此，除了专门的社会教育活动外，教师还应正视各种情况下、各种活动中的随机教育，使儿童的一日生活及各项活动都成为社会教育的途径。当然，这也需要幼儿教师具备一定的把握随机教育契机的能力、分析问题的能力和处理问题的能力。

3．家园共育活动

幼儿园应与家庭、社区密切合作，综合利用各种教育资源，共同为幼儿的发展创造良好的条件。

社会教育的家园共育活动要求教师作为专业的教育工作者，主动与家长密切沟通和合作，如及时向家长反馈幼儿的社会性发展近况，指导家长掌握科学的教养技巧，并让幼儿园的社会活动学习效果延续到家庭中，可以借助家长开放日、亲子联欢会、教育专题讲座和沙龙、班级家长互动交流群、家访活动等多种途径。

### （二）主要方法

社会教育受多种因素的影响，因此教育方法也是多种多样的，有以语言引导为主的方法、以情感体验为主的方法、以观察实践为主的方法等。

1．以语言引导为主的方法

在以语言引导为主的方法里面，包括了讲解演示法、谈话问答法、讨论分享法等。

（1）讲解演示法指教师向幼儿出示实物、直观教具等可以被感知的材料，并用口头语言进行系统生动的解释与描述，使幼儿较为具体地理解社会教育的内容，掌握正确的行为准则的方法。它是社会教育中普遍应用的方法之一。

（2）谈话问答法是指在教育活动中教师与学前儿童进行谈话、相互提问、对答的方法，教师借助恰当的问题，启发幼儿思考，表达对社会事物和现象的感知。这有助于教师了解幼儿的经验与水平，为其提供相应的支持策略。谈话问答法运用的时机可以非常灵活，话题可以是教师引起的，也可以是幼儿引起的，可在全班进行，也可以在小组进行。教师应尽可能地设计开放性问题，以让更多的幼儿发表不同的见解。

（3）讨论分享法是指教师和幼儿围绕某个话题进行思想碰撞、互相启发、交换看法，从而分享思想和情感的一种方法。运用这种方法的时候要注意讨论的主题应贴近幼儿的生活，让他们有话可说，同时，教师要引导讨论而不能主导讨论的过程。讨论结束后，应组织幼儿进行总结，必要时加以行为练习与尝试，使幼儿的社会认知转化为社会行为。

2. 以情感体验为主的方法

（1）移情训练法是指教师或家长通过儿童的现实生活事件或通过讲故事、情境表演等方式，让幼儿设身处地地站在别人的位置去体验他人的情感、理解他人的需要及活动的教育方法。移情能使幼儿更好地换位思考，逐渐形成亲社会行为，从而摆脱自我中心，降低攻击性行为。移情训练是社会教育的一种很重要的教育方法。

**知识链接**

美国心理学家霍夫曼认为，移情能激发、促进人们的亲社会行为，是个体亲社会行为的推动器。利用移情来教育幼儿，使其具有内在的自我调节能力，比一味地限制、要求这种外部约束要有效得多。能深刻体验他人的情绪、情感的幼儿，以后遇到类似情境要做出消极行为前，便会回忆起以往的体验，浮现出受害同伴的痛苦表情，于是便会抑制自己的消极行为，而做出互助、分享、谦让等积极行为。

教师在使用移情训练法时应注意以下几点：

第一，创设幼儿熟悉且能理解的情境。教师要依据幼儿社会性情感发展的需要，选择能够符合幼儿年龄与认知发展需要的情绪、情感。创设的情境必须是幼儿所熟悉的社会生活，这样才能利于幼儿理解，进而产生移情。

第二，要充分利用幼儿的已有体验以唤起情感共鸣。移情训练的基点是唤起幼儿已有的类似体验，使幼儿已有的体验与当前情境相关联，以唤起情感共鸣，从而理解和分享。

第三，情感共鸣要与良好行为习惯的培育相结合。移情训练重在对幼儿进行良好行为的教育，引导幼儿用自己的实际行动去关心他人，不能仅仅停留在对情绪的理解和分享上。

第四，移情训练法要与多种方法综合运用。移情训练法应与角色扮演法、行为练习法等有机结合起来运用才能取得良好的教育效果。

（2）角色扮演法是指教师为幼儿提供现实生活中的事件情境，幼儿扮演其中的角色，以这个角色的身份处理问题、体验角色情感、了解角色需求和感受，更好地掌握与角色相适应的行为特征和规范。角色扮演游戏在幼儿社会教育中常见且实用，在具体的活动中，应注意以下几点：

首先，教师所提供的问题情境应该来自幼儿的生活实际，或是与幼儿生活经验相关的内容，如果相差过大，则幼儿很难理解和体会到角色的想法和感受。如扮演妈妈、警察、司机等。

其次，要充分发挥儿童的主动性、积极性和创造性，尊重儿童自主地选择角色、变化角色和创造角色，教师只能指导活动，不应经常去分配和导演角色。

再次，儿童扮演的角色应以正面角色为主，在反面角色的扮演中切忌让几个儿童经常扮演反面角色。

最后，情节要简单，内容要短小、活泼；对话、动作要多，适于表演。

3. 以观察实践为主的行为练习法

行为练习法是指教师在学前儿童社会教育过程中，组织儿童按正确的社会行为规范参加各种活动，接受实际训练，以使儿童形成良好的社会行为习惯的方法。

行为主义心理学认为，儿童的良好行为是在不断地试错与练习过程中建立起来的，所以，对良好行为进行经常性的强化练习是行为习得的根本途径。

儿童参加行为练习的方式是多种多样的，有教师组织的多种实践活动练习，如参加各种劳动和社会活动、整理玩具、做值日生等；有各种生活情境中教师组织的儿童行为练习，如来园和离园的礼貌行为练习、用餐后的卫生行为习惯等。

运用行为练习法要注意以下几点：①要注意形式的多样化，以引起学前儿童练习的兴趣，避免简单枯燥；②要充分尊重和发挥学生的主动性和积极性，使儿童成为各种行为练习的主人，让儿童在练习中真正体验到快乐，达到练习的目的和效果。由于学前儿童社会学习具有反复性，所以行为练习要持之以恒、循序渐进，练习的内容应为儿童所能接受，以使其行为得以巩固，形成习惯。

# 模块五　学前儿童社会教育活动设计与指导

## 一、确定学前儿童社会教育活动内容的依据

学前儿童社会教育的内容是依据社会教育的目标来确定的。在不同的社会现实及其特定的文化背景下，儿童社会性发展的目标有所不同，其所决定的社会教育内容也会随之改变。教育内容应符合社会价值观的要求，符合学习者的需要、兴趣和能力的要求。

因此，儿童社会教育的内容应当依据社会现实的要求、儿童本身的特点和幼儿园社会教育的目标来确定。

### （一）社会现实

儿童社会性的发展离不开其所生活的社会现实，他们通过现实生活及其表象来增进社会认知、社会情感，完善社会行为。社会现实会通过各种方式影响幼儿的社会生活，离开了社会现实，这一课程也就失去了意义。我们可以从以下两个方面来理解。

1. 社会现实为儿童提供了认识的源泉

儿童一出生就处于一定的社会现实中，并开始了从一个自然人向一个社会人转变的过程。他要融入这个社会成为一个社会人，首先就要从认识周围的现实开始。现实社会中的人、事、物等都是儿童认识的对象。儿童通过现实生活及其表象来逐渐认识社会成员及其关系，了解社会规则和要求，了解什么事情是可以做的，什么事情是不可以做的，什么是对的，什么是错的。

社会已有的知识体系也为幼儿提供了更为丰富、更为生动的学习内容，如社会学知识、伦理学知识、经济学知识和文化学知识等。可以说，社会现实是儿童社会认知的源泉。

2. 社会现实激发儿童的社会情感和社会行为

儿童的情感发展经历了一个从简单到复杂、从低级到高级的过程。一岁半以前儿童的情感，多为生理性的原因引起；两三岁后，其社会性需求逐渐增多，社会性情感也逐渐发展起来。

例如，一粒糖果能引起小班儿童的愉快，而对于大班的儿童来讲，在评比中获得一朵小花比一粒糖果引起的愉快感更加强烈；较小的孩子可能怕黑、怕打针，而较大的孩子可能会怕受到惩罚和被孤立。可以看出儿童的情感越来越多地和社会现实相联系，社会现实当中的人、事、物越来越成为儿童情感产生的根源，儿童的道德感、理智感和美感等高级情感以及由此产生的社会行为也随着儿童越来越多地参与社会生活而逐渐产生和发展起来。

### （二）儿童本身的发展特点和需要

1. 儿童认识事物的特点

儿童认识事物的特点是从具体到抽象，认识事物现象和理解社会行为也是一样的，必须依赖于对事物的直接接触，对比较抽象的道理和经验还不能深入地理解。

例如，儿童对“勇敢”的认识就是打针不哭，“团结”就是不抢别人的东西，“好孩子”就是要“听话”。

因此，选择儿童社会教育的内容应注重直观和具体，不能脱离儿童的现实生活而过于抽象。应当立足于儿童的实际经验和具体的环境，以儿童可感知的方式进行社会教育。

2. 儿童社会性的发展需要

儿童社会性的发展应当以社会认知、社会情感和社会行为共同发展为目标，因此选择教育内容应以儿童这几方面的协同发展为宗旨，应根据儿童的具体情况，从不同的侧面选择教育的内容，既要有促进社会认知的内容，又要有激发社会情感的内容，同时还要有锻炼社会行为的内容，使儿童的社会认知、社会情感和社会行为得到全面平衡的发展。

**案例 1-3**

**来自一位教师的访谈内容**

之前当我要班里的孩子去自己的抽屉里取蜡笔画画时，他们都会一拥而上，你推我挤，不知道谦让，也不知道有序地排队，这就很容易出安全事故。

发现这个问题之后，一开始采取的方法是和他们讲道理，告诉他们不能推挤，不要一下子都拥上去，但是发现孩子的行为改善不大，还是需要我在一旁不断提醒。之后我就想寻求另外一种方式试一试。我专门为这个问题进行了一次社会活动。在活动中，我给孩子们播放了《防踩踏》动画片，让孩

子们直观地感受到事件产生的后果和给人们带来的伤害。然后请孩子们思考讨论，如果人们一拥而上，互不相让，没有秩序，会产生什么样的后果？我们可以怎么做以避免这样的事情发生？在这个活动中，孩子内心产生了情感体验，真实地感受到了事情的后果，自己也就萌生了要遵守秩序、谦让排队的需要。有了这种体验和需要以后，他们就能比较自觉地去做出适宜的行为。最后，再给孩子们提供一次去取蜡笔的实践机会，就会发现孩子们有序多了。今后就这个问题，再也没有让我提醒过，他们都能做得很好。

当教师把儿童当作教育的主体，充分发挥其积极思考、参与的主动性，激发起他们内在的情感需要以后，儿童更能自觉地遵守规则，表现出适宜的行为。

### （三）幼儿园社会教育的目标

《纲要》明确规定了幼儿园社会教育的目标，幼儿教师应深入研究《纲要》的内容，以《纲要》关于社会领域的教育目标为依据，并根据不同年龄幼儿的特点确定社会教育内容。比如说为了实现“乐意与人交往，学习互助、合作和分享，有同情心”的目标，应该为小班儿童选择有利于幼儿与同伴交往、一起游戏，初步学习分享，感受交往快乐的内容；对中大班儿童而言，应该注意选择让幼儿使用礼貌用语，学习等待、轮流、谦让与合作等交往的技能，尝试解决矛盾，懂得尊重、接纳他人等方面的内容。

为了实现儿童社会性发展的各项目标，我们选择教育内容的时候应力求全面、平衡，以使儿童得到全面、综合的发展。

儿童社会性的发展要依靠家庭、幼儿园和社会的共同作用，家庭、幼儿园都要注意为儿童选择合适的教育内容，使儿童的社会性得到良好发展。接下来我们来学习确定社会教育活动内容的原则。

## 二、学前儿童社会教育活动内容选择的原则

### （一）目标性原则

目标性原则是指在选择社会教育内容时，必须符合儿童社会教育的目标；在选择社会教育内容时，一定要全面地理解目标和内容的关系：一个内容可以实现多方

面的目标，一个目标也可以通过多方面的内容来实现。

例如“今天我值日”这一内容，就可以帮助幼儿初步理解并遵守日常生活当中基本的社会行为规则，引导幼儿努力做好力所能及的事，不怕困难，有初步的责任感，并培养幼儿爱集体的情感，提升幼儿的自信心，等等。

又如“乐意与人交往，学习互助、合作和分享，有同情心”这一目标，也可以通过多种活动内容来实现，凡是能够让幼儿在集体生活当中体验与他人交往和共同生活的乐趣，正确认识自己与他人，学习初步的人际交往技能，提高移情的能力等方面的内容，都可以作为选择的范围。

因此，教育者在确定教育内容时，首先要有目标意识，要考虑自己选择的内容究竟能不能够实现教育的目标，同时还要考虑这个教育目标还可以通过哪些方面的内容来实现，内容和目标有什么样的关系，还有什么更适合的内容，等等。

（二）基础性原则

基础性是学前教育的基本特征。儿童的社会教育应立足于儿童基础素质的发展，并为其一生的可持续发展奠定基础。

幼儿社会教育内容应选择对其终身的可持续发展来说最为重要的有关态度和能力的内容，也就是有利于不断学习的态度和能力，积极适应社会生活的态度和能力等方面的内容。

社会生活是丰富多彩、复杂多样的。儿童置身其中，需要了解和学习的内容固然很多，但是儿童毕竟是儿童，他们接受能力有限。一些高深和抽象的内容他们不一定能够接受得了或者学习的效果不好。因此，教育者必须选择那些有助于他们获得基础社会知识、发展基本的社会交往能力、形成基本的社会生活态度的内容，不应选择那些成人自以为有价值但儿童却不易接受的内容，一定要考虑儿童的需要和接受能力。

（三）全面性原则

学前儿童社会性的发展是一个综合的概念，在选择内容时，既要重视儿童的社会认知，促进儿童的社会行为，又要重视儿童社会情感的培养；不仅要考虑儿童的一般需要，还要考虑个别儿童的特殊需要；不仅要选择有利于儿童自我意识、人际关系发展的内容，还要考虑培养儿童情绪情感的内容；不仅要有培养良好个性的内容，还要包括促进道德发展、促进社会行为的内容。

### （四）生活性原则

生活性原则要求教师在选择社会教育内容时，要从儿童的社会生活出发，不应脱离儿童的生活经验去选择儿童无法体验无从想象的内容，应该选择那些贴近儿童生活、容易让儿童感知和体验的内容。

只有在儿童的现实生活当中，他们才能真正地认识社会现象、产生社会情感、发展社会行为。离开儿童的现实生活去选择一些遥远的、儿童无法经历的内容，儿童的社会教育也就成了空中楼阁。因此选择儿童社会教育的内容，应当尽量接近他们的现实生活。

### （五）时代性原则

时代性原则要求教师选择幼儿社会教育内容时，要关注社会的发展和需要，关注社会现状和未来，反映时代的要求，使幼儿能够了解社会，提高适应社会的能力。

例如，社会提倡的诚实、守信、自律、坚韧、乐于奉献的美德教育，留守儿童的教育与发展，越来越多元的社会文化，以及如何对待亲情和友情，如何对待同伴间的竞争与合作，如何面对越来越恶劣的生存环境，等等，这样的现实问题都可以作为儿童社会教育的内容。

### （六）因地制宜的原则

因地制宜的原则要求在选择社会教育内容时，要从本地、本园、本班的实际出发，选择适宜的内容，对儿童进行实际有效的社会教育。

各地儿童的社会教育内容要和本地的实际情况结合起来，选取最能代表本地特点、儿童熟悉的内容进行教育，不要舍近求远，抛弃自己的优势，让儿童去了解一些抽象的遥远的社会概念。

教师要善于挖掘家乡的本土文化，开展丰富多彩的社会活动，使幼儿增强对本土文化的认识，还可以发动家长提供丰富的具有教育价值的材料，使之成为幼儿园社会教育的特色内容。

## 三、学前儿童社会教育活动设计

### （一）学前儿童社会教育活动设计的依据

首先，根据《纲要》和《指南》中的有关要求，初步设计社会教育活动的内容。

学前儿童社会教育活动的设计，应当根据教育部颁布的《纲要》和《指南》的精神，并参照当地幼儿教育关于《纲要》和《指南》中社会适应领域方面的细则要求，确定社会教育的内容。《纲要》和《指南》明确提出了幼儿园社会教育的目标与内容，在进行活动设计时，可以丰富或侧重某些方面的社会教育，但不能违背和脱离《纲要》和《指南》的基本精神。

其次，根据幼儿园实际情况灵活设计调整社会教育活动的内容。设计社会性教育活动，还要根据学前儿童发展水平及存在的问题来进行，也就是说必须考虑学前儿童的身心发展水平，主要指儿童的年龄特点，本园、本班儿童的发展水平及儿童的个体发展水平。

另外，教师还应该观察儿童的日常生活，发现儿童在社会性发展中存在的问题，查缺补漏，如发现关爱残疾人、理财教育等比较欠缺，还可以灵活增加新内容。设计这种有针对性的教育活动，能够提高学前儿童社会教育的实际功效。

最后，根据当前发生的事件、时事新闻，设计出新鲜的社会性教育活动载体。设计社会性教育活动，可以充分利用学前儿童当时所处环境中发生的社会事件、时事新闻作为教育载体，如新冠肺炎疫情、地区干旱缺水、最近周围发生的交通安全事故等都可以纳入活动设计，增添内容的新鲜感、趣味性，增强活动的感染力和说服力。

### （二）学前儿童社会教育活动具体设计

按照教育目标确定社会教育活动内容后，教师要充分准备实施教育活动的具体方案，使教育过程系统有序，教育内容清楚明确，效果省时经济效率高，保证教育活动的顺利实施。

一次具体活动的教案一般包括活动名称、活动目标、活动准备、活动过程以及活动延伸等五个方面。

1．活动名称

活动名称就是某一次教育活动的名字，它能比较概括地反映出教育活动的主要内容，包含了班型、领域名称、活动内容 三个方面的信息。活动名称要求简洁明了、直切主题、富有童趣，如小班社会领域活动——有趣的筷子；中班社会领域活动——我长大了；大班社会领域活动——好朋友握握手。

2. 活动目标

活动目标是进行教育活动预期的结果，也就是具体教育活动所要达到的目的。每个活动目标的提出都应该尽可能涵盖全面，以符合并适应教育的发展性为原则。确定目标的内容，应包括形成积极的社会情感，获得社会认知和行为方式，提高适应和参与社会活动的能力等。这就是通常说的“三维目标”。

根据《纲要》的精神以及幼儿社会教育的发展适宜性原则，教育活动的重点应放在培养幼儿积极的社会情感态度和相应的社会性行为方面，同时兼顾幼儿社会认知和能力的发展。归纳起来活动目标的设计有以下几个要求：目标全面、表述主体一致、明确具体可操作、难度适中和数量适中。表 1-2 为我国幼儿园社会领域教育的适宜性目标要点。

**表 1-2　我国幼儿园社会领域教育的适宜性目标要点**

| 项目 | 适宜性目标要点 |
| --- | --- |
| 幼儿与自我的关系维度 | 1. 培养幼儿良好的生活技能、行为习惯、自我服务的能力。<br>2. 培养幼儿的独立性和自主性。<br>3. 培养幼儿积极的自我概念，自尊、自信，自我管理的能力。<br>4. 培养幼儿健康的情绪，学会理解、表达和调节自己的情绪。<br>5. 培养幼儿善良、勤劳、谦虚、勇敢、坚强等个性品质。<br>6. 培养幼儿适宜的社会礼仪行为和良好的仪态。<br>7. 培养幼儿的责任感和社会适应力。<br>8. 培养幼儿的想象力和创造力。<br>9. 培养幼儿尊重生命、自我保护的意识和能力。 |
| 幼儿与他人的关系维度 | 1. 培养幼儿与他人建立积极、友好关系的能力。<br>2. 培养幼儿的社会交往能力和适宜的社会行为。<br>3. 发展幼儿对他人的同情心，能识别并尊重他人的情绪。<br>4. 培养幼儿分享、合作、助人、与他人共同解决问题的社会性技能和品质。<br>5. 尊重别人和别人的劳动成果。<br>6. 能接纳、欣赏别人的意见和观点的态度。 |
| 幼儿与环境的关系维度 | 1. 认识自己生活的家庭、社区等社会环境。<br>2. 培养幼儿关心大自然、关心周围环境的意识和爱护它们的情感，发展对环境的责任感。<br>3. 懂得规则的重要性并能遵守规则。<br>4. 了解并欣赏我国的传统文化。<br>5. 培养幼儿热爱家乡、热爱祖国、热爱本民族文化的情感。<br>6. 形成尊重和接纳其他民族和国家的文化的态度和价值观。 |

3．活动准备

活动准备包括物质准备和知识经验准备。从教师的角度，准备玩教具、挂图、影像、视频、场地等。它们是帮助幼儿获得直观的感性经验并激发幼儿学习兴趣，引导幼儿积极主动参加活动的重要条件。同时教师还应根据活动的需要创设适宜的活动环境，比如桌椅摆放，墙饰、地贴布置或者情境创设等。

幼儿认识、知识经验方面的准备，比如针对某些教育内容实施活动之前，在生活中进行渗透，或请家长带孩子事先体验等方式，使幼儿对教育活动的内容有所了解或熟悉。也可以让幼儿从家中带一些材料或者自己动手制作的材料到幼儿园参与活动。

4．活动过程

活动目标确定后，教师在活动设计中要思考可以通过哪些具体的活动内容和活动形式来达成目标。活动过程按照一般的进行顺序，大致可以分为三个步骤：导入部分、展开部分以及结束部分 。

第一，导入部分。导入部分的主要作用在于引发幼儿参与活动的兴趣，吸引幼儿的注意力，组织教育活动有一个良好的开端。教师一般可以采用简单的方法，如设问、出示直观玩教具、讲述故事名称或开头、猜谜语等，体现组织教育活动开始的过程。

第二，展开部分。体现为教师如何引导幼儿积极主动参与到活动当中，并进行积极的感知、体验、表达和交流，使幼儿获得某些具体的知识经验和技能。教师可以通过演示、具体的提问等引导幼儿逐渐深入活动过程，深入思考，积极主动获得知识经验，发展相应的能力。

进行过程是教育活动的主要环节，在活动的过程当中，教师既要尊重幼儿学习与发展的主体地位，注意引导幼儿积极主动地参与活动；同时，要通过调动幼儿的学习兴趣和已有的经验，创设相应的环境，始终引导幼儿向教育目标要求的方向发展，也就是说，教师在活动过程当中要始终把握教育过程的方向。活动过程与活动目标两者相互呼应，相互统一：活动目标指导活动过程，活动过程应实现活动目标；活动过程应逻辑清晰、环环相扣、由浅到深、有层次性。

第三，结束部分。当教育活动的预期目标基本实现，教师要适时组织活动过程走向结束。结束环节，应引导幼儿归纳自己在活动当中获得的经验技能和情感体验，

由教师或教师引导幼儿进行活动小结，帮助幼儿总结学习经验，强化积极的社会行为，提高社会认知水平。结束自然，不突兀。

5. 活动延伸

组织的教育活动结束后，教师可以根据活动内容的特点，幼儿参与活动的热情和效果等，继续组织一些与此活动内容相关的其他辅助性活动。如参观之后进一步讨论、相关活动区角的设立、活动区内相关活动的开展等，继续深化和丰富教育内容，发现和利用各种教育机会。

对于新教师而言，教案设计应尽量具体化，注意活动目标的可操作性，活动过程当中各种教育手段的使用要有详细的组织与展示，以确保教育活动的顺利开展。

## 活动设计 1－1

### 国旗飘飘（中班）

【活动目标】

1. 认识我国的国旗，初步思考并分析、判断国旗的基本特征。

2. 知道国旗的组成元素所代表的含义。

3. 有初步的热爱国旗的情感。

【活动准备】

1. 鲜红色、粉色、黄色、橘色等各种颜色的正方形和长方形的纸；红色的星星和黄色的星星；糨糊。

2. 歌曲《国旗多美丽》。

【活动过程】

1. 通过谈话引出主题。

教师：“你们都在什么地方见过我们国家的国旗？”

2. 制作国旗，引出疑问。

教师：“你们真的认识我们国家的国旗吗？太棒了！现在就请你们每人选一张纸来制作国旗。”教师为幼儿提供各种颜色、不同形状的纸，让每个幼儿自己选择一张纸，制作自己心中的国旗。

将幼儿制作的国旗全部挂在黑板上。

教师：“老师有个疑问，我们的国旗只有一个模样，这里这么多不一样的国旗，到底哪一面才是真正的国旗呢？”

3. 探讨国旗的基本特征。

和幼儿一起思考、分析他们制作的国旗，从而认识我国国旗的基本特征。

教师：“看着五颜六色的国旗，老师有一个问题，我们国旗的旗面是什么颜色的？”

请一个幼儿将黑板上颜色不是鲜红色的旗子全部取下。

教师：“为什么我们国旗的旗面是鲜红色的，而不是其他颜色的？”

引导幼儿分析，国旗和我们身体里流动的血液的颜色一样，让幼儿知道我们国旗的颜色代表无数先烈的鲜血，看到国旗就想到了流血牺牲的烈士们，因此我们要爱护国旗。

教师：“这里有些什么形状的旗子？我们的国旗是什么形状的？”请一个小朋友把黑板上形状不是长方形的旗子取下来。

教师：“这些旗子上的星星个数不一样，到底我们的国旗有几颗星星呢？”引导幼儿了解我国的国旗也叫作五星红旗，旗面上有五颗星。

教师：“那么五颗星星是怎样摆放的呢？” 出示真正的国旗，让幼儿观察五颗星星摆放的位置，进一步探讨我国国旗的基本特征。

4. 幼儿合作制作国旗。

（1）请幼儿重新选择纸张制作国旗；

（2）组织幼儿讨论，应该如何爱护国旗。

【活动延伸】

教师：“我国的国旗里还有许多秘密，比如五颗星星各代表的是什么含义呀，请小朋友和爸爸妈妈一起探讨。此外，还有许多关于国旗的故事，请你们的爸爸妈妈讲给你们听。”

（资料来源：伍香平．幼儿园优秀社会活动方案设计65例［M］．北京：中国轻工业出版社，2013.）

## 四、组织幼儿社会领域教学活动应注意的问题

第一，教师组织的活动应尽量让幼儿动手操作，试着主动参与。幼儿是教育活动的主体，只有幼儿在活动当中能主动参与，有感知体验，才能真正达到目的。有

些教育教学活动，尽管表面上使用多种手段，但实际上主要是一种“教师讲，幼儿听；教师演示，幼儿看”的活动模式，这样的活动对幼儿的发展能起多大作用，可想而知。

第二，给幼儿活动的机会。尽管幼儿的经验少，能力较低，但是教师要引导幼儿在活动当中尝试学习锻炼发展，对于那些主要是经验和能力不足造成的错误，要宽容地理解并加以鼓励，耐心地引导幼儿总结经验。

第三，教师要精心准备提问语言。如果提问不够具体，幼儿很难被引导着思考相应的问题，教育活动当中就会表现出由沟通不畅导致的无法互动的现象。所以教师的提问起着关键性作用，问题一定要有针对性、导向性、具体化，符合幼儿的知识经验和语言水平。

第四，教师在提问、讲解、讲述、演示当中使用的语言要避免成人化或使用专业化术语，以确保与幼儿的有效沟通。

## 五、学前儿童社会教育活动的指导策略

### （一）建立平等互助、积极有效的师幼关系是实施学前儿童社会教育的前提

平等互助、积极有效的师幼关系的建立是学前教育的基础。师幼互动不仅会影响互动中的教师和学前儿童，也会影响到其他在场的学前儿童和教师，产生场效应，同时师幼关系建立的本身，就是学前儿童社会化发展的重要内容和途径。

首先，安全、愉快、宽松的外部氛围是建立积极有效互动的前提。在师幼关系当中，教师绝不是简单的管理者、指挥者或裁决者，更不是机械的传授者，而是良好师幼互动环境的创设者、交往机会的提供者、积极有效师幼互动的组织者和学前儿童发展的支持者和促进者。

教师在师幼互动中，关注的是孩子的发展，关注孩子心灵情感上的特殊需要，重视和孩子间积极、充分的情感交流。在积极的情感氛围中，教师和学前儿童参与互动的动机行为更好，特别是对年幼的孩子来说，情感的交流意味着一种依恋关系的重新建立。

其次，师幼关系的平等性是师幼关系的核心内容。长期以来师幼关系的平等性

体现不足，孩子心理上没有平等的感觉，而在教师方面更多的是管理和控制，真正深层心理的关注和对孩子敏感性心理的注意也显不足。学前儿童的行为得不到教师的高度关注，对教育效果的影响很大。师幼双方特别是教师，在师幼互动中保持关注是师幼互动得以进行的前提和基础，也是幼儿产生被支持感和信任感的基本条件。在学前儿童社会教育活动中，教师关注的重点应为学前儿童自我意识的发展、个性的完善、情绪和情感等内容。

### （二）创设使学前儿童感受到接纳、关爱和支持的良好学习环境

《纲要》社会领域教育的指导要点中明确指出：要创设一个能使幼儿感受到接纳、关爱和支持的良好环境，避免单一呆板的言语说教。能使孩子感受到接纳、关爱、支持的良好学习环境，有助于学前儿童保持良好的情绪状态，激发其学习动机，为他们的学习提供一个积极自主的空间；更进一层的意义则在于，它给孩子一个积极的“他人眼中的自我”，进而使孩子在长期的自主的活动当中形成内在的、稳定的、一贯的独特性，使儿童意识到自我。

接纳、关爱和支持的良好学习环境应该具备以下特征：一是物质材料的多样性和丰富性；二是活动氛围上是宽容的和接纳的；三是在环境设计上具有某种倾向性或者暗示性。环境是无言的教师，可以起到暗示作用，可以起到诱发儿童积极行为的作用，其效果往往比教师的言传身教来得更实在。

### （三）利用多种社会资源对学前儿童进行社会教育

教师在指导学前儿童社会教育活动时，应善于利用多种社会资源，如家长资源、社区资源等，对学前儿童进行社会教育。例如，让不同职业的家长给孩子讲解多种社会分工，利用社区资源安排孩子到社区小学、图书中心、福利院等社会场所，了解各行各业的劳动在社会中的意义，增进对社会的认知，培养对劳动的热爱和对劳动成果的尊重。

## 思考与实训

1. 学前儿童社会性发展的影响因素有哪些？

2. 结合现实案例，说说学前儿童社会教育的意义。

3. 移情训练法和角色扮演法在运用过程中需要注意哪些问题？

4. 校内实训：根据活动名称制定学前儿童社会教育目标。

小班：大家一起玩
　　　我的好朋友

中班：我的家乡真漂亮
　　　我是环保小卫士

大班：特别的我
　　　我们的地球妈妈

5. 案例评析。

小班的天天正在沙箱旁边玩，他专注地用沙子装满自卸卡车，然后倒出沙子，将沙子堆成一座小沙丘。宽宽在他旁边玩一个玩具推土机。突然宽宽开着推土机轧过了天天的沙丘，把沙丘轧平了。天天立刻大哭起来，并打了宽宽。

（1）请分析这一事件产生的可能原因。

（2）如果你是老师，你会如何处理这一事件？请说明你的处理方式及理由。

## 思维导图

- **学前儿童社会教育概述**
  - **社会化与学前儿童发展**
    - 社会化与社会性
    - 社会性对学前儿童发展的意义
    - 儿童社会性发展的影响因素
  - **学前儿童社会教育的学科地位与发展历程**
    - 学前儿童社会教育的学科地位
    - 我国学前儿童社会教育的发展历程
  - **教师从事学前儿童社会教育的职业准备**
    - 树立正确的学前儿童社会教育观
    - 掌握相关的理论知识、教育规律与教育策略
    - 提升自身的品格、社会能力与教育能力
  - **学前儿童社会教育的目标、途径与方法**
    - 学前儿童社会教育的目标
    - 学前儿童社会教育的主要内容
    - 学前儿童社会教育的原则
    - 学前儿童社会教育的主要途径与方法
  - **学前儿童社会教育活动设计与指导**
    - 确定学前儿童社会教育活动内容的依据
    - 学前儿童社会教育活动内容选择的原则
    - 学前儿童社会教育活动设计
    - 组织幼儿社会领域教学活动应注意的问题
    - 学前儿童社会教育活动的指导策略

# 项目二　学前儿童自我意识的发展与教育

## 学习目标

1. 了解学前儿童自我意识的有关概念。
2. 理解学前儿童自我意识的结构和分类。
3. 掌握学前儿童自我意识发展的特点。
4. 初步应用所学知识进行学前儿童自我意识教育。

## 情境导入

同学家的儿子叫点点，今年两岁半了，很是可爱。因为工作的原因，平常大家不在一块儿，所以每次回家都要过去看看他。每次回家都能感受到侄子不小的变化。国庆回家，又见到了可爱的侄子。不过这次给我的感觉是我们俩关系变“疏远”了。以前回家，小家伙总是愿意被我牵着抱着到处走，很乐意看着我给他剥糖果喂他吃……可是现在，每当要牵着他去玩时，小家伙总表现出不情愿；不过要是没有牵手时，他就会欢蹦乱跳地围着我姑姑长姑姑短地叫，即使跌倒了也乐呵呵的。以前会把糖果塞到我手上要我剥给他吃，现在却说：“我会，给我剥。”和同学的交谈中也了解到小家伙这样的变化差不多有半年了，很喜欢自顾自地做他自己喜欢的事情，爱表达自己的意见，像个小大人似的，不过做事情还不是很协调，经常出洋相，比如把稀饭弄到自己身上或者说话发错音。

**思考：**

1．点点是否真的不喜欢姑姑了？

2．你知道这是发生了什么吗？

著名的成功学大师拿破仑·希尔曾经说过："一切的成就，一切的财富，都始于一个意念——自我意识。"埃里克森的人格发展八阶段论指出，自我意识的发展伴随着每个阶段的发展，其关系到人们身心发展、社会关系和社会角色发展。同时，自我意识还是判断儿童心理健康的重要指标。因此，把握儿童自我意识的发展，因材施教，对儿童健康成长有着重要意义。

## 模块一　学前儿童自我意识概述

### 一、自我意识的概念

自我意识也叫自我认知（self-cognition）或称为自我，是一种多维度、多层次的复杂心理现象。"自我意识"这一概念是由美国心理学之父威廉·詹姆斯（William James）于1890年在《心理学原理》一书中首次提出的，并对其内涵和功能进行了阐述。詹姆斯认为，自我意识是个体对自身的一种认识和意识，是个体所有经验的中心。他将"自我"划分为"主体我"和"客体我"（图2-1），也是"主我"对"客我"的一种意识。前者是体验、思考和认识世界的主体，后者是被思考和被反映的对象。

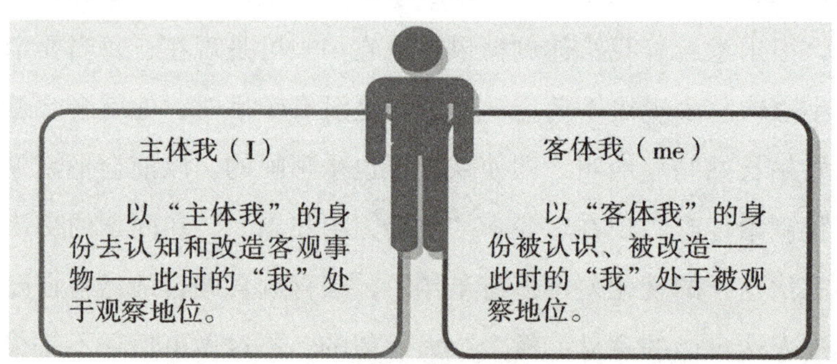


图2-1　"主体我"和"客体我"

詹姆斯认为，个体的主观自我是一个由多种成分构成的动力系统，如家庭自我、工作自我、学习自我、交往自我等。它具有两个基本特征：一是区别于他人的"分离感"，即意识到自己作为一个独立的个体，在身体、情感和认知方面都具有自身的独特性；二是跨时间、跨空间的"稳定的同一感"，即一个人知道自己是长期持续存在的，不随环境及自身的变化而否认自己是同一个人。而个体的客观自我由三

个要素，即物质的客我、社会的客我和精神的客我组成。这些多重的自我身份以某种方式整合在一起，从而形成一个人稳定而统一的自我。

自我意识是意识的一种形式，指主体对自身的意识，是对自己存在的觉察，即自己认识自己的一切，包括认识自己的生理状况（如身高、体重、形态等），心理特征（如兴趣爱好、能力、性格、气质等），以及自己与他人的关系（如自己与周围人们相处的关系、自己在集体中的位置与作用等）。总之，自我意识是自己对所有属于自己身心状况的认识、体验与控制，也是作为主观的我对客观的我的觉察，是对自己个人身心活动的觉察。自我观念、自我知觉、自我评价、自我体验、自我监督和自我调节控制等是其重要的内容。

### 知识链接

一位心理学家曾在做动物实验时遇到这样一件有趣的事情：他给小猴子一些木块，让猴子用木块来换糖吃，换到最后，木块用完了，猴子就用自己的尾巴来换糖吃，令这位心理学家捧腹大笑。为什么看起来很聪明的小猴子会做出如此可笑的动作，而再笨的孩子也不会用自己的手或脚去换糖吃呢？原因在于，猴子不能把自己同周围的事物区别开来，而人则不同，人能够认识自己以及自己同周围世界的关系，人有自我意识。

案例说明，自我意识是意识的一种表现形式，动物没有自我意识，只有人类才有自我意识，有无自我意识是动物和人在心理上的分界线。

## 二、自我意识的特点

自我意识是人对自己身心状态及对自己同客观世界的关系的意识。自我意识包括三个层次：对自己及状态的认识；对自己肢体活动状态的认识；对自己思维、情感、意志等心理活动的认识。自我意识不仅是人脑对主体自身的意识与反映，而且人的发展离不开周围环境，特别是人与人之间关系的制约和影响，所以自我意识也反映人与周围现实之间的关系。自我意识具有意识性、社会性、能动性、同一性等特点。

（一）意识性

意识性是指个体对自己以及自己与周围世界的关系有着清晰、明确的理解和自觉的态度，而不是无意识或潜意识。从马克思主义哲学的角度来看，这种自我意识是主体我对客体我的一切主观能动的反映。

（二）社会性

自我意识是个体长期社会化的产物。这不仅因为它是在社会实践中产生的，而且因为它的主要内容是个体社会属性的反映。对自我本质的意识，不是意识到个体的生理特性，而是意识到个体的社会特性，意识到个体的社会角色，意识到个体在一定的社会关系和人际关系中的地位和作用，这是自我意识发展到成熟的重要标志。

（三）能动性

自我意识的能动性不仅表现在个体能根据社会或他人的评价、态度和自己实践所反馈的信息来形成自我意识，而且还能根据自我意识调控自己的心理和行为。

（四）同一性

心理学研究表明，自我意识一般需要经过二十多年的发展，直到青年中后期才能形成比较稳定、成熟的自我意识。虽然这种自我意识有可能因个体实践的成败和他人评价的改变而发生变化，但到青年期以后，个体会对自己的基本认识和态度保持同一性。正因为自我意识的同一性，才会使个体表现出前后一致的心理面貌，从而使自己与其他人的个性区别开来。

知识链接

心理学家埃里克森指出，人生的每个阶段都有一个需要完成的心理发展任务。如果各个阶段都保持向积极品质发展，就算完成了这些阶段的任务，逐渐实现了健全的人格，否则就会产生心理社会危机，出现情绪障碍，形成不健全的人格。十二三岁至十七八岁的年轻人，发展的任务是建立自我同一性和防止自我同一性混乱。

自我同一性又称自我认同，是个体在特定环境中的自我整合和适应之感，是个体寻求内在一致性和连续性的能力。也是指人格发展的连续性、成熟性和统合感，个体尝试着把与自己有关的各方面结合起来，形成一个自我决定、协调一致、不同于他人的独具“同一风格”的自我。青少年时期的一个核心问题是自我同一性的发展，

它将为成人期奠定坚实的基础。同一性并不是在青少年时期才出现的，早在幼年时期，儿童已经形成了自我感知。但是，青少年时期却是个体第一次有意识地回答“我是谁”的问题。

如果年轻人不能达到自我同一性的确立，就有可能引起同一性扩散或消极同一性发展。这类个体无法“发现自己”，也不知道自己究竟是什么样的人和想要成为什么样的人；也有可能形成了社会不予承认的、反社会的或社会不能接纳的角色。在埃里克森看来，同一性扩散和消极同一性，可以解释美国青少年所表现出来的许许多多骚乱和攻击现象。

由此可以看出，同一性的确立，关系到一个人的健康发展，关系到他能否更好地适应社会，能否体验到自身的价值和人生的意义。

（资料来源：郑雪．人格心理学［M］．广州：广东高等教育出版社，2009：114-115.）

## 三、自我意识的分类

自我意识是一个多维度、多层次的复杂的心理系统或心理结构，既包含生物的、生理的因素，又包含社会的、精神的因素。因此按照不同的标准，大体上有三种分类方式。

### （一）从形式上分类

从形式上看， 自我意识是一个由知、情、意构成的复杂结构，包括自我认识、自我体验和自我调控三个方面，它们分别代表着知、情、意三个维度。

1. 自我认识

“知”即自我认识，是指一个人对自己各种身心状况的认识，是自我意识的认知成分，指个体对生理自我、心理自我和社会自我的认识。它包括自我感觉、自我观察、自我观念、自我分析和自我评价等层次。自我观念和自我评价是自我认识中最主要的方面，集中反映了个体自我认识乃至自我意识的发展水平，也是自我体验和自我调控的前提。自我认识主要解决“我是一个什么样的人”的问题，就个体对自我的认知来看，主要包括对生理自我、社会自我和心理自我的认知，从而构成一个统一的整体的自我认知，并在此基础上进行自我评价。如我是一个乐于助人的小朋友，我是一个懂礼貌的小朋友，等等。

2. 自我体验

“情”即自我情感体验，自我体验是自我意识的情感成分，在自我认识的基础上产生，反映个体对自己所持的态度。它包括自我感受、自爱、自尊、自信、自卑、内疚、自豪感、成就感、自我效能感等层次，其中，自尊是自我体验中最主要的方面，也影响到自我认识和自我调控两个方面。如我是否喜欢自己，是否满意自己，等等。自尊与自信在学前儿童的发展中是非常重要的人格特质，其中自尊是一种内驱力，激励着个体尽可能努力获得别人的尊重。自尊与人际关系有很显著的相关，自尊强的儿童更可能建立积极的人际关系。自信则是个体对自己能力的信念，相信自己具有完成任务的能力。自信心的建立对个体发挥自我潜能、把握人生机会以及增进心理健康等都有重要作用。

3. 自我调控

“意”即自我调控，是自我意识的意志成分，指个体对自己心理活动和行为的调节与控制，包括自我监督、自我控制和自我调节，具有能动性、反馈性和修正性等特征。首先，自我调控的前提是自我监督，自我监督是指个体自主、独立、自觉地从事和管理自己的行为，因此具有能动性。其次，在自我监督的基础上，个体依据周围环境的变化来进行自我控制，自我控制具有反馈性，自我控制过程要求个体不断去获得关于自身行为的进展、变化和结果的相关信息，与此同时，还要不断地审视周围环境中的变化。最后，自我调节具有修正性，自我调节的目的是让个体的行为能更好地符合环境中的要求，在反馈的基础上，个体必须不断修正自己的行为，才能使自己的行为符合外部的要求。

总之，自我认识、自我体验和自我调控之间相互联系、相互制约，统一于个体的自我意识之中。自我认识是其中最基础的部分，决定着自我体验的主导心境以及自我调控的主要内容；自我体验又强化着自我认识，决定了自我调控的行动力度；自我调控则是完善自我的实际途径，对自我认识、自我体验都有着调节作用。三个方面整合一致，便形成了完整的自我意识。

### （二）从内容上分类

从内容上看，自我意识由生理自我、社会自我和心理自我三方面内容构成。

1. 生理自我

生理自我是指个人对自己生理属性的意识，包括个体对自己的身高、体重、外貌、

身材等方面的意识等。如果一个人对生理自我不能接纳，觉得自己个子矮、不漂亮、身材差等，就会讨厌自己，表现出自卑和缺乏信心。反之则会带来自信，如我长得很高，我很强壮。这是自我意识的最原始形态。

2. 社会自我

社会自我是指个人对自己的社会属性的意识，包括对自己在社会关系、人际关系中的角色、地位的意识，对自己所承担的社会义务和权利的意识等；也是指对自己在群体中的地位、作用，以及自己和他人相互关系的认识、评价和体验。如果一个人认为自己不善于交流或沟通，周围的人不喜欢自己、不接纳自己，没有知心朋友等，就会感到很孤独、很寂寞；反之，认为自己受欢迎、被喜欢，则会感到快乐。

3. 心理自我

心理自我即精神自我，是个人对自己心理属性的意识，包括个人对自己的人格特征、心理状态、心理过程、行为表现以及所持有的价值取向和宗教信仰等方面的意识。例如，我是一个自信乐观的人。

### （三）从自我观念上分类

从自我观念来看，自我意识可分为现实自我、投射自我和理想自我三个维度。现实自我是个体从自己的立场出发对现实的“我”的看法，即对现实中“我”的认识。投射自我是指个体想象中的他人对自己的看法，例如，想象自己在他人心目中的形象，想象他人对自己的评价，以及由此而产生的自我感。投射自我和现实自我之间往往有差距。差距越大，个体便越会感到自己不为别人所了解。理想自我是个体从自己的立场出发对将来的“我”的希望，即对想象中的“我”的认识，理想自我是个体想要的完善的形象，是个人追求的目标。理想自我与现实自我也不一定是一致的。

## 四、自我意识的作用

自我意识在个体发展中有十分重要的作用。在幼儿时期发展良好的自我意识，有利于幼儿在成长过程中形成对自己、他人以及周围事物的正确态度，使幼儿容易建立良好的人际关系，对学习有兴趣，情绪稳定。否则，幼儿对自己就会没有信心，对周围世界就会缺乏兴趣，就会产生较多的消极情绪，有的甚至会产生一种焦虑和恐惧心理，害怕与他人接触交往，行为退缩，也会产生自卑的性格特征，这将影响幼儿各方面的发展。具体来说，学前儿童自我意识发展的意义主要体现在以下四个方面。

第一，能促进幼儿心理健康。荣格认为自我概念在调节心理健康方面有着重要意义。许多研究结论都支持这一观点。例如：自我评价过高的个体容易产生孤独心理；个体对自己的前景持有乐观的看法，则有利于其心理健康，情感坚韧，较少焦虑和消沉，更能获得学术上的成功；消极的自我概念使人更加抑郁，甚至变得淡漠而毫无激情；培养积极的自我概念有助于对儿童的行为问题进行预防和干预。

第二，能帮助幼儿增加获得成功的动机和机会。研究表明，幼儿对其能力持乐观的看法可能是有益的，并且有助于幼儿适应周围的环境，因为这种看法可以鼓励幼儿去尝试实践一些困难的任务。

第三，有助于幼儿发展良好的人际关系。积极的自我概念与受欢迎情况有显著相关。而自我评价、自我概念差的儿童容易产生孤独感，个体较低的自尊和自我评价会对建立与维持令人满意的人际关系产生消极影响。

第四，能帮助幼儿决定对自己的期望。幼儿对自己的期望是在自我概念基础上发展起来的，并与自我概念保持一致。研究发现，消极的自我概念不仅会引发消极的自我期望，而且决定了持有消极自我概念的幼儿往往会期待外部社会的消极评价与对待。这种期待决定了他们对消极的行为后果有着接受的准备，从而不愿意去尝试各种活动。

总之，健全的自我意识通过合理的自我认知、良好的自我体验、自觉的自我控制，促进个体的自我实现，最大限度地挖掘个体心理潜力。掌握了这些特征，才能更好地开展有针对性的教育活动。

## 五、自我意识发展理论的主要学派

### （一）精神分析理论

精神分析理论强调自我在心理结构中的地位及自我与欲望的关系。在精神分析学派早期的研究中，特别注重研究自我发展的社会、人际关系基础以及儿童早期母婴关系对自我的影响。20 世纪 70 年代以后，许多精神分析理论家更多关心的是人

们如何形成自我意识并保护其完整性不受损害。这些研究者被称为客体关系理论家。根据他们的观点，真正影响一个人精神发展过程的是在出生早期，婴儿与父母尤其与母亲的关系。初生的婴儿正是在与母亲或母亲替代者的密切交往中逐渐获得了有关自我和以母亲为代表的客观世界的完整印象，并最终形成较完善的心理功能，建立正常的人际关系。成年期的自我可以追溯到婴儿期和童年期就已具有的自我、他人以及自我与他人关系的交互作用，强调早期经验和潜意识的重要性。

卡弗和沙伊尔指出，儿童最初与重要他人（多为父母）建立何种关系会影响到今后的社会关系。儿童将童年初期的客体关系质量（温暖或是冷漠的）内化为个体人格的成分，概化至其他关系中，成为以后与人交往的基础，构成其终身人际交往的核心客体关系。

### （二）人本主义理论

人本主义理论强调现象学取向，主张根据人们如何看待自己和周围的世界来理解个体。人本主义心理学家罗杰斯认为，每个人对待世界的方式都是独特的，受到自己成长经历和身心特点的影响。个体的知觉构成一个现象场，包括有意识的知觉和潜意识的知觉。现象场的关键部分是自我，即“主体的自我”或“现实的自我”。在罗杰斯的理论中，自我概念是一个有组织的、一致的感知模式。同时，每个人又有一个理想的自我，即个体最希望成为的自我。在罗杰斯看来，对父母评价的感知是儿童时期自我概念形成的基础，儿童依据个人的价值判断去接纳与自我相一致的经验而拒绝或歪曲与自我不一致的经验。

# 模块二　学前儿童自我意识的发生和发展

个体的自我意识并非与生俱来，也不单纯是生物成熟的结果，个体的自我是在其与周围环境长期的相互作用的过程中形成和发展起来的。儿童在出生后的前三年，他们的自我就逐渐开始发生了，而个体的自我意识从发生到相对成熟，经历了 25 年左右。个体的自我意识的真正成熟使得个体能独立地按一定的目标和准则评价自己的品质和能力，能较全面地评价自我，辩证地看待自我，有目的地塑造自我、改造自我，实现自我完善。

## 一、学前儿童自我意识的发生

婴儿 1 岁以后才开始出现自我意识的萌芽，或者说是一种自我的感觉。他们开始意识到自己与别人不一样，渐渐地知道了“我是谁”和“我不是谁”，一直到产生自我评价，如“我是个可爱的孩子”等。儿童的自我意识就是这样一步一步形成的。

最开始，儿童能够从动作对象中区分自己的动作，并逐步意识到自己的动作、动作的动机和目的。这部分大约发生在出生后的第一年。这种能力是在由成人组织和指导的初级游戏活动过程中形成的。成人指导儿童游戏时创造了评价情境，这是培养儿童从动作对象中分出自己动作能力的重要条件。更重要的是在所希望的物体出现时抑制、阻止动作。在这种条件下，儿童初步意识到自己的动作、动作动机和目的，也就发生了初级的自我意识。

然后，儿童能把自己和自己的动作分开，意识到自己所做的动作是“他的动作”，这些动作的原因是自己，自己是活动的主体。

慢慢地，儿童能使用自己的名字，即儿童能用自己的名字或他人对自己的称呼如“宝宝”来称呼自己。安南耶夫说：“从发生学的观点看，使用自己的名字是儿童自我意识发展中的巨大飞跃，是把自己当作固定的整体从变化着的动作的连续进程中分出来的过渡。这就使儿童主动口述自己的名字不同于他对成人喊他名字时的感觉。”安南耶夫把儿童叫自己的名字的技能看成是自我意识形成的最重要因素，这说明儿童产生了概括自己的愿望和关于动作表象的自我感觉。

最后，儿童能使用第一人称“我”来代表自己。儿童从叫自己的名字转变到谈自己时使用代名词“我的”“我有”，特别是有意识地使用第一人称代词“我”，这说明儿童已经完成从表象到思维的过渡。儿童的自我意识产生了。

**知识链接**

当我们照镜子时，我们知道镜中的人是我们自己。你可能认为这个事实简单到愚蠢。但实际上除了少部分的灵长类，绝大部分动物都没有这一本领。观察一只猴子在镜前的表现，人们会发现它在拼命地想要和镜中的“自己”交流接触，样子滑稽而可笑。相比较而言，大猩猩面对镜子时则会很从容地整理毛发。显然，大猩猩知道镜子中的是自己。对于这些能够认出镜中自己的动物，心理学上认为他们拥有所谓的自我意识，即意识到自己是独立于其他客体的存在。

那么人类的行为如何呢?

**【实验一】 自我意识的诞生——阿姆斯特丹等人的“点红实验”**

阿姆斯特丹等人的“点红实验”证明24个月的婴幼儿已经具有了自我意识，因而在婴幼儿小的时候，家长和老师就要注重引导，培养他们良好的自我意识，以形成健康的个性和优良的品质。

一、实验目的

研究婴儿的自我意识水平。

二、实验过程

阿姆斯特丹借用动物学家盖勒帕在黑猩猩研究中使用的点红测验（以测定黑猩猩是否知觉“自我”这个客体），从而使有关婴儿自我觉知的研究取得了突破性进展。实验的被试是88名3～24个月大小的婴儿。实验开始，在婴儿毫无察觉的情况下，主试在其鼻子上涂一个无刺激红点，然后观察婴儿照镜子时的反应。研究者假设，如果婴儿在镜子里能立即发现自己鼻子上的红点，并用手去摸它或试图抹掉，表明婴儿已能区分自己的形象和加在自己形象上的东西，这种行为可作为自我认识出现的标志。

三、实验结论

阿姆斯特丹对研究结果经过总结得出，婴儿对自我形象的认识要经历三个发展阶段。

第一个是游戏伙伴阶段：6～10个月。此阶段婴儿对镜中自我的映像很感兴趣，但认不出是他自己。

第二个是退缩阶段：13～20个月。此时婴儿特别注意镜子里的映像与镜子外的东西的对应关系，对镜中映像的动作伴随自己的动作更是显得好奇，但似乎不愿与“他”交往。

第三个是自我意识出现阶段：20～24个月。这是婴儿在有无自我意识问题上的质的飞跃阶段，这时婴儿能明确意识到自己鼻子上的红点并立刻用手去摸。

（资料来源：AMSTERDAM B. Mirror self-image reactions before age two［J］. Developmental Psychobiology，1972，5（4）：297-305.）

## 【实验二】路易斯和布鲁克斯的实验

一、实验目的

依据前人的实验思路进一步系统地研究儿童的自我意识。

二、实验过程

路易斯和布鲁克斯借用了阿姆斯特丹等人的“点红实验”的镜像研究，另外还利用观看录像和相片的方法对婴儿的自我意识做进一步的实验研究。他们提出婴儿认识自我形象的根据或线索有两条：一是相倚性（镜像动作与婴儿动作一致），二是特征性（镜像与婴儿身体特征的一致性）。

在第一阶段的实验中，他们选取了9～24个月的儿童作为实验对象。按照阿姆斯特丹等人的“点红实验”方式进行。实验结果是在小于24个月的婴儿中，只有25%的儿童立即用手去摸或擦自己的鼻子。可是24个月的婴儿中，有88%的儿童会立即用手去摸自己的鼻子。第二阶段的实验是让儿童观看特制的录像：在第一部录像里，被试婴儿就在当时所在的环境，这时一个人走进屋；第二部录像的内容是该儿童一星期前正在玩玩具，此时有一个人正走进屋；第三部录像则是另外一个儿童在玩，有一个人正走进屋子。

三、实验结论

结果发现，9～15个月的婴儿都能够很快从第一部录像中认出自己，并转头向门口看，次数多于后面两种情境。对第二种情境和第三种情境中婴儿的反应情况进行比较，发现只有15个月以上的婴儿才能区分这两种情境，这说明婴儿已经能够区别自我与他人的形象，对自我的认识逐渐清晰。第三阶段的相片实验中，研究者向

被试婴儿提供了许多照片，包括婴儿自己的和其他婴儿的照片。15～18个月的婴儿，当听到叫自己的名字时，能够指出自己的照片，并看着它，对它微笑。

路易斯和布鲁克斯三部分的实验结论与阿姆斯特丹等人的研究结果基本一致。1岁前的婴儿不能区分作为主体的自己和外部的客体，他们还没有自我意识。2岁左右的儿童才能抹掉不属于自己的"红点"，他们具备了自我意识。

通过众多对儿童自我意识发展的研究，我们可以看到：婴儿发现咬手指与咬布娃娃在感觉上不一样，说明他已意识到手指是自己身体的一部分，这可以认为是儿童自我意识最初的形态——自我感受；自我意识的进一步发展是人称的转变，儿童会用第一人称"我"来代替第三人称称呼自己，此时他们已能区分有别于自己的外部客体；当儿童2岁以后，就逐渐意识到自己的特征、能力和状态，知道自己有没有能力解决一个问题；到了四五岁，儿童在自我意识方面的发展进入了一个新的阶段，而且表现出明显的差异。

上面两个实验从科学角度展现了婴幼儿自我意识发展的阶段性。德国作家约翰·保罗曾说："一个人真正伟大之处，就在于他能够认识自己。"当孩子有认识自我的要求时，教育者应不失时机地培养他们的自我意识。由于自我意识影响着人格的形成，健康、积极的自我意识是促进健康人格形成的重要因素，所以教育者要引导孩子形成积极的自我意识。

## 二、学前儿童自我意识的发展

### （一）自我意识发展的一般趋势

随着生活范围的扩大、语言的发展，幼儿的社会性、认知开始发展，自我评价、自我体验、自我控制开始发生，能在一定程度上调节、控制自己的行为。随着儿童年龄的增长，儿童的自我意识会不断地发展变化，主要呈现出以下发展趋势。

一是儿童自我认知的内容从反映外部的可以直接观察的、具体的、有明确参照系统的特点向反映内部心理方向发展。

二是儿童自我的结构从简单的结构发展到分化的、多重的结构，然后逐渐出现层次性，形成复杂的、整合的自我结构系统。

三是儿童的自我评价从以他人评价为标准发展到独立的自我评价，同时儿童又在不断地脱离自我中心，自我评价的客观度逐步提高。

四是儿童自我的社会适应性逐渐提高。他们区分外部自我和内部自我的能力不断增强，逐渐能够比较实际地判断社会交往情境，并据此判断而表现出复杂的社会自我。同时，自我的结构日趋稳定。儿童能够根据自己的内部价值标准和信念体系，根据外部情境的需要来调整自己的行为。

### （二）自我意识发展的内容

学前儿童自我意识的发展主要包含自我认识、自我评价和自我调节三个方面。

#### 1. 学前儿童自我认识的发展

自我认识的对象包括自己的身体，自己的动作和行动，自己的内心活动。

（1）对自己身体的意识。儿童最初不能意识到自己，不能把自己作为主体去同周围的客体区分开来。直到 2 岁左右，儿童出现对自己身体内部状态的意识，会说“宝宝饿”等，这是最初的表现。

儿童对自己的面貌和整体形象的认识，也要经过一个较长的过程。最初婴儿在镜子里发现自己时，总是把镜中形象当作别的孩子。2 岁左右，儿童逐渐认识自己的整体形象。但对自己的影子，儿童认识得更晚。2 岁半到 3 岁，儿童还难以理解自己的影子，试图用脚去踩影子。

（2）对自己动作和行动的意识。动作发展是儿童产生对自己行动的意识的前提条件。1 岁左右，婴儿通过偶然性动作逐渐能够把动作和动作的对象区分开来，并且体会到动作和物体的关系。培养儿童对自己动作和行动的意识，是发展其自我调节和控制能力的基础。

（3）对自己内心活动的意识。儿童对内心活动的意识依赖于较高一些的思维发展水平。从 3 岁左右开始，儿童出现对自己内心活动的意识。例如，儿童开始意识到“愿意”和“应该”的区别。开始懂得什么是“应该的”，“愿意”要服从“应该”。4 岁以后，儿童开始比较清楚地意识到自己的认识活动、语言、情感和行为。他们开始知道怎样去注意、观察、记忆和思维。但是学前儿童往往只停留在意识内心活动的结果，而意识不到内心活动的过程。例如，他们能做出判断，却不知道判断是如何做出的。

知识链接

**“第一叛逆期”**

2岁左右的孩子，开始有了自主的愿望，一旦遭到父母的反对和制止，或被大人强行要求做某件事，就容易产生对抗心理，出现说反话顶嘴的现象，或者一旦没有满足，便会用吵嚷、哭闹等形式表现出来。心理学上称之为孩子的“第一叛逆期”或“第一反抗期”，通常发生在孩子1岁半到3岁之间，持续时间约为半年到一年。这种叛逆，是孩子生长发育中的一个必经阶段。

要帮助孩子平稳度过这个叛逆期，家长也要适当调整和孩子的沟通策略。首先，家长要细心观察、把握好提要求的时机，从孩子的角度去理解他的行为。比如孩子不吃饭，可能是因为他正在兴致勃勃地玩一个新玩具，那么下次吃饭之前，就不要把玩具放在他面前。其次，在可能发生矛盾之前，提前和孩子“约法三章”。比如，告诉孩子“可以下楼，但只能在院子玩，如果跑出去，外面的汽车可能伤害你”。最后，对正确的行为及时肯定和鼓励，让孩子不断巩固良好行为。

2. 学前儿童自我评价的发展

自我评价是指个体对自己个性心理特征及外部行为表现的判断与评估。自我评价是自我意识的一种表现，是一种自我对象化、自我否定和自我揭短的过程，是一种需要学习的能力。学前儿童的自我评价在2～3岁时开始出现。自我评价的发展与认知和情感的发展密切联系，其发展趋势如下。

（1）从依赖成人的评价到自己独立的自我评价。学前儿童尚未形成独立的自我评价，他们的自我评价常常依赖于成人对他的评价，特别是在学前期。儿童往往不加考虑地轻信成人对自己的评价，自我评价只是成人评价的简单重复。儿童晚期，开始出现独立的自我评价。儿童对成人的评价逐渐持有批判的态度。如果成人的评价不符合儿童的实际情况，儿童会申辩或抗议，甚至表示反感。如孩子会开始用诸如“不是的，是……”之类的话语来进行自我辩护。

（2）从带有主观情绪性的自我评价到比较客观的自我评价。学前儿童往往不从具体事实出发，常常带有个人的主观情绪性，而在自我评价中这种主观情绪性则更大，情感好恶是评价的主要依据。例如，问孩子“你们班级谁是好孩子？”孩子会回答“元元”。当被问及“为什么”时，孩子回答“他胖乎乎的，很好玩”。有人做过实验，要求儿童对自己的作品同别人的作品做比较性评价。当儿童知道比较的对方是老师的作品时，尽管这些作品比自己的质量差（这是实验者故意设计的），但是儿童总是评价自己的作品不如对方。而当儿童对自己的作品和小朋友的作品相比较时，则总是评价自己的作品比别人的好。这一实验结果充分说明了儿童自我评价的主观性。学前儿童一般都过高评价自己。随着年龄的增长，自我评价逐渐趋向于客观。

（3）从笼统的、局部的、表面的自我评价到具体细致的、整体的、内在的自我评价。儿童的自我评价受整体思维、认知发展水平的影响很大，这突出表现在以下方面：儿童的自我评价一般比较笼统，较多只从某个方面或局部对自己进行评价，而后逐渐向比较具体、细致的方向发展，做出比较全面的评价。其次，最初往往较多局限于对外部行动的评价，而后逐渐出现对内心品质的评价。另外，从只有评价，没有论据，发展到有论据的评价。如儿童评价自己是“我是好孩子”，但如果你问他“你的什么表现能说明你是好孩子”，他们往往无言以对或者会说“妈妈说我是好孩子”，慢慢长大后孩子会说“因为我会分享”。

3. 学前儿童自我调节的发展

自我意识的发展体现在自我调节或控制上，因为个性发展的核心问题是自觉调控自己的心理活动行为。儿童自我调节能力是逐渐产生和发展的，刚开始表现为儿童完全不能自觉调控自己的心理与行为，心理活动在很大程度上受外界刺激与情境特点的直接制约。他们的行为往往缺乏思考，表现出冲动性的特点。例如，看到别人在玩玩具，立即停下手中的游戏，过去也想要玩。

之后，随着生理的不断发育与成熟，在成人的指导教育下，儿童逐渐能够按照成人的指示、要求调节自己的行为。大部分 3 ～ 4 岁的儿童都会表现出对家长和教师的遵从，按照成人的指令调节自己的行为。例如，当教师告诉一个 4 岁的孩子，“你可以直接和小朋友说你也想玩积木，而不是用推开别人的方法”，通常孩子会遵从教师的教导去做。但是，处于这个阶段的儿童仅仅是为了获得奖赏或逃避惩罚而遵循规则，听从成人的指令，并没有形成真正的自我调节能力。此时，儿童只有在成人的直接监督下才能根据要求完成任务。一旦缺乏成人的指令，那么儿童往往不能控制住自己的冲动或需求。

最后，随着认知能力的发展及大脑皮质抑制机能的逐渐完善，儿童晚期能够自觉地调整自己的心理和行为。如自我延迟满足，这是一种为了更有价值的长远结果而放弃即时满足的抉择取向，以及在等待中所展示出来的自控能力。它在学前儿童自控结构中居于高层次地位，对学前儿童自身的社会化进程具有重要的意义。

总的来说，儿童自我意识的发展，表现在能够意识到自己的外部行为和内心活动，并且能够恰当地评价和支配自己的认识活动、情感态度和动作行为，由此逐渐形成自我满足、自尊心、自信心等性格特征。

## 知识链接

发展心理学有一个经典的“延迟满足”实验。实验者发给 4 岁被试儿童每人一颗好吃的软糖，同时告诉孩子们：如果马上吃，只能吃一颗；如果等 20 分钟后再吃，就给吃两颗。有的孩子急不可待，把糖马上吃掉了；而另一些孩子则耐住性子、闭上眼睛或头枕双臂做睡觉状，也有的孩子用自言自语或唱歌来转移注意消磨时光以克制自己的欲望，从而获得了更丰厚的回报。在美味的软糖面前，任何孩子都将经受考验。

研究人员在十几年以后再考察当年那些孩子的表现。研究发现，那些能够为获得更多的软糖而等待得更久的孩子要比那些缺乏耐心的孩子，长大后表现出更强的适应性、自信心和独立自主精神，他们的学习成绩要相对好一些，事业上更容易获得成功。而那些经不住软糖诱惑的孩子则往往屈服于压力而逃避挑战。

（资料来源：张文军．学前儿童心理发展与评价［M］．长春：东北师范大学出版社，2018：181-182.）

# 模块三　学前儿童自我意识的培养

《指南》对儿童自我意识提出了具体要求，例如：能介绍自己（自我概念、性别意识）；知道自己的优点和长处（自我评价）；敢于尝试有一定难度的活动和任务（自尊与自信）；主动承担任务，遇到困难能够坚持而不轻易求助（自我调节）等。教育者应该把儿童自我意识的培养渗透在幼儿园一日活动中，例如关注幼儿的感受，鼓励幼儿自主决定、独立做事等。因此，教育者要重视各种社会活动对儿童自我意识发展的作用，同时还要注意创设各种良好的社会交往环境，以更好地促进学前儿童自我意识的发展。

## 一、在日常生活中培养学前儿童自我意识

### （一）通过日常活动，培养儿童生活自理能力和简单劳动技能，增强其自信心

现在的独生子女在家中备受呵护和关爱，有的家长一味包办代替，这在一定程度上造成了孩子自理能力差、依赖性强。由于缺乏锻炼和培养，孩子们在集体生活中会遇到很多难题，他们有恐惧感，怕自己做不好某些事，总是畏首畏尾。针对这些情况，幼儿园可在日常生活中经常开展一些竞赛活动，或采用游戏的形式，锻炼儿童的生活能力。例如，开展穿衣服、扣扣子、叠被子等竞赛游戏，让孩子们在轻松愉快的气氛中提高自理能力。

另外，也可针对儿童爱劳动的特点，建立值日生制度。教师可先教儿童一些简单的劳动技能，如扫地、拖地、擦桌椅、摆桌椅、整理床铺等，让儿童在值日工作中展现自己的才能，以增强其自信心。当然，教师要尽可能多地安排那些缺乏自信心的孩子做值日生，且每当这些孩子有了点滴进步，教师都要及时给予肯定，并引导其他儿童看到这些孩子的长处，从而使这些缺乏自信的儿童知道自己也很能干。这样，在获得多次成功体验后，这些儿童就会进一步正确认识自我，增强自信心。

### （二）创设良好的心理环境，帮助儿童认识自己、了解自己

儿童教育本身应注重环境的创设。儿童须在互相平等、互相尊重、互相信任的环境中生活和成长，教师要给儿童营造一个轻松、和谐的氛围。对于那些自信心差、

胆小畏缩、缺乏上进心的孩子，教师要给予他们多一些爱护和关心，用亲切的微笑、和蔼的语言来引导他们，让他们从每一个眼神、每一个动作和每一句话中能感受到老师对他们的爱。如早晨来园，微笑着向孩子问好；离园时带他们整理衣装；交谈时摸摸他们的头，这些都可以让儿童感受到老师对他的喜爱。

教师还要利用各种活动后的分享和总结，让儿童认识自己、评价自己，并学习评价他人。例如，在区域活动、绘画课或做完操以后，教师可以问问儿童："你在哪个活动区活动，玩得怎么样？""你画的画好吗，好在哪里？还有谁画得好，为什么？""你做操表现怎样？你觉得谁做得好，好在哪里？"另外，教师在一日生活中注意时时用鼓励的、积极的语言来评价儿童，让他们对自己有一种全新的认识。

### （三）以适宜的方法表达对儿童的欣赏与期望

在自我意识形成的过程中，儿童对自己的看法几乎就是家长或教师对他们所作评价的翻版。现在绝大多数教师都知道要使用表扬、鼓励等正面的方式来表达自己对孩子的期望，但在实际操作时仍存在不少问题。对此，教师要注意把握好以下几点。

首先，教师要注意表扬的有效性。有效的表扬必须符合三个标准：有选择的、特定的、积极的。

所谓"有选择的"，就是只有在真正值得表扬时才表扬。例如，孩子在建构游戏中虽然屡次失败，但最终完成了搭建任务，那么这个时候孩子表现出的坚持性就值得表扬。

所谓"特定的"，有两层含义。一是指特定的场合和对象。在幼儿园中，有效表扬往往发生在教师针对一小群甚至是单独一个孩子进行的评价活动中，而面向全班进行的表扬往往是无效的。二是指表扬的对象应是明确的行为，而非个体本身。例如，一个孩子懂得去关心弟弟妹妹了，教师应当表扬的是关心行为本身，而不是称赞那个孩子懂事了或长大了。因为每个孩子都在朝着懂事的方向发展，但并不是每个孩子都懂得如何用行为来表达的，教师要示范的是如何让孩子知道用适当的行为来表达自我的成长。又如，孩子完成了一幅图画时，教师可以一边欣赏他的作品，一边说"哇，你在图画里用了7种颜色"，而不是笼统地评价"你画得太好了"。

有效表扬的第三条标准是积极的，即这种表扬不能存在消极的对比，不能抬高一个孩子，打压另一个甚至是另一群孩子。例如，教师在集体活动中提问后，听到孩子们七嘴八舌地表达自己的观点，便提高嗓音说："××小朋友坐得真好，而且还举手了！”这听起来是在表扬某个孩子，其实是在批评另一群孩子，那些孩子就会很沮丧，一下子从积极思考的状态堕入自责中。合适的做法是，教师允许孩子先行讨论，然后规定2分钟后以举手的方式来要求表达自己的观点。2分钟后教师可以第一个邀请那个前面就举手的孩子，这样既肯定了那个孩子，也不会让其他孩子产生负面情绪。

其次，教师要更多地使用鼓励的方式，让儿童不断提升自我意识。有的教师认为表扬就是鼓励，其实，鼓励和表扬是不一样的。表扬是教师对儿童的某个行为的结果给出积极的肯定性评价，鼓励则更多的是针对行为的过程；表扬往往是表达教师的观点，而鼓励则更注重于激发儿童的感受；表扬往往是在成功完成任务后给予的评价，而鼓励则可以发生在完成任务过程中的任何阶段，无论成功与否。

斯坦福大学的一项历时10年的研究表明，与表扬相比，鼓励更能激发儿童的自尊和自信。在该研究中，一直受到表扬的孩子在面对更难的任务时容易表现出畏惧退缩行为，而一直受到鼓励的孩子则更能经受失败的考验，并付出更多努力去完成任务。教师可以在以下几个环节中尝试运用鼓励的方法：一是在任务开始阶段，对于那些比较困难的任务，可以鼓励孩子努力尝试，如“你可以自己完成任务的”，以提高其自信心；二是在完成任务的过程中，可以鼓励孩子坚持、独立地尝试各种方法；最后，在任务完成后，在表扬的同时，还可以这样鼓励孩子：“是你自己解决了问题！”让孩子既感受到教师的肯定，又能从内心体验到成功的喜悦。

**案例 2-1**

小强是个从农村转学过来的留守儿童，因父母外出打工而被寄养在大伯家，从入园起，老师就开始观察他。

画面一：

孩子们排队去洗手时，全班小朋友都去了，他还安安静静地坐在小椅子上。我走到他跟前，温和地对他说：“你快去排队洗手吧！”他这才慢慢起身，来到自来水龙头旁边，看着小朋友你争我抢地洗手，悄悄地躲在了一边，不敢靠前。等所有的小朋友都洗完手，他才慢慢地、很小心地走到自来水龙头边。洗手时，他的手在水中泡一下就回到位子上。

画面二：

跳绳训练的时候，孩子们拿着绳子一到楼下，便开心地散开，寻找自己的小天地开心地练跳绳，他站在那儿一动不动。于是我对他说："小强，你怎么不跳绳啊？要认真练习的呀。"他看着我，还是不动，没过一会儿，眼睛里就含着泪水了。我蹲下身去，看着他，问道："你是不是还不会？"他不说话，只是点点头。我摸摸他的头，说："不会老师也不会怪你的，很多小朋友现在也不会，练练就会了。"他拿手臂擦了擦眼泪，点了点头，但是依旧拿着跳绳站在那儿。

画面三：

上课时，孩子们都积极举手发言，大声讨论，他只是端端正正地坐在小椅子上，一动不动，活动中没说一句话，目光有些游离。我微笑地看着他，他后来察觉了，很不好意思，目光赶紧躲开。

从以上表现来看，小强不自信、胆小、敏感，不能适应幼儿园集体活动。老师通过与家长的沟通了解到，这既有先天方面的原因，也有后天方面的原因。小强的性格像爸爸，他爸爸较内向、腼腆。小强从小在农村老家由爷爷奶奶带。爷爷奶奶对孙子溺爱，生活方面事事包办，活动方面不让孩子大胆地活动，怕磕着碰着，很少带孩子出来与小伙伴玩。到城市上幼儿园后，分离焦虑严重。为了帮助小强建立自信，适应幼儿园生活，老师给予高度的关注与重视。

1. 教师给予亲情关注

为了补偿孩子的依恋需要，在幼儿园里，三名老师约定，平时要多亲近他，如摸摸他的头、拉拉他的手、对他多微笑、单独与他拉家常、经常拥抱他等，使他解除对我们的害怕心理。通过我们三人的共同努力，孩子开始慢慢地喜欢上我们，见到我们不再躲避，有时还能冲我们笑笑，也开始变得活泼起来了。

2. 同伴帮助，满足交往需求

孩子由于从小没有得到足够的锻炼，没有学会与人交往的技能，虽然有时会产生与别人一起玩的想法，但一是胆怯，二是不会交往，必须与家长一起努力为他创设有利于同伴交往的环境。在幼儿园里，我们这样做：

首先，引发同伴对他由被动到主动的关注。调换了他的座位，安排一位口语交流能力较强的女孩子和他在一起，请这个女孩子多帮助他，等他慢慢适应和这个女孩子交往以后，引导班上的其他孩子主动和他交往。

其次，增加个别交往的机会。像小强这样的孩子，由于缺少与别人的有效交流与互动，许多的交往方法都需要学习。为此，我们为他创设了多与其他孩子交往的机会，给他特殊的“权力”：只要他喜欢玩的活动，我们都让他先玩，并让他喜欢的小朋友陪着他，在他犯错误需要纠正时，委婉地指出，保护他的自尊心。

3. 家园合作，共同努力

请小强大伯能让其在家里放开手脚，大胆地说、跑、跳。有心理学家指出，要重视孩子的“高峰体验”。“高峰体验”就是孩子在对环境积极适应的状态下，充分地发挥内在的创造力，整合自己之前所有的感受，发挥潜能。

（资料来源：周世华，耿志涛. 学前儿童社会教育[M]. 北京：高等教育出版社，2014：44-45.）

## 二、创设专题活动，培养儿童自我意识

幼儿园要有计划地设计一些专题活动，作为培养儿童自我意识的手段。在设计活动时，要根据儿童的具体情况，针对不同个体，使每个儿童的自我意识都得到有计划的发展。通过专题活动，那些胆小、怕困难、做事畏首畏尾、缺乏自信心的儿童逐渐能正确认识自我、评价自我、评价他人，增强自信心，加强自我意识；而那些过分自信、目中无人、觉得自己什么都好、别人都比不上自己的儿童，能看到别人的优点，正确地认识自己，正确地评价他人。

### （一）帮助儿童认识自我、了解自我，学会自我评价

可通过“小小的我”活动，让儿童观看有关婴儿出生及成长的录像，了解生命的诞生与成长。让儿童把自己从小到大的照片带到幼儿园来，给小朋友和老师看，同时讲一讲自己小时候的趣事，告诉大家“我”喜欢什么，不喜欢什么……还可设计认识自我的系列活动，如“自画像”“特殊的我”“我的进步”“我很棒”“我的志愿”“我的优点”“我的不足”等，让儿童认识到“我”与他人既有相同之处，又有自己独特的与众不同的地方，进而使儿童在认识“我”的同时，也修正了对“我”的认识的偏差，并尝试设想自己的将来。

### （二）在评价自我的基础上，学习正确评价他人

一般来说，班上那些做事不积极主动，总是跟在别人后面的孩子往往容易被教师和小朋友所忽视。为了让别人了解他们的闪光点，老师可设计“他的专长”等活动，让孩子们互相说一说每个人有什么优点和专长；设计“他画像”活动，让小朋友们在宽松、和谐的气氛中学习尊重别人，同时也感受别人对自己的尊重；设计“看看谁能干”的活动，可由孩子们带来自己做家务的照片、录像等，互相观看、讲解、讨论，评一评谁能干、大家要向哪些小朋友学习；设计“我的好朋友”活动，通过活动可使孩子们更加亲密、融洽，那些平时经常默默无闻、独来独往的孩子也可以此为桥梁，融入集体中。组织这些活动，可使缺乏自信的儿童自信心得到增强，让他们感到自己在同伴中很有地位，小朋友们愿意和他做朋友；同时过分自信的儿童也能学会正确评价他人，发现别人的优点并虚心向他人学习，摆脱以自我为中心的思维方式。

### （三）让儿童尝试自我体验

教师可采用谈、听、画、讲的方式，开展各种活动。如“我很高兴”“宝宝很难过”，让儿童在活动中畅所欲言，表达自己的心情及造成这种心情的原因，并可用纸笔将这种心情画出来，讲给老师、家长听。教师也可通过游戏活动，让儿童把自己的心情投射出来。值得注意的是，教师要善于捕捉和分析这些信息，以便提供及时有效的反馈和引导。

### （四）让儿童学会合作，懂得分享

儿童帮助和关心别人时会体会到乐趣。教师可设计“分享”主题活动，让全班的孩子一起来协商，怎样分蛋糕、水果……让小朋友自己来分。通过引导，小朋友会懂得要先分给长辈、父母和老师，再分给其他小朋友，最后才分给自己，理解分享的重要性。通过“分享”“合作”主题活动，儿童之间形成彼此关心、互相友爱的关系，也学会了如何调整自己去适应他人和集体。

## 三、家园共育，帮助儿童形成良好的自我意识

家庭教育是儿童教育的重要组成部分。成人的评价直接影响儿童的自我认识和自我评价。一个经常得到父母积极评价的儿童，会对自己持积极的态度，能比较有

信心地去面对各种问题，敢于面对失败。家长的支持与配合对儿童自我意识的培养具有十分重要的作用。教师可以从以下几方面入手。

第一，换位思考，理解并尊重家长的价值观。当代社会不再是价值取向一元化的时代，儿童的父母由于生长环境、成长经历等的差异，会形成不同的价值观。例如，有的父母觉得儿童期最重要的事情是让孩子有个快乐的童年，而有的父母则觉得要从小抓起，童年是为成年做准备的。这两类家长对孩子的期望是不一样的，孩子的自我认知也会不同。有些教师经常会抱怨某些家长的教育观念有问题，让孩子学太多东西，以至于孩子负担过重，没有快乐的童年，自我意识也产生偏差。幼儿园也会相应地举办一些家长讲座来传播科学的育儿观，但是许多家长对此并不理解。明智的教师应该首先换位思考，理解家长的教育价值观存在的合理性，并给予充分的尊重。在尊重与理解的基础上，再与家长交流正确的儿童观与教育观，这样家长才容易接受。

第二，在理解和尊重的基础上，帮助家长了解儿童自我意识的发展特征。儿童自我意识的发展有其规律性，了解这些规律，能帮助家长更好地理解儿童。例如，3～6岁是儿童性别意识发展的重要时期，在儿童天真无邪的心里，性别是由什么决定的也是一件非常值得探究的事情。教师应该和家长积极沟通，让家长明白孩子出现这些行为是正常的，帮助家长因势利导地促进孩子形成良好的自我意识。

第三，指导家长创设有利于孩子自我意识发展的家庭心理环境。教师要帮助家长意识到，自己不经意的行为和言语都会影响孩子的自我意识。父母应充分地尊重儿童，按照儿童的实际情况，正确地看待儿童。心理学理论认为：父母的及时鼓励、适度表扬，能使儿童获得愉快而积极的情绪体验，对儿童形成正确的自我概念将产生积极的影响。

成人在组织儿童开展各种活动时，要对不同发展水平的儿童设置不同的目标，使每个儿童经过努力都能在原有水平上得到发展，获得不同程度的成功体验，增强儿童的自信心。同时，给儿童交往和对话的权利与机会，使其学会自我评价。有交往与对话的教育才是真正有意义的教育，是儿童充分发展的需要。在家庭、幼儿园和社区开展的各项社会教育活动中，如果家长、儿童教师、同伴和社会成员能与儿童真诚地交往与对话，儿童能充分地表达真实的感受，在人际交往与对话中拓展思维，学会理解他人，学会合作与竞争，不断地发展和提高人际交往技能，自主地建

构认知系统；在此过程中，还能掌握基本的社会行为规则，逐渐克服自我中心，适应集体生活和社会活动，不断地实现个性和社会性的和谐发展。

### 知识链接

社会心理学中有一个著名的皮格马利翁效应，也称“期待效应”。他的提出者心理学家罗森塔尔曾经做过一个实验。

新学期，校长对两位教师说：“根据过去三四年来的教学表现，你们是本校最好的教师。为了奖励你们，今年学校特地挑选了一些最聪明的学生给你们教。记住，这些学生的智商比同龄的孩子都要高。”这两位教师非常高兴，更加努力教学了。结果一年之后，这两个班级的学生成绩是全校中最优秀的，甚至比其他班学生的分数值高出好几倍。知道结果后，校长不好意思地告诉这两位教师真相：他们所教的这些学生智商并不比别的学生高。而他们两个也不是本校最好的教师，而是在教师中随机抽出来的。正是学校对教师的期待，教师对学生的期待，才使教师和学生都产生了一种努力改变自我、完善自我的进步动力。

这一效应在学前教育中也被普遍应用。由于幼儿常以成人的评价深刻地内化为自我评价，从而直接影响到幼儿自信心的建立，因此，教师应积极地对幼儿的良好行为抱有期待，及时给予肯定的评价。这能使他们感受到自我能力的强大，并做出更多的良好行为。

#### 0～3岁学前儿童自我意识的发展

0～3个月：在出生的最初几个月，婴儿的身体和神经系统迅速发展着。他们大部分时间在睡觉，在短暂的觉醒时间里，他们身体的各个部分都在活动，在活动中发展了动作。他们通过一些令他们愉快的动作（主要集中于自己的身体，如嘬手指、转头、挥动手臂、踢腿等）来了解和接触这个新的世界。

4～9个月：婴儿的动作开始转向外部环境，他们开始喜欢摇摇棒、捏发声的玩具，但这时婴儿还把自己的身体当作与其他任何东西一样的玩具来玩耍，他们嘬手指，用自己的小手搬弄小脚，啃吮小脚，同时伴随着呀呀声。在观察中做了一个小的实验，把刚刚拍的婴儿和父母的照片摆在婴儿附近，婴儿向前爬着去够，先把装有自己照片的相框拿在手里看了看，往嘴里送，咬了咬，接着就用另一只手去够父

母的照片，把两个同时抱在怀里。这时，孩子仅仅是把照片当作游戏伙伴，对镜子的反应与照片一样，他们显示出对镜像的兴趣，注视它，接近它，微笑并咿呀作语，但对自己的镜像和其他婴儿的镜像反应没有区别。另外，从8、9个月开始，婴儿如果不小心把手里的玩具掉到地上，当成人捡起来时，他们就会有意把玩具反复扔到地上。在反复的过程中，他们逐渐区分自己的动作和动作的对象（玩具）间的关系。这个时期，婴儿已经出现愤怒的情绪表达，这一情绪能在婴儿的意识情绪里增加对自我的感受和体验。

10～15个月：1岁左右的婴儿的自我意识开始发展，他们会要求自己做事情，例如自己拿勺子吃饭，自己喝水，而拒绝成人的帮忙。11、12个月的婴儿很容易把接近他们头、手、脚的东西作为外部的东西和自己区分开（如把一个小圆环挂在孩子的耳朵上，他们很快就能摘下圆环），但很难把身体前方接触到的东西分别出来（如将圆环紧贴婴儿身体，使其对身体产生压迫感，他们也只是扭了扭身体，拽了一下衣服，没发现什么，就不去管了）。这时如果看孩子在镜子前的反应，就会发现他们把镜子当作游戏伙伴，亲吻它，和它贴脸。在13个月左右的时候，婴儿开始区分自己和别人，能通过照片来指认自己，也能在自己和其他婴儿的合影中准确地找出自己。

16～18个月：婴儿开始把自己作为客体来认识，一些婴儿能发现点在自己鼻子上的红点，并伴随一系列的动作和表情，如用手擦自己的鼻子、脸红、扭头等，这时婴儿的自我意识情绪（如尴尬）在自我认知发展的同时也开始发展。除此之外，重要感也开始有了初步的发展。有研究者指出，重要感是幼儿自尊发展的基础。它是指幼儿由于在心理上渴望得到他人的注意、接纳、支持、喜欢，所以就通过言语、身体姿态、面部表情等方式来展示自己，从而获得他人肯定的情感体验。

19～36个月：20～24个月时，幼儿明显增加了控制性微笑，表明幼儿已经能意识到自己可以通过努力完成某些事情。2岁左右的幼儿已具有用言语表达自己的能力，逐渐从第三人称转变到第一人称，这是自我意识的巨大进展。此外，有人研究幼儿约束性顺从的发展，发现2～3岁幼儿的约束性是逐步发展的。约束性顺从是指幼儿全心全意、心甘情愿地遵从成人的要求而约束、调节自己的行为，它是幼儿由外部控制逐渐过渡到自我控制的中间环节，对幼儿自我控制的形成具有重要意义。

（资料来源：陈琦，刘儒德．当代教育心理学［M］．北京：北京师范大学出版社，2009：87.）

## 绘本推荐

图 2-2 《勇敢做自己》封面

1.《勇敢做自己》

小鱼丹尼独自周游世界，见识到了这个世界的多姿多彩。回到家后他急切地把自己的所见所闻分享给爸爸妈妈，他不仅明白了自己的独一无二，也看到了别人的特别之处和这个世界多彩的美。爸爸妈妈告诉丹尼：生命是个漫长的旅程，要勇敢做自己。

图 2-3 《自己的颜色》封面

2.《自己的颜色》

变色龙很苦恼，因为他没有自己的颜色，他总是走到哪儿，颜色就随之变成什么样。有一天，他遇见了另外一只变色龙，他们约定：既然改变不了现实的条件，就一起改变身上的颜色。从此以后，两只变色龙过上了快乐而满足的生活。

李欧·李奥尼运用了如彩虹般绚丽的水彩色，讲述了一只变色龙在寻觅如何才能确认自己身份的过程中，找到了可以与他共同分享变化本质的朋友。

## 活动设计 2-1

### 我上中班了（中班）

【活动目标】

中班幼儿应该具备一些自理能力，但我们班还是有部分小朋友在家吃饭、穿衣都要依赖父母。根据《指南》要求，我们应该教给中班幼儿生活自理的基本方法，鼓励他们做力所能及的事情，不论幼儿做得好坏都要给予适当的肯定，不因幼儿做不好或做得慢而包办代替， 以免剥夺他们发展自理能力的机会。因此，我设计了本次活动。

【活动目标】

1. 具有初步的自我服务意识。
2. 学会自己的事情自己做。

3. 在生活实践中感受到成长的快乐。

【活动准备】

1. 知识经验：幼儿会朗诵儿歌《别说我小》。

2. 物质材料：卡通娃娃豆豆、小床、椅子、录音机（用于播放起床的音乐），豆豆婴儿时期和现在的照片。

3. 环境创设：中班午睡室。

【活动过程】

1. 照片导入。

（1）观察豆豆婴儿时期的照片，让幼儿了解人在婴儿时期是不会走路的，需要爸爸妈妈的帮助。

（2）观察豆豆现在的照片，让幼儿了解现在的豆豆上中班了，会自己走、自己跑。

2. 创设午睡场景，让幼儿模仿。

教师："这是什么地方？"（午睡室）

教师："谁来扮演豆豆？"（请多名幼儿扮演）

教师："豆豆正在干什么？"（"自己解纽扣" "脱衣服" "脱鞋子"）

教师："衣服脱下怎样放？鞋子脱下怎么放？"（引导幼儿说衣服脱下叠起来放在椅子上，鞋子脱在床边地上）

教师："豆豆午睡有没有讲话或者睁着眼睛？"（"没有，豆豆闭着眼睛安静地午睡。"）

起床音乐响起时，教师提问："谁给豆豆穿衣、穿鞋？"（"豆豆自己穿衣、穿鞋。"）

小结：豆豆上中班了，长大了，他能自己穿鞋子、穿衣服，豆豆真能干。

3. 鼓励幼儿自己的事情自己做。

（1）教师和卡通娃娃豆豆对话："你在幼儿园自己的事自己做，在家是不是也是自己的事自己做呀？"

卡通娃娃回答："我在家也是自己的事自己做。小朋友们，你们也要像我一样，自己的事自己做，做个爱劳动的乖宝宝。"

（2）组织幼儿讨论：说说上中班了自己应该怎样做。

4. 朗诵儿歌，做游戏。

（1）和幼儿一起朗诵儿歌《别说我小》，教育幼儿自己的事情自己做。

（2）玩游戏“穿衣接力赛”。

别说我小

妈妈你别说我小，我会穿衣和洗脚；

爸爸你别说我小，我会擦桌把地扫；

奶奶你别说我小，我会给花把水浇；

现在我呀长大了，会做的事情真不少。

【活动延伸】

1. 本园教育活动延伸：鼓励幼儿帮助小班的弟弟妹妹扣纽扣、穿鞋子。

2. 家庭教育活动延伸：请幼儿和家长分享自己穿衣、扣纽扣成功的喜悦之情。

【专家评析】

《指南》明确指出：“幼儿在活动过程中表现出的积极态度和良好行为倾向是终身学习与发展所必需的宝贵品质。”我们身边的一些幼儿由于长辈的溺爱，失去了很多锻炼的机会， 比如自己吃饭穿衣、整理房间等。本次活动目标明确，旨在让幼儿通过自己的劳动感受成长的快乐，增强幼儿的自我认同感。

卡通娃娃豆豆是个活泼可爱的形象，它的出现让幼儿产生亲切感，活动通过豆豆一系列的表现，激发幼儿向豆豆学习的热情，让孩子们知道自己上中班了，长大了，应该学会自己的事情自己做，并以服务自己、帮助他人为乐，感受成长的快乐。

本次活动还有一大亮点，即教师引导幼儿不仅在幼儿园自己的事情要自己做，在家里也要自己的事情自己做。如果教育者能够及时将这些信息传递给家长，让幼儿在家里同样得到锻炼的机会，相信活动后孩子们会有很大的进步。

## 思考与实训

1. 案例评析。

情景一

中班，晨间接待。

“A老师早上好！”喆喆边打着招呼边进门。“嗯，你好！”A老师回答道。接着，喆喆就去把带来的书放进自己的抽屉。他放进去后没有直接关上抽屉，而是又拿起书来翻看了几页。见状，A老师说：“好了，不要再看了，放进去吧，快去把‘今日天气’插好，今天是你值日呢。”喆喆只好胡乱地翻了几下书后，关上抽屉，朝气象栏走去。他插好了日期、气象卡片后，边看边念：“3月3日，星期二，白云，就是多云，4℃到……”A老师打断他：“好了，‘今日天气’插好了就该去照顾植物了。”喆喆又看了气象栏一眼，边走边嘟囔着：“我看好‘今日天气’就会去的呀……”

这时，朱朱来了，她举起自己的绘画本对A老师说：“老师，这是我画的！”A老师正关注着自然角的喆喆，瞟了一眼绘画本，说：“哦，你画得真不错，本领真大！”朱朱发现A老师一直在朝自然角看，像是想起了什么：“老师，我带来的肉肉（多肉植物）呢？要浇水吗？”此时，A老师才回过头来：“你才想到你的肉肉啊，等你想到它早就死了！”

（1）请分析案例中教师的行为并提出教育策略。

情景二

大班，午餐。

C老师看着纷纷就座的孩子们，回头对仍在盥洗室洗手的伊伊说：“伊××（伊伊的全名），你洗手这么慢啊，你到底是洗手还是玩水？你就这样慢慢洗好了，等到所有小朋友都把饭吃完了，你还在洗。”

吃饭时，柏柏把胡萝卜和菜叶挑了出来，C老师说：“柏柏，你的‘公主病’又犯了啊，快点，这些都要吃完！”又转头对其他小朋友说：“你们不要像她这样啊，这么挑食长不大。”

颖颖第一个吃完，端起碗向教师示意，C老师点了点头：“颖颖真棒！吃饭又

是第一名，比其他小朋友吃得都好！等会儿你可以先挑书哦！”边上的柏柏也吃完了饭，端起碗示意，C老师说：“嗯，柏柏也吃干净了。老师少给了你一些胡萝卜、菜叶，你总算吃得快点了。”

（2）请分析案例中教师的行为并提出教育策略。

2. 请在校外实训期间收集关于幼儿自我意识的案例并进行分析。

## 思维导图

- 学前儿童自我意识的发展与教育
  - 学前儿童自我意识概述
    - 自我意识的概念
    - 自我意识的特点
    - 自我意识的分类
    - 自我意识的作用
    - 自我意识发展理论的主要学派
  - 学前儿童自我意识的发生和发展
    - 学前儿童自我意识的发生
    - 学前儿童自我意识的发展
  - 学前儿童自我意识的培养
    - 在日常生活中培养学前儿童自我意识
    - 创设专题活动，培养儿童自我意识
    - 家园共育，帮助儿童形成良好的自我意识

# 项目三　学前儿童社会认知与教育活动

## 学习目标

1. 了解学前儿童社会认知的概念及发展。
2. 理解学前儿童社会认知的相关理论。
3. 掌握学前儿童社会认知教育活动的实施途径。
4. 能结合所学知识进行学前儿童社会认知教育活动设计。

## 情境导入

诺诺（3 岁零 5 个月）入园时年龄最小，所以从来没有在班里当哥哥的机会。有一天，他家里养的大鱼生下了小鱼。诺诺对妈妈说：“我是小鱼的哥哥，对吗？”妈妈说：“对。”

一天，瑞瑞（4 岁）和诺诺比个头，两个孩子一样高。瑞瑞对老师说的时候，眼睛看着诺诺：“无论诺诺长多大，我都是他的哥哥。就是他变老了，我也是他的哥哥。”

诺诺想了一会儿，没有像平时那样愤怒，他说：“我是我们家小鱼的哥哥。”

瑞瑞立刻说：“难道你是鱼？”

诺诺径自走了。

**思考：**

1. 从以上案例，你能看到学前儿童社会认知的发展吗？
2. 学前儿童社会认知发展有什么特点？

婴儿从出生的那一刻起，就处于社会的包围之中，方方面面都要受到周围社会的影响。不管婴儿本人是否愿意，他都会同周围的世界发生各种各样的互动，并在与周围世界的互动中，开始了对周围世界的认识。婴幼儿通过与他人交往和观察、理解他人，逐渐形成自己对社会的认知，而婴幼儿已形成的社会认知又影响着他们的自我意识和社会交往，形成婴幼儿社会性发展的核心部分。

## 模块一　学前儿童社会认知的发展

### 一、社会认知的含义

认知也可以称为认识，是指人认识外界事物的过程，或者说是对作用于人的感觉器官的外界事物进行信息加工的过程。我们平时所说的认知都是指物理认知或非社会认知。社会认知是指个体对他人、自我、社会关系、社会规则等课题和社会现象及其关系的感知和理解的心理活动。

从定义可以看出，社会认知在内容上主要涉及三个层面的认知活动：

（1）关于个体的认知，包括对自己和他人的各种心理活动及个性品质、思想观点的认知；

（2）关于人与人之间各种双边关系的认知，如友谊、冲突、合作等关系的认知；

（3）对群体内部或群体之间各种关系的认知，如对社会规则、社会角色等的认知。

### 二、学前儿童社会认知发展的主要内容

儿童社会认知发展研究的权威弗拉维尔曾经这样写道：“社会认知在个体发展中十分重要，它让我们建构起关于他人与我们自己的概念，将我们自己与他人联系在一起，又将彼此区分。”学前儿童的社会认知随着年龄的变化而不断发展变化，主要体现在社会关系认知、社会环境认知、社会规则认知和社会角色认知这四个方面。这几个方面相互影响、相互制约，一个方面的发展会促进其他方面的发展，其他方面的发展也会影响某一方面的发展。

《指南》指出，幼儿应“关心尊重他人，能注意到别人的情绪，知道父母的职业”，“在遵守基本的行为规范中，感受规则的意义，并能基本遵守规则”，“在提醒下，能遵守游戏和公共场所的规则”。

### （一）社会关系认知的发展

心理学家皮亚杰曾做过一个著名的三山实验（图 3－1）。在一张桌子上放置高低、大小、颜色不同的三座假山模型。首先，让 4～7 岁的儿童分别站在桌子的四边从模型的四个角度对三座假山模型进行观察，其目的是让儿童看清楚不同角度三座假山模型的空间位置关系。然后，让儿童面对模型而坐，在与儿童相对的模型那边放置一个玩具娃娃，出示四张不同角度的三座假山山景图片，让儿童从这四张山景图片中指出哪一张是对面玩具娃娃看到的山景图。实验结果发现，7 岁以下的儿童指出的山景图片几乎都是从自身角度所观察到的山景图片。

图 3–1　三山实验

由此，皮亚杰得出结论，7 岁以下儿童在认知能力上是倾向自我中心化的。“自我中心”指的是个体还没有能力区分他自己的和别人的感受、观点，不能区分他自己的活动和对象的变化。这是因为儿童早期的心理结构还未清晰地分化，自我尚未清晰确立，他不能明确地意识到自己，当然也就无法区分自己和别人的观点。因此，幼儿更倾向于从自己的立场和观点去认识事物，而不能从客观的、他人的立场和观点去认识事物。这一点在幼儿的社会关系认知发展过程中体现得尤为明显。

学前儿童对社会关系的认知主要包括幼儿对父母长辈关系、同伴关系、师生关系的认知。

1. 幼儿对父母长辈的关系的认知

幼儿从出生起就生活在家庭中，幼儿最初的人际关系就是同父母之间的关系，幼儿与父母之间的关系是幼儿其他社会关系的基础，影响着幼儿的其他社会关系。幼儿对与父母长辈之间关系的认知主要受到两个方面的影响：一是父母的教养态度；二是主要看护者的身份。

父母的教养态度主要有四种：权威型、专制型、溺爱型和放任型。父母的教养方式是权威型，孩子对与父母长辈的关系认知发展水平最高，在这种家庭中长大的孩子独立、自主、尊重他人；在专制型的家庭中，父母过分约束孩子的行为，如限制孩子的社交活动或制定过多的规矩，在这种教养方式下长大的孩子对与父母长辈关系的认知发展水平最差，整天畏畏缩缩、胆小怕事；在溺爱型的家庭中，幼儿想要什么就可以得到什么、为所欲为，在这种教养方式下长大的孩子对与父母长辈关系的认知发展水平较差，他们只看到自己的需要而忽略父母的需要，容易不尊重父母；在放任型的家庭中，父母忙于自己的事情而忽略孩子，任凭孩子自由发展，在这种教养方式下长大的孩子对与父母长辈关系的认知发展水平也不高，与父母之间的关系冷淡。

幼儿的主要看护者是父母，幼儿则容易与父母形成亲密的关系；幼儿的主要看护者如果是保姆或者祖父祖母，幼儿则不易与父母之间建立亲密的关系。

**案例 3-1**

乐乐已经1岁半了，在别人家的孩子已经能独立行走的年纪，他却是24小时被家人抱着。一旦家人不抱，乐乐就会号啕大哭，常常哭得背过气去，这让乐乐的爸爸既内疚又无奈。因为夫妻双方工作繁忙，乐乐在百日时曾被奶奶带回老家抚养了半年，回到父母身边后，他便开始出现这种情况。

2．幼儿对同伴关系的认知

同伴关系是指幼儿与自己年龄相近的幼儿之间的关系，有各种各样的形式，有作为亲社会行为的分享、助人、安慰、合作等，也有频繁发生的冲突行为。处于自我中心阶段的幼儿往往只注意自己的观点，不会换位思考，体会不到对方的感受，也不能将自己的观点与别人的观点相协调。在幼儿园的集体生活中，争吵、互不相让常常发生，幼儿还不明白谦让和合作会使自己的目标更好地实现。随着年龄的增长，幼儿在社会交往中学习了解别人，理解别人，约束自己的言行，逐步学会与同伴相处。

幼儿对同伴关系的认知对幼儿的同伴关系起着重大作用：认为同伴关系是美好、愉快的幼儿，则容易与周围人之间形成和谐的人际关系；认为同伴关系是功利、复杂的幼儿，则容易与周围人之间形成淡漠的人际关系。

3. 幼儿对师生关系的认知

幼儿在进入幼儿园以后，大部分时间都和教师生活在一起，教师的一举一动、一言一行都影响着幼儿。教师是幼儿生活中的重要他人，也是幼儿心目中的权威人物。关于学前儿童对师生关系的认知，我们可以借鉴戴蒙关于儿童权威认知的理论：最初，儿童无法将权威人物的要求与自身愿望相区分，对权威盲目崇拜；随后，儿童开始意识到权威人物的要求与自身愿望的冲突，但基于对权威的崇拜或惩罚的畏惧而单方面服从；随着年龄的增长，儿童的服从开始带有理性的评价，把权威关系看作是双方互惠的关系；最后，绝对的权威已不存在，权威与特殊情境有关。由此可见，儿童对师生关系的认知是一个逐渐走向成熟的过程，它随着公正感、平等感日益增强，而且表现出理智成分递增、情绪冲动递减。①

案例 3-2

今天，班上有其他老师来听课，王老师希望孩子们表现得好一点儿，孩子们能感觉到老师的心思。为了配合老师，并不喜欢画画的南南认认真真地画了半个小时。王老师知道南南本来是不情愿的，他这样做完全是为了老师。王老师的心里暖暖的。

学前儿童社会关系认知的发展遵循着以下规律：3 岁左右的儿童开始知道每个人内心都有愿望，愿望能影响一个人的行为。个体如果实现了愿望，就会表现出满足、高兴；如果没有实现愿望，就会沮丧、难过。3 ～ 4 岁的儿童还不能站在他人的立场理解对方的想法与观念，但是知道别人的想法和自己不一样；4 ～ 5 岁是转折期，儿童开始理解站在不同的立场就会有不同的看法；5 ～ 6 岁的儿童开始试图站在他人的立场理解对方的观点。

① WINDMILLER M，CAMBERT M，TURIEL E. Moral development and socialization [M]. Boston：Allyn and Bacon， INC.，1980：35-69.

**绘本推荐**

《小羊和蝴蝶》

这是一本能让孩子们看到每个生命之间差异的绘本。小羊跟着妈妈生活在大草原上，羊群们相亲相爱，生活平静幸福。有一天，它遇到了一只蝴蝶，它俩成了好朋友。它惊奇地发现蝴蝶的生活和它有很多不一样：羊群喜欢排队，蝴蝶喜欢自由自在地飞翔；羊群喜欢群居，蝴蝶却居无定所……种种不同，让小羊逐渐认识到每个生命都是与众不同的。故事的最后，蝴蝶要离开小羊去南方了，虽然很舍不得，小羊并没有要求蝴蝶留下来，因为它明白了，不能强求别人必须和自己一样。

图 3-2 《小羊和蝴蝶》封面

### （二）社会环境认知的发展

幼儿生活在一定的社会环境中，社会环境中的各种因素总以这样或那样的方式与幼儿发生着互动，影响幼儿各方面的发展，而幼儿也在与环境的互动中形成自己对社会环境的认知。

学前儿童社会环境认知主要包括对家庭、托幼机构、社会机构、家乡、民族和国家以及世界其他国家的认知等。

1. 对家庭的认知

儿童对家庭的认知是逐步发展的，对幼儿进行相关教育需要结合其年龄特点循序渐进地展开，其主要包含以下三个方面的内容：一是了解家庭成员及其相互关系，如知道家庭的主要成员、称谓、姓名、职业、出生年月或属相等，激发儿童对家人的热爱和关心的情感；二是了解家庭的基本设施与用品，以及家庭的基本信息，如知道家庭地址、电话号码，知道家中常见的一些生活用品和家用电器的名称、用途或功能；三是了解家庭生活的一般规则与常识，知道热爱、尊重和关心父母及长辈，为他们做一些力所能及的家务劳动，学会与家人分享等。

此外，幼儿除了知道家庭主要成员的称呼、姓名外，还应知道家庭成员与自己的关系、家庭成员与社会的关系；除了知道家庭的主要设施及作用外，还懂爱惜财物；

除了知道家庭的住址外，还懂得自我保护。

幼儿园应组织以家庭为认知内容的一些社会教育活动，以从小培养儿童对家庭的责任感和了解对父母应尽的义务。如教师可以通过主题墙的创设及“娃娃家”区域活动的创设帮助幼儿完善对家庭的认识。

2．对托幼机构的认知

托幼机构是学前儿童进入的第一个集体教育机构，也是需要他们充分认知的一个重要的社会环境。这主要包括知道自己幼儿园、班级的名称，教师、工作人员的姓名，以及他们所从事的主要工作、他们的劳动与自己的关系；知道幼儿园内外的主要环境、主要设施和相关的行为规范等。

3．对社会机构的认知

学前儿童的生活离不开一定的社会机构，如医院、邮局、商场、超市、餐厅、理发店、银行、消防站、动物园、公园、影剧院、博物馆等。儿童通常会在幼儿园角色游戏活动中再现这些机构的情境和情节。此外，儿童应认识飞机、火车、公共汽车、出租车、地铁、轮渡等公共交通工具，认识清洁车、洒水车、救护车、消防车、车站、机场、码头等公用设施；参观工厂、农村、城市、学校等，知道它们的名称和相关职业的名称，了解各种职业人群的主要工作以及与自己的关系等。

4．对家乡、民族与国家的认知

应当从小建立学前儿童对家乡、民族与国家的初步认知，激发儿童爱家乡、爱祖国的情感，培养儿童一定的民族荣誉感。其主要包括知道自己的家乡、民族、祖国的名称，以及在地图上的大致方位；知道首都、国旗、国徽、国歌等；知道家乡以及祖国的风景名胜、著名建筑、风土人情、风俗习惯，以及主要的生活方式等；了解国家和民族的重大节日，如春节、清明节、端午节、中秋节、重阳节等；知道与自己关系密切的主要节日，如三八妇女节、五一劳动节、六一儿童节、国庆节、教师节、父亲节、母亲节等。

学前儿童社会环境认知的发展遵循着以下规律：3岁左右的儿童主要的生活环境是家庭，他们能够了解家庭的基本设施与用品，以及家庭的基本信息，如父母的姓名、家庭门牌号等；3～4岁的儿童初步接触的社会环境主要为幼儿园与社区，开始知道幼儿园的名称，知道幼儿园的工作人员与自己的关系，形成初步的集体意识；4～5岁的儿童生活范围扩大，他们能够认识医院、商店、邮局、银行等社会机构，知道他们的名称及主要的设施；5～6岁的儿童能够理解家乡、民族、世界的概念，他们愿意了解关于家乡、民族和世界的常识，并有了初步的民族自豪感。

绘本推荐

《地图（人文版）》

这是一本可爱的手绘世界地图和儿童百科绘本，为孩子们带来关于边界、城市、物种、山川、人文历史、建筑艺术、特色美食、奇妙趣闻的海量信息，直观生动，活泼有趣。每一页都仿佛是一封环游世界的邀请信，以最吸引人的方式增长孩子们的社会环境认知。

图 3-3 《地图（人文版）》封面

### （三）社会角色认知的发展

我们生活在一个丰富多彩的社会中，每个人都属于一定的社会组织和群体，总是居于某种地位，拥有某种身份，担任某种职务，扮演某种社会角色，如子女、家长、丈夫或妻子、幼儿园教师、警察、医生等。对于幼儿来说，要适应他们将要面对的未来世界，就需要对社会中不同的人、不同的群体角色有更多、更科学的认识和理解。当然，让学前儿童完全理解社会角色的含义并不现实，但是我们可以选取幼儿能够理解的内容，帮助他们积累相关经验。

在学前期对儿童社会角色认知的教育可以从性别角色认知、职业角色认知两方面进行，本节将就职业角色认知进行较深入的讨论，关于性别角色认知的问题，我们将在项目六“学前儿童性别角色的发展”中详述。一般来说，3～4岁的儿童知道有不同的社会角色，对职业开始有初步的认知，但容易受到其生活环境的影响，且认识比较粗浅，往往仅以某一方面来表示自己对某种角色的认识。4～5岁的儿童知道更多的职业及其特征，并开始对不同的社会角色形成基本的观念，如领导、家长等。5～6岁的儿童对社会角色有了更为全面和客观的认识，认识到一个人可以有不同的角色，每个人有不同的分工，每个角色都承担着不同的责任和职责，并且对自己将来所要承担的社会角色有了基本的期望。例如，5岁前幼儿在家中担任哥哥姐姐的角色时，较少能表现出承担的一面，但5～6岁后家中若迎来新生命，

幼儿则开始表现出承担、负责、保护弱小等品质。

《彼得的椅子》

彼得有了一个小妹妹。这本来应该是一件令人开心的事，可是新生命的诞生，让小小的彼得感到了威胁：他先是被妈妈命令不许发出太大的声音，接着，他发现自己的摇篮、高脚椅和婴儿床被爸爸漆成了粉红色，不再属于自己了……这一切都让小小的彼得感到了不安，他怕父母不再爱他，担心自己的存在遭到否定。于是，他带着自己那把还没有被漆成粉红色的蓝椅子，以及小狗、点心和玩具，离家出走了……不过，他并没有走多远，只是来到了房子的外头。转折发生在一刹那，当彼得往那把蓝椅子上坐去时，发现他坐不进去了，因为他长得太大了！他突然意识到，自己长大了。彼得回家了。他对爸爸说："我们来把小椅子漆成粉红色的，给苏西坐吧。"他知道，自己是个大哥哥了！

图 3-4　《彼得的椅子》封面

### （四）社会规则认知的发展

社会规则是人们在社会生活学习和工作中必须遵守的科学的、合理的、合法的行为规范和准则，它是人与人之间、组织与人之间、组织与组织之间的约定，在社会生活中起着非常重要的作用。

遵守社会规则是一个人立足于社会必须具备的基本素质，因此，社会规则认知的形成，是幼儿社会认知发展的一个重要方面，也是幼儿社会化的主要任务之一。幼儿在不同的社会环境中会遇到各种各样的社会规则，他们要成为未来社会的合格成员，就必须逐步了解和理解这些规则。

我国学前教育纲领性文件对社会规范教育活动的目标都有较明确的要求。《纲要》社会领域总目标第三条要求幼儿"理解并遵守日常生活中基本的社会行为规则"。

《指南》社会适应目标中的子目标 2“遵守基本的行为规范”，由理解遵守规则到自主制定规则，体现了由近及远的原则（表 3–1）。

表 3–1　《指南》子目标 2 中幼儿的表现

| 3～4 岁 | 4～5 岁 | 5～6 岁 |
| --- | --- | --- |
| 1. 在提醒下，能遵守游戏和公共场所的规则。<br>2. 知道不经允许不能拿别人的东西，借别人的东西要归还。<br>3. 在成人提醒下，爱护玩具和其他物品。 | 1. 感受规则的意义，并能基本遵守规则。<br>2. 不私自拿不属于自己的东西。<br>3. 知道说谎是不对的。<br>4. 知道接受了的任务要努力完成。<br>5. 在提醒下，能节约粮食、水电等。 | 1. 理解规则的意义，能与同伴协商制定游戏和活动规则。<br>2. 爱惜物品，用别人的东西时也知道爱护。<br>3. 做了错事敢于承认，不说谎。<br>4. 能认真、负责地完成自己所接受的任务。<br>5. 爱护身边的环境，注意节约资源。 |

国内外研究者通常把社会规则划分为四个不同的范畴：道德规则、习俗规则、个人规则和安全规则。

道德规则调节个体在社会中的社会交往和社会关系，指导个体如何正确地与他人相处，基于他人的公平和权利，是人际交往中具有义务性的成分，如不准打人、不能偷东西、不能欺骗等。道德规则被认为是具有普遍约束性、不可改变性、义务性的。

习俗规则是一种更为武断的调节规范，用共享的统一规范（如社会风俗、礼仪礼节等）来协调个体在社会系统中的人际交往，它指导人们在不同的社会环境下举止得当，例如见到长辈要问好，有事打扰时说“请”，靠左或靠右开车。它具有情境相对性、权威依赖性、规则依赖性和可变性，可以随着社会舆论、权威要求而改变。

个人规则指向个体的自主性和自我概念，主要包括个体生活中与自身有关的各种偏好和选择，比如理什么发型、出门穿什么衣服、交什么样的朋友等。

安全规则是与自身安全、伤害自己、健康有关的规则。如“危险的地方不能去”“不给陌生人开门”“外出要切断一切电源、水源和煤气”“不要触摸电插座”等。

幼儿对社会规则的学习是一个外部活动向内部活动转化的过程，要经过一个相当长的时间才可以完成。幼儿的自我中心思维使他们还不能完全理解规则的真正目的，在游戏和行动中常常按照自己的规则进行，他们往往首先在别人的行为中发现

违规。随着年龄的增长，幼儿能够经历更多的社会规则事件，对规则概念的理解也随之进一步深化，对规则的遵守和执行逐渐从他律转向自律从而内化为自身行动。

3～4岁的儿童对社会规则已有初步的认知，能做简单的道德判断，但判断时往往依据行为的后果，而忽略背后的动机；对社会规则没有自己的见解，只是出于对权威的尊敬或畏惧而遵守社会规范。4～5岁的儿童有主动学习社会规则的意愿，并知道了更多的社会规则和行为规范，并能够体会他人的情绪反应；通过模仿成人或同伴的行为来遵守社会规则。5～6岁的儿童仍然相信权威，但是开始对社会规范的认知有自己的看法，能够主动地遵守社会规范，如幼儿明白遵守交通规则可以避免交通事故，过马路遇到红灯时会自觉等待。

**案例 3-3**

6岁男孩嘉嘉玩乒乓球时，不小心把球扔到电视机背后去了，因为着急找乒乓球，他不小心把电视机撞倒了，电视机屏幕摔得粉碎。但嘉嘉的妈妈并没有训斥他。嘉嘉妈妈的家人和亲戚朋友都说她："这么大的事，你不打孩子，也不训孩子，这样你该把孩子惯成什么样儿？！"嘉嘉妈妈说："不，我决不训我的孩子，我只会对他说：'没关系，你是不小心的。'"她说，她小时候好奇摆弄家里的收音机，她妈妈就狠狠训她，不让她动，吓唬她收音机一动就坏了，每次都这样。结果，长大后的她有了心理障碍，直到现在都不敢动音响上的任何按钮，一动就恐惧。她知道她的恐惧是不应该有的，也知道根源在哪儿，但就是控制不了。她绝对不会让嘉嘉也有这样的恐惧。

（资料来源：孙瑞雪．爱和自由［M］．北京：中国妇女出版社，2013：79.）

事实上，儿童是非常愿意遵守规则的，他们常常在游戏和同其他小朋友的交往中自动约定一些规则并很好地遵守它，例如游戏规则、卫生规则、交通规则等。但这些规则应当是和儿童的发展和谐的，是儿童在生活中、在同小朋友的游戏中自己建立的，是和儿童的内在需求没有冲突的。这样的规则必须量少、严谨和科学，并且可由儿童自己去创造。这样的规则，儿童遵守才有乐趣。

**绘本推荐**

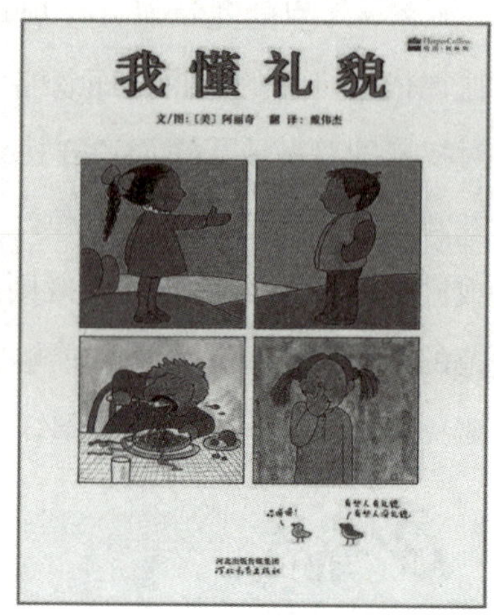


图 3-5 《我懂礼貌》封面

《我懂礼貌》

这是一本很有亲和力的儿童行为教育书，它通过种种孩子最常遭遇的情境，帮助孩子了解礼貌的重要性，引导他们在不同的场合表现出正确的言行举止。其中包括对人亲切、体贴周到、做错事要说对不起、见了面要打招呼、尊重别人的感受、不伤害别人的感情等各种基本礼貌规范。本书的故事情境非常生活化，轻松活泼，毫无说教气息，并且能够以孩子的视角来看问题，很容易引起孩子们的共鸣。

## 三、与学前儿童社会认知相关的几种理论

### （一）皮亚杰的“道德认知发展阶段论”

瑞士心理学家皮亚杰是对儿童道德发展进行系列研究的开创者，为儿童道德发展的理论研究提供了一套完整的研究方法及理论框架。早在 20 世纪 30 年代，他就对儿童的道德判断及其发展进行了系统研究。他主要采用对偶故事法，也就是根据所要探究的道德现象，设计一些包含道德价值内容的对偶故事，组成不同的结构形式，要求儿童辨认是非对错，借此考察儿童对游戏规则的认识和执行情况，对过失和说谎的道德判断以及儿童的公正观念等方面的问题。同时，皮亚杰通过对偶故事引起儿童道德观念的冲突，推动儿童道德认识与道德判断向更高的水平发展。

**知识链接**

**皮亚杰的对偶故事**

对偶故事 1：

A. 午饭时间到了，家人喊小男孩约翰来吃饭。餐厅的门背后有一把椅子，椅子

上有一个放着15个杯子的托盘。约翰并不知道门背后有这些东西。他推门进去，门撞倒了托盘，结果15个杯子都撞碎了。

B. 小男孩亨利的妈妈外出了。亨利想从碗橱里拿出一些果酱，于是他爬到一把椅子上，并伸手去拿。由于放果酱的地方太高，他的手臂够不着，在试图取果酱时，他碰倒了一个杯子，结果杯子倒下来摔碎了。

皮亚杰提出两个问题：①这两个小孩是否感到同样内疚？②这两个孩子哪一个更不好？为什么？

对偶故事2：

A. 一天，小男孩朱利安的爸爸出门了，朱利安觉得玩他爸爸的墨水瓶很有意思。开始时他拿着钢笔玩；后来，他在桌布上弄上了一小块墨水渍。

B. 一次，一个叫奥古斯塔斯的小男孩发现他爸爸的墨水瓶空了。他爸爸外出时，他想趁机把墨水瓶灌满，帮上爸爸的忙，这样，爸爸回家的时候会有一个惊喜。但在打开墨水瓶时，他不小心在桌布上弄上了一大块墨水渍。

皮亚杰提出了两个问题：①这两个孩子的过失是否相同？②这两个孩子中哪一个更坏一些？为什么？

皮亚杰将儿童的道德发展划分为四个阶段。第一阶段：自我中心阶段或前道德阶段（0～2岁）。该阶段儿童缺乏按规则来规范行为的自觉性，在亲子关系、同伴关系、价值判等方面均表现出自我中心倾向，其行为直接受行为结果支配，不能对行为做出道德判断。第二阶段：权威阶段或他律道德阶段（2～7、8岁）。该阶段儿童表现出对外在权威的绝对尊重和服从，把权威确定的规则看作是绝对的、不可更改的，在评价自己和他人的行为时完全以权威的态度为依据；此阶段儿童对道德的看法是遵守规范，只重视行为后果（打破杯子就是坏事），不考虑行为动机，故而称之为道德现实主义。第三阶段：自律或合作道德阶段（8～11、12岁）。该阶段儿童的思维具有了守恒性和可逆性，他们已经不把规则看成是一成不变的东西，逐渐从他律转入自律；此阶段的儿童不再盲目服从权威，他们开始认识到道德规范的相对性，同样的行为是对是错，除看行为结果之外，也要考虑当事人的动机，故而称之为道德相对主义。第四阶段：公正道德阶段（11、12岁以后）。该阶段的儿童继思维的可逆性之后，公正观念或正义感得到发展，他们的道德观念倾向于主持公正、平等。

皮亚杰认为，道德认知的发展是人与人之间相互作用的结果，通过与其他孩子的交往，儿童的道德认知得到了发展。在道德发展的“他律”阶段，儿童受自身思维“自我中心性”和对成人权威性绝对认同的影响，道德认知具有不太稳定和非理性的特点。随着不断与人交往，儿童会渐渐发现一切以自我为中心是行不通的，严格的“他律”也是有问题的。此时，儿童道德认知发展出现了质的飞越，进入了“自律”阶段，道德认知逐渐趋于稳定，同时也开始具有理性的特点。

### （二）科尔伯格的“道德发展三水平论”

20 世纪 50 年代后期，美国的心理学家科尔伯格对儿童道德发展进行了研究，扩展了皮亚杰的理论和方法。科尔伯格采用两难故事法来研究儿童和青少年的道德认知。他的两难故事测验采用 9 个道德价值上互有冲突的两难故事，让被试在两难推论中做出是非、善恶的判断并说明理由。科尔伯格对被试的陈述进行了仔细的研究，分析出 30 个不同的道德观念维度，如是非观念、权利义务观念、责任观念、赏罚观念、道德动机与行为后果，等等。

科尔伯格使用的一系列两难故事中最典型的是“海因兹偷药”的故事：

> 海因兹的爱人患癌症，生命垂危。医生告诉他，服用某种新药可能还有希望，此外别无他法。这种新药是本城一位药剂师新近发明的，成本为200元，可销售价却是2000元。海因兹想尽了办法借钱，才勉强凑了1000元。他恳求药剂师将药便宜点卖给他，或者允许他赊账，可药剂师断然拒绝。海因兹走投无路，为了救爱人，当夜，他潜入药剂师的仓库，偷走了新药。

讲完这个故事，主试就向被试提出了一系列的问题：这个丈夫应该这样做吗？为什么应该，为什么不应该？法官该不该判他的刑，为什么？儿童对科尔伯格所编制的两难故事中的问题既可做肯定回答，又可做否定回答。科尔伯格真正关心的不是儿童做出哪一种回答，而是儿童证明其回答时提出的理由。因为在科尔伯格看来，根据儿童提出的理由就能确定出儿童的道德判断水平。

科尔伯格将儿童的道德判断发展分为三个水平六个阶段。水平一：前习俗道德水平（9 岁以前）。包括阶段一（以服从与惩罚为取向）和阶段二（以工具性目的为取向）。这一水平的儿童的道德判断着眼于人物行为的具体结果和自身的利害关系。水平二：习俗道德水平（10 ～ 15 岁）。包括阶段三（以“好孩子”为取向）和阶

段四（以维持社会秩序为取向）。这一水平的儿童依据行为是否有利于维持习俗秩序，是否符合他人愿望进行道德判断；他们的特点是：能了解、认识社会行为规范，意识到人的行为要符合社会舆论的希望和规范的要求，并遵守、执行这些规范。水平三：后习俗道德水平（16岁以后）。包括阶段五（以社会观念为取向）和阶段六（以价值观念为取向）。这一水平的儿童，能摆脱外在因素，道德判断超出世俗的法律与权威的标准，着重根据个人自愿选择的标准进行道德判断。

幼儿期属于前习俗道德水平阶段。他们以行为对自身所产生的后果来决定这种行为的好坏，而不管这种后果对人有什么意义和价值，以为任何一件事只要被惩罚了，不管其理由是什么，那一定是错的。避免惩罚和无条件地屈服力量本身就是价值。例如，有的幼儿说海因兹偷药合理，因为不偷药，妻子会病死，他要受到谴责；也有的说海因兹不该偷药，因为被抓住会坐牢、受罚的。

### （三）班杜拉的社会学习理论

班杜拉的社会学习理论认为，道德行为可以通过学习获得或加以改变。环境、社会文化以及榜样等因素决定儿童的道德行为。

1. 结合个体社会背景审视其道德发展

班杜拉认为，人的行动是主体（人）、行为、环境三种因素交叉互动的结果，三者之间构成动态的交互决定关系，这就是三元交互作用论。

根据这一理论，个体表现出的行为受其态度、效能感以及周围的物质环境、精神环境等相互影响。因此，我们在审视幼儿某一道德行为时，也要结合其自身的认知水平、认知风格、家庭环境等因素来进行细致的分析，判断其道德发展现状进而提出适宜最近发展区的教育措施。

同时，我们也应重视良好的社会环境和道德氛围对幼儿潜移默化的影响，幼儿园和家庭都需要为幼儿营造出积极向上的道德氛围。例如：幼儿园的物质环境应注重整洁性和秩序性，使其养成“让玩具回家”的习惯；家庭中应摒弃“唯智育”观，深刻认识到儿童德育的价值，在生活中引导幼儿形成责任感。幼儿园和家庭开展家园合作，形成德育网络，关注幼儿德育的连贯性、一致性、全面性、系统性。

2. 榜样示范是道德形成的重要途径

观察学习也叫模仿学习，主要模仿的对象是对个体有巨大影响的人。班杜拉曾做过一个著名的玩偶实验，进而提出榜样示范对儿童道德形成的重要性。

知识链接

### 波波玩偶实验

研究者将3～6岁的儿童分成三组，先让他们观看一个成年男子（榜样人物）对一个像成人大小的充气娃娃做出种种攻击性行为，如大声吼叫和拳打脚踢。然后，让一组儿童看到这个“榜样人物”受到另一成年人的表扬和奖励（果汁与糖果）；让另一组儿童看到这个“榜样人物”受到另一成年人的责打（打一耳光）和训斥（斥之为“暴徒”）。第三组为控制组，只看到“榜样人物”的攻击性行为。然后把这些儿童一个个单独领到一个房间里去，房间里放着各种玩具，其中包括洋娃娃，在10分钟里观察并记录他们的行为。结果表明，看到“榜样人物”的攻击性行为受惩罚的一组儿童，同控制组儿童相比，在玩洋娃娃时攻击性行为显著减少。反之，看到“榜样人物”攻击性行为受到奖励的一组儿童，在自由玩洋娃娃时模仿攻击性行为的现象相当严重。

班杜拉对这一现象的解释为：观察者因看到别人（榜样）的行为受到奖励，间接引起相应行为的欲望增强；观察者看到别人的行为受到惩罚，则会产生替代性惩罚作用，从而抑制相应的行为。儿童对成人的模仿是行为、语言和态度等多方面的，因此在对儿童的道德发展施加影响时，成人要注意自己的一举一动，应当以身作则。

班杜拉的另一项实验研究，则比较了口头劝说和榜样行为对儿童利他行为的影响。

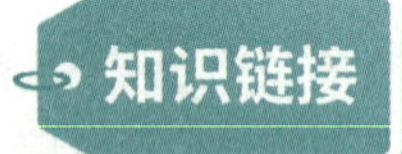


### 口头劝说与榜样行为的差别性实验

研究者先让小学三、四、五年级的儿童做一种滚木球游戏，作为奖励，他们在游戏中都得到了一些现金兑换券。然后，把这些儿童分成四组，每组有一个实验者助手装扮的“榜样”参与。第一组儿童和一个自私自利的“榜样”一起玩，这个“榜样”向儿童宣传要把好的东西留给自己，不必去救济他人，同时也带头不把得到的现金兑换券捐献出来。第二组儿童和一个好心肠的“榜样”一起玩，这个“榜样”向儿

童宣传自己得了好东西还要想到别人，并且带头把得到的兑换券捐献出来。第三组儿童和一个言行不一的“榜样”一起玩，这个“榜样”嘴上说人人都应该为自己考虑，实际上却把兑换券放入了捐献箱。第四组儿童的“榜样”正好相反，嘴上说要把得到的兑换券捐献出来，实际上却只说不做。实验结果是，第二、三组捐献兑换券的儿童比第一组和第四组均明显地多。

这一实验清楚地表明：劝说只能影响儿童的口头行为，对实际行为则无影响；行为示范对儿童的外部行为有非常显著的影响。

# 模块二　学前儿童社会认知教育的实施

## 一、创设有利于开展社会认知教育的环境

幼儿园环境是幼儿园课程的一部分，极具教育价值。在社会领域的学习中，创设适宜的环境能大大提升学习效率。目前，幼儿园中用来进行社会教育的主要是角色游戏区，角色的设置能让幼儿学习不同社会场所的规则，并通过角色扮演来认知不同的社会角色。教师还可以结合主题活动设立主题墙，通过照片、图片等介绍社会实践、家乡风貌等。

例如“中国地图”“可爱的家乡”展览等，幼儿在师生共同收集、布置展览的过程中，在真实、健康的情绪感染下，熟悉了可爱的家乡，熟悉了伟大的祖国，了解了家乡、祖国各地的特产，从而自然地激发起爱家乡、爱祖国的真情实感，在他们幼小的心灵中播下建设家乡、振兴祖国的种子，从而潜移默化地接受了爱国主义的启蒙教育。再如利用活动室的区域，创设“我是小小建筑师”“娃娃家”“阅览室”“美容美发厅”“有意思西餐厅”“小吃一条街”“时装表演秀”游戏，孩子通过阅读图书、听音乐、玩积木等活动，通过书中、故事中、游戏中的人物行为去认识哪些行为是正确的，哪些是错误的，通过读、听、看建立正确的道德行为，养成良好的道德习惯。

## 二、通过游戏活动丰富幼儿的社会认知体验

游戏作为幼儿学习的重要形式，在社会认知教育中也扮演着重要角色。具体来说，教师可以从三个方面着手。

### （一）重视在游戏活动中渗透社会认知教育

在游戏中，教师往往比较忽略进行社会认知教育，更注重培养幼儿的行为习惯，具体表现在：着重观察幼儿能否遵守规则，忽略对规则具体内容的介绍；幼儿进行角色扮演时往往关注角色的行为，而忘记对社会中不同职业进行事先或事后的讲解。

例如，很多幼儿园都有商店游戏，幼儿对收银员职业的理解往往局限在收钱的环节，其实收银员除了收钱，还要帮助顾客检查商品、解答顾客的疑问等。这些社会角色的相关知识，教师很少会在角色游戏之前或之后让幼儿进行讨论，幼儿并不

知晓。所以，教师可以在幼儿模拟收银员工作的过程中，逐步抛出问题，引导幼儿完善社会认知。

### （二）拓宽视角，让幼儿在游戏中体验社会角色

角色游戏是幼儿（尤其是小班和中班幼儿）非常喜欢的游戏。最常见的角色游戏就是娃娃家，幼儿在游戏中往往自发地模仿父母的角色，并获得最初的关于家庭成员职责的社会认知。除此之外，幼儿在角色游戏中还常常扮演的有警察、医生、消防员、商场工作人员、银行职员等职业角色，获得了更多的社会知识。

幼儿的角色游戏总是遵循一定的发展规律：重复角色的一个或几个行为—表现角色之间的互动—表现角色一系列复杂的行为。小班幼儿对社会角色认知主要停留在社会角色的外显行为上（如交警指挥交通，护士给病人打针，老师给学生上课），因而对角色的表现也主要是表现成人的外显行为，如一个小班幼儿会重复给娃娃喂奶的动作。比起小班幼儿，中班幼儿对成人社会角色的认知要更加细致、深刻，并开始对社会角色之间的关系进行认知，体现在他们的游戏中，就是角色之间开始出现互动行为。例如，某幼儿在家里和妹妹进行角色游戏，他要求妹妹扮演学生，由他来扮演老师。他像模像样地坐在椅子上，问："谁坐得最最好？"如果妹妹还没有坐好，他就立刻去纠正妹妹："你这样子不对，我们幼儿园里老师说'谁坐得最最好'以后，我就坐好了。"大班幼儿的生活经验较丰富，对社会角色的认知也更加细腻深刻，他们在角色游戏中会把角色的一系列复杂行为展现出来。例如，某大班幼儿在"娃娃家"玩做饭游戏，把洗菜—切菜—打开煤气灶—炒菜—把菜放在桌子上等一系列复杂行为全部展现出来，甚至连端菜时被烫了一下也表现得惟妙惟肖。

### （三）在设计游戏环节时加入与社会规则一致的游戏规则

幼儿顺利开展游戏，就必须遵守游戏规则，要遵守规则，就必须对规则有所认知。在社会场所中，我们经常需要等候，等候的时候应该不靠近目标位置，而要与目标位置保持适当的距离，以防在该位置上的人员产生不安全感。教师可以将这些社会规则引入游戏，通过各种体验游戏来帮助儿童学习规则。

**案例 3-4**

**情境一：无规则的玩色活动**

在中班科学活动"颜色的变化"中，教师准备了红色、黄色、蓝色的水

粉颜料各一盘，水粉笔若干，记录纸六张。在幼儿认识了水粉颜料和水粉笔等操作材料后，教师便让幼儿自由尝试两种颜色加在一起会变成什么颜色。有的幼儿拿起笔蘸了红色颜料画了起来，不一会儿，他又用同一支笔去蘸黄色颜料。有的幼儿不小心手上沾上了颜料，便随意抹在桌子上。东东的袖子碰到了颜料，小瑜看见了，用笔指着东东说："你的衣服上有颜料。"话没说完，笔上的颜料甩在了小羽脸上。小羽叫了起来："老师，小瑜把颜料弄到我脸上了。"教师正在另一组指导，头也没抬一下，说："不许把颜料弄到别人脸上、身上。"东东突然又叫："糟糕！黄颜料里有其他颜料了，还怎么玩呀？"其他幼儿也大叫起来："老师，我们的红颜料变成黑色的了，不能做实验了。"

**情境二：规则指导下的自主玩色活动**

同样是中班科学活动"颜色的变化"，材料准备也同前一个案例。教师在让幼儿认识操作材料、布置活动任务后，说："实验前大家要记住一个小小的要求：蘸过颜料的笔一定要放回装同一颜料的盘里，不能去蘸其他颜料。看谁每次都放得正确。下面请大家来试试，看看颜色会怎么变。"孩子们开始尝试，他们一边做实验一边欣喜地将结果讲述给教师听。这个活动进行得井然有序，幼儿之间也没有发生任何冲突和纠纷。

在情境一中，为了幼儿的自主学习，教师给幼儿提供了一个自由开放的活动环境和氛围。但事实表明，在对幼儿没有提出任何规范性要求时，幼儿之间就可能产生相互干扰，他们的自主活动也就无法顺利展开。在情境二中，由于在操作前教师明确了操作规则，这样既能规范幼儿的操作行为，支持幼儿的自主探索、发现，又能避免幼儿之间的纠纷或冲突。由此可见，自主活动，尤其是在集体活动中的自主活动，往往需要一定的规则作为保障。教师不必担心规则会"束缚"幼儿的自主活动，重要的是要制定一套行之有效的规则，让幼儿在活动过程中自觉遵守。这样既能维护秩序，又可以提高学习效率，使幼儿真正得到自主发展。

## 三、重视随机教育对幼儿社会认知发展的作用

著名教育家陈鹤琴先生明确主张把大自然、大社会作为出发点，使儿童在与自然、社会的直接接触中，在亲身实践中获取经验和知识。他特别强调在教学过程中应当“活”，那就要带孩子到活的大自然、大社会中去。学前儿童社会领域的学习本来就和儿童的日常生活紧密联系，与生活情境、社会场所等密不可分，因此，在幼儿的日常生活中有许多可以用来进行随机“活”教育的情境，教师应当充分认识并予以利用，让日常生活成为幼儿社会教育的重要途径。

首先，幼儿园一日生活各个环节均富有许多社会教育因素，教师可以充分利用各个环节对幼儿进行社会教育。例如，利用来园、离园的时候引导幼儿相互问候、道别，对幼儿进行礼貌、为人处事、待人接物的教育；利用进餐的环节，可以培养幼儿良好的用餐习惯及爱惜粮食、尊重他人劳动成果的教育；利用幼儿值日的环节，可以培养幼儿的责任意识，对其进行不怕困难、为他人服务的教育。

其次，可以利用日常生活中的偶发事件对幼儿进行社会教育。除了“常态事件”，幼儿园生活中还有许多未曾预设的“偶发事件”。对“偶发事件”进行判断并及时采取合理的应对措施，审慎地处理或巧妙地化解由偶发事件导致的意外，有可能使教学生活中不良的偶发事件转变为具有正向作用的意义事件，借此对幼儿进行社会教育可以达到事半功倍的效果。例如：保育员阿姨要退休了；小朋友不小心摔倒了；疫情暴发，有幼儿需要隔离了……教师应努力从这些事件中发现价值点，及时给予引导、支持和回应，帮助幼儿自己解决问题，建构意义。

**案例 3-5**

午餐前，孩子们在盥洗室洗手，不一会传来了哭声。王老师走进去，发现嘟嘟坐在地上哭。看到王老师，站在嘟嘟旁边的胜胜理直气壮地说：“他洗得特别慢，都洗了老半天了，我一直都洗不了手。”这时其他的小朋友开始反驳胜胜说：“你推人不对，洗手时应该大家轮流洗。”孩子们七嘴八舌地争论起来。王老师一边扶起摔倒在地的嘟嘟，一边把孩子们都带回到教室里，问大家：“今天这件事你们说说是谁错了？错在哪里了？”孩子们一下子开始了热火朝天的讨论。有的说：“是胜胜做错了，他不应该推人。”有

的说："嘟嘟也有错，我看见他堵水管玩水。"有的说："他玩水告诉老师不就得了，也不应该去推人呀！"孩子们你一言我一语的争论之后，王老师问嘟嘟和胜胜："听了小伙伴们的话，你们觉得自己做得对吗？"原本理直气壮的胜胜低下头小声说："我推人不对。"委屈的嘟嘟擦了擦眼泪说："我洗手时玩水，别的小朋友就洗不了手了。"王老师脸上露出了笑容，对大家说："今天小朋友们特别棒，帮助嘟嘟和胜胜解决了问题，我们班是一个大家庭，虽然人多但是我们彼此都应该关心和谦让，以后不论是洗手还是喝水、拿玩具、玩游戏，你们说说应该怎样做呀？""我们分组洗手！""我们排好队！"……

对于幼儿在园的集体生活来说，"问题"无处不在。特别是低龄幼儿，大多以自我为中心，喜欢独占、争抢，不会注意到他人的情绪，不会考虑到他人的感受。在集体生活中，孩子没有感受到规则的重要性，还不能自觉遵守规则。这些都是造成以上风波的原因。

小班孩子爱模仿，喜欢跟从，简单的批评与说教并不能起到很好的教育效果。当孩子发生了问题，案例 3 – 5 中的王老师并没有直接指出谁对谁错，也没有严厉地批评，而是让大家来说说，让做错的孩子听听同伴的意见与想法，让孩子们共同来解决问题，既教育了做错事的孩子，又对其他孩子起到了正面引导的作用，还进一步商定出一系列集体活动的规则，让孩子们在生活中逐步感受到规则的意义与重要性，教育孩子自觉遵守规则。面对孩子们日常生活中的冲突，教师应充分重视孩子的生活体验，运用适宜、灵活的教育方式教育孩子们关心他人、遵守规则，正面引导孩子们学会解决生活中遇到的问题，培养良好行为习惯，这才是我们的教育目标之所在。

再次，可以合理组织外出参观活动，对幼儿进行社会教育。《纲要》指出，"幼儿园应与家庭、社区密切合作，与小学相互衔接，综合利用各种教育资源，共同为幼儿的发展创造良好的条件"，应当"充分利用自然环境和社区的教育资源，扩展幼儿生活和学习的空间"。参观活动是有目的、有计划地带领幼儿到真实的社会环境中进行社会领域教育的一种教育活动，是实现幼儿到大自然、大社会中进行探究学习的有效途径。只有带孩子到真实的社会环境中去观察真正的社会生活，在真实

的社会环境中进行真实的体验与实践，才能够使孩子在大社会中进行学习，自然地习得社会行为的规范与要求。例如带领幼儿外出参观图书馆时，可以引导幼儿注意观察图书馆借书还书程序，理解借阅规则，并亲身体会图书馆“保持安静，严禁喧哗”的特殊要求和其必要性；再如在参观超市时，让幼儿注意观察收银员和导购员的工作有什么区别，也可以创造机会让幼儿单独与他们进行交往，譬如选购商品时让幼儿去找导购员问一下饼干在什么地方，结账时让幼儿排队找收银员结算；为了更深入理解各种职业角色，教师还可以设计专门主题活动，例如“警察叔叔讲故事”“邮件的旅行”等，并邀请相应行业的家长或专门人士为幼儿进行细致的讲解，使幼儿能获得更丰富的行业知识经验。另外，在本章附录的活动案例中，案例3“大班活动‘走进海军纪念馆’活动记录”也可作为借鉴。

## 四、重视同伴交往，促进幼儿社会认知发展

幼儿在与同伴的交往中离不开对各种规则的遵守，因此，同伴交往对幼儿的社会认知发展具有特殊意义。《纲要》中指出，幼儿园“应为幼儿提供人际间相互交往和共同活动的机会和条件，并加以指导”。幼儿园要多为幼儿提供需要大家齐心协力才能完成的活动，让幼儿认识到自己是集体中的一员，既要看到个体在集体中的价值，又要遵守集体的规则。

例如，在手工区设置需要三个人共同完成的编织彩带游戏，要求一个幼儿负责编织，两个幼儿负责帮忙。这样的规则制定不仅能提高幼儿编织彩带的速度，还能促进幼儿间的交往与合作。在游戏过程中，幼儿可以切身体会到较复杂任务的完成不能依靠自己一个人，需要大家的合作。

**案例 3-6**

区域活动开始了，四个男孩冲向益智区，端出斗兽棋，准备开始下棋游戏。一开始他们都抢着要先掷骰子，争抢了一会儿，只见幼儿 A 提议轮流掷骰子，大家同意了，经过一番“石头、剪子、布”之后，确定了掷骰子的顺序是 ACBD。终于可以开始下棋游戏了，下着下着，掷骰子的顺序乱了，幼儿 B 说：“错了，错了，我下完了你下，你下完了他下，最后才是你下，知

道吗？”虽然他进行了提醒，可是掷骰子的顺序还是乱了。“该我丢！”“不对，该我丢了！”又是一阵争执。

这时，一位老师把骰子暂时拿开了，“你们这样下棋，顺序太乱了，我在一旁看着都晕了，搞不清楚究竟该轮到谁掷骰子了。还是再想个好办法，让大家都能记住接下来该轮到谁掷骰子吧。”于是他们又开始想办法了，经过一番商量之后，大家达成一致，按照顺时针的方向轮流，谁“石头、剪刀、布”赢了，就从谁先开始。这下，掷骰子的顺序很快定下来了，先从“石头、剪刀、布”赢了的幼儿C开始，轮流顺序是CDAB。幼儿C掷完骰子之后把骰子交到幼儿D面前，幼儿D掷完骰子之后把骰子交到幼儿A面前，如此循环，比较有序，谁也不会错了。

棋类游戏是需要两人或多人参与的一种合作游戏，能让幼儿在游戏中学会与他人相处，帮助幼儿“去自我中心”，培养其规则意识、合作意识，充分激发其创造性思维。

针对案例中幼儿出现的冲突和解决冲突的办法，棋类游戏应如何调整，才能发挥它自身的最大价值呢？可以做以下尝试。

（1）制定规则。在开展棋类游戏的过程中，规则十分重要。不管是下棋的顺序还是下棋的过程或是最终的胜负，都应规则分明。教师可以和幼儿一同制定棋类游戏规则，并用简单的示意图表述出来，展示给幼儿看。

（2）明确规则。大班幼儿已经掌握下棋的基本技巧，他们往往看重输赢的结果，而对于规则的概念却不甚明确，有的时候会为了赢而违反规则。因此，在开展棋类游戏时，重点是明确幼儿的规则意识，帮助他们认识到规则的严肃性，是大家必须遵守的、不容破坏的，违反规则就不能顺利和公平地进行游戏。例如，可以请有下棋经验的幼儿担当“小助手”“监督员”，协助教师指导游戏，帮助其他幼儿按照规则有序游戏。

（3）发挥同伴互助的最大价值。既然是合作游戏，同伴的互助自然少不了。在游戏中，教师不要急于插手解决问题，可以留给幼儿思考的时间，让他们通过商量达成共识。

（提供者：周丹，江西省军区机关幼儿园）

## 拓展阅读

### 换种方式，让幼儿从“告状”到自律

幼儿对社会规则的遵从有一个从他律向自律发展的过程，而“告状”行为恰恰体现了幼儿对规则的认知、认同和敬畏。相信只要我们转换视角，并采取恰当的方法，就能让忙碌的“法官”闲下来。

### 关注年龄特点，识别“告状”动机

《指南》的社会适应目标2中“遵守基本行为规范”一项指出，不同年龄段的发展目标是有差异的。小班幼儿在提醒下，能遵守游戏和公共场所的规则；中班幼儿能感受规则的意义，并能基本遵守规则；大班幼儿能理解规则的意义，能与同伴协商制定游戏和活动规则。可见，孩子的“告状”行为与其所处的年龄阶段直接相关。

小班幼儿大多以自我为中心，合作能力尚待发展，因独霸玩具、争抢玩具而告状很正常；中班幼儿正处于感受规则的阶段，交往能力开始发展，他们需要在“法官”的判定下确定自己对规则的认知是否正确，因此这个年龄段的告状行为尤其频繁，是需要教师予以接纳和因势利导的阶段；大班幼儿开始具备独立的判断能力，能够理解规则的意义，能够与同伴协商、制定规则并共同遵守，因此“告状”行为会明显减少。

幼儿“告状”的目的通常有：引起他人注意，更好地表现自己；从别人那里得到自己想要的东西；证明自己守规则；依赖成人解决问题；让别人停止做困扰他人的事情等。如果教师充分了解幼儿的年龄特点，能够判断“告状”的目的，并运用适宜的策略有效支持，问题就可迎刃而解。

### 接纳“告状”，有效回应

针对幼儿的“告状”问题，我们可以从以下几方面着手：

首先，共情幼儿，有效回应，正面引导。例如，当孩子因玩具被抢而来告状时，可以这样说：“哦，他抢了你的玩具，你心里很难受，你还想继续玩，对吗？那你想怎么办呢？”引导幼儿想出解决和应对的办法。

其次，认同规则，给予肯定，问题引导。例如，当孩子因某位同伴说脏话而告状时，可以对告状的幼儿说：“说脏话确实不对，谢谢你及时发现，但已经知道是不好听的话就不要重复了，你可以直接告诉他，这句话不好听，请说文明话。”面对被告状的当事人，可以这样启发引导："我想知道你刚才为什么要说一些不好听的话，是因为心情不好吗？可以跟老师说一说，但无论如何都不能说伤害别人的话。下次遇到类似的事，想一想，我们可以用哪些文明的方式来解决？"

最后，认真倾听，弄清事实，换位思考。例如，区域游戏刚结束，乐乐就哭着来告状："老师，东东把我好不容易搭建的吊车拆了。"东东说："音乐都响了，我想帮你一起收。"经了解，乐乐今天是想完成作品给大家进行展示的，音乐响起后，还有一些收尾工作没做完，东东就来"帮忙"了。师："假如你是乐乐，你精心创作的作品被拆了，你的心情会怎样？"（换位思考，理解他人）"我知道你很想帮忙，但收玩具是自己的事情，乐乐可以自己解决，如果乐乐解决不了，需要你帮忙你再帮也不迟，每个人都要先管好自己，这才是最重要的。"

除了对症下药，更重要的是启发幼儿去解决这些问题，辨别哪些事可以自行处理，哪些事需要成人帮助解决。假如有人受伤或者伤害他人，或者破坏公共设施等，这时就要"告状"，因为这是大事！大事或紧急的事，需要找成人帮忙；而小朋友之间的事大多可以通过协商、交流、分享、理解宽容等方式自己解决。

**绘本支持，培养自律**

绘本就像一位神奇的老师，总能走进孩子的心灵，不用任何说教，就能巧妙地将"规则"的重要性和影响力表达得淋漓尽致。比如绘本《不要告状，除非是大事》，深入浅出地运用儿童的视角去解析关于"分清大小事，酌情去告状"的原则；绘本《汤姆挨罚》让读者和小汤姆一起记住："大家生活在一起，要遵守各种规则。有些事情可以做，有些事情不可以做。"故事的结尾还让我们体会另一句话的含义：规则当然很重要，但爱和宽容同样重要哦！还有《红绿灯眨眼睛》《手不是用来打人的》《语言不是用来伤人的》《11 只小猫做苦工》等绘本，都非常适合亲子、师幼共读，共育自律宝贝。

用尊重的态度接纳幼儿，用赏识的眼光仰视幼儿，用发展的观点看待幼儿，充分理解幼儿学习的累积效应，从小班至大班循序渐进、因势利导，不断支持幼儿，相信每个孩子都会以小主人的身份维护规则、遵守规则、敬畏规则，逐渐从他律走向自律。

（资料来源：赵杰．换种方式，让幼儿从"告状"到自律 [J]．学前教育，2020（5）：58-59.）

## 活动设计 3－1

### 1. 交警爸爸（中班）

【设计意图】

结合南昌市开展的创文明城市、争当文明市民活动，我们开展了一个“争当文明小市民”的主题活动。在活动进行当中，孩子很自然地关注到了每天站在街头的交警同志，时常展开这样的议论：今天上学的路上多了好多交通协管员；今天下大雨堵车好厉害，要不是来了两个交警指挥交通，我今天上幼儿园就要迟到了；我爸爸就是交警……孩子之间的对话引起了我的注意，为了让孩子进一步了解交通警察的职业特点和一些简单的交通安全知识，我与一位交警爸爸取得了联系，把家长请进我们的课堂，一起开展这次的社会活动“交警爸爸”。

【活动目标】

1. 初步了解交通警察的职业特点和一些简单的交通安全知识。

2. 能用相应的手势和语言表现交通警察执勤的情形。

3. 产生进一步了解交通警察的愿望和对警察崇敬的情感。

【活动重点】

了解和掌握交通警察的职业特点和交通知识。

【活动难点】

能用相应的手势和语言表现交通警察执勤的情形。

【活动准备】

1. 知识准备：事先与家长就整个活动的环节以及提问等方面沟通好；孩子已了解了一些常用的与交通有关的知识。

2. 物质准备：红绿灯、行人指示灯、交警制服 2 套、交通安全知识图片、交警爸爸、毛绒小娃娃、方向盘。

3. 环境准备：

（1）场地布置：十字路口（斑马线、双黄线、拐弯道、直行道、自行车道）。

（2）在教室的墙面上展示有关交通安全及交通标志的图片。

【活动过程】

1. 听听爸爸的故事。

（1）谈话导入。

教师:今天我们请来了一位爸爸,这个爸爸可能干了,你们知道他是谁的爸爸吗?

（2）家长以故事的形式讲述自己的一日生活（家长着便服）。

（3）教师根据讲述提问。

教师:这个爸爸是干什么工作的?（说说交警的工作）他需要穿什么衣服上班?

（4）请家长现场展示交通警察的服装。

2. 看看交警爸爸指挥交通。

（1）情景一：闯红灯（教师现场扮演行人）。

①交警上前制止，并说明理由（按交警的规定程序操作）。

②提问：交警爸爸做了什么手势？为什么要处罚？

（2）情景二：摩托车带人[教师现场扮演骑摩托车带人（12岁以下的孩子）]。

①交警上前制止，并说明理由（按交警的规定程序操作）。

②提问：交警爸爸做了什么手势？为什么？

（3）情景三：过马路不走人行道（教师扮演过马路的行人）。

①交警上前制止，并说明理由（按交警的规定程序操作）。

②提问：交警爸爸做了什么手势？为什么？

（4）出示一些交通挂图，引导幼儿观察，说说不可以怎样做，应该怎样做。

（5）共同讨论，表达崇敬之情。

教师：如果没有交警，会怎么样？你想对他们说些什么或做些什么呢？（激发幼儿对警察的崇敬之情，并用语言或肢体动作表达）

3. 做做小交警。

（1）孩子模仿交警爸爸，学习一些简单的转弯、前行、停止等手势。

（2）交警利用场地布置讲解游戏要求。

要求：开车转弯的人、直走的行人、骑自行车的行人和过马路的行人分别在各自的车道上，看红绿灯和交警的手势行走等。

（3）游戏：我是小小交通警。

个别幼儿与交警爸爸一道指挥，两名幼儿控制交通灯（红绿灯、行人指示灯），其他幼儿分别扮演开车转弯的人、直走的行人、骑自行车的行人和过马路的行人进行游戏。

4. 活动延伸。

组织幼儿开展手工制作活动，如小红花等，送给交警叔叔，表达敬意。

【活动评析】

整个活动由听交警的故事到看交警指挥到最后学做小交警，层层递进，方式新颖、方法得当，取得了很好的效果，高度达成了预期的目标。其中，家长资源的利用是这个活动最大的亮点。

家长是幼儿园重要的合作伙伴，如何合理有效地利用家长资源，扩展幼儿生活和学习的空间是我们每个教师都应该思考的问题。交警爸爸有着我们无法比拟的交警专业知识优势，把家长引入课堂，与教师一同操作，把专业化的知识与儿童化的教学相结合，幼儿更感兴趣、更易于接受、更具科学性。幼儿在了解交警的工作性质的时候不是机械地说教，而是巧妙地运用了情境教学法，教师扮演违规行人，交警爸爸现场办公，使幼儿融入情境中理解、感受交警的工作。而最后与交警爸爸的互动游戏更是把整个活动推向了高潮。

（提供者：杨芳，江西省南昌市保育院）

### 2. 文明小游客（中班）

【设计意图】

奇妙的大自然是我们美丽的家园，它为人类提供了生存的条件，创造了美好的生活。我们每一个人都应该真诚地感受大自然、体验大自然、珍爱大自然。我设计的中班社会活动“文明小游客”，以多媒体和游戏相结合的形式，创设郊游的情境，将孩子们熟悉、喜爱的公园场景融入活动当中，潜移默化地激发幼儿良好的社会态度和社会情感，引导他们理解并遵守“保护环境”这一基本的社会行为规范。

【活动目标】

1. 了解公园游玩的文明行为，能对文明或不文明的行为做出正确的理解和判断。

2. 感受保护自然环境的意义，产生保护自然环境的愿望。

【活动重点】

能够区分文明行为和不文明行为。

【活动难点】

形成保护自然环境的良好意识。

【活动准备】

1. 逛公园的 PPT 和情境。

2. 自制的文明小使者胸牌，每人一个。

3. 教师身背一个背包，内装一包纸巾、一个塑料袋。

4. 背景音乐《郊游》。

【活动过程】

1. 情境创设，激发兴趣。

教师：大自然的风景可美了！小朋友们，想和老师去一个有树、有花、有草的地方玩吗？我们排好队跟着音乐出发吧！（幼儿听音乐随教师进入活动室）

2. 观看 PPT，区分文明行为和不文明行为。

（1）观看 PPT1（八一公园大门图片），激发幼儿逛公园的兴趣。

教师：我们来到哪儿啦？你们来过这儿吗？八一公园美不美？你觉得什么地方的风景最美？

（播放《郊游》的音乐，引导孩子们想象自己逛公园）

（2）观看 PPT2，懂得“花儿好看我不摘”的文明行为。

①观看 PPT2 前半段，引发讨论。

（播放幼儿准备摘花的视频：“哇！公园里的花真香真美啊，这么好看的花，我要摘一朵带回家去！”）

教师：视频里的小朋友要干什么呀？他做得对不对？你来给他讲讲道理吧。

②观看 PPT2 后半段，进行小结。

（鼓励幼儿给 PPT 中的小朋友讲讲道理，让幼儿与多媒体进行互动）

（播放视频：“花儿好看我不摘，这样做才是文明小游客，谢谢你们！”）

教师小结：公园风景美如画，花儿好看我不摘，这样做才是文明小游客。

（3）观看 PPT3，引导幼儿了解不在树上涂画的文明行为。

①观看 PPT3 前半段，引发讨论。

（播放幼儿准备在公园大树上画画的视频：“这棵树真大呀！我喜欢这棵树，我要在树上写上我的名字。”）

教师：这个小游客的做法对不对？请说出你的理由，并告诉这位小朋友。

②观看 PPT3 后半段，进行小结。

（播放视频："我知道了，大树高高我不画，这样做才是文明小游客！"）

教师小结：大树高高我不画，因为树是我们的好朋友，给我们遮太阳、给我们清新空气，是许多小动物的家，除了微笑，请什么都不要留下。

（4）观看 PPT4（公园草地的图片），引导幼儿了解不乱坐草地的文明行为。

①出示草地的照片。

教师：前面还有很美的风景呦，快看这里正好有一大块草地，小草软软的，躺在上面肯定很舒服，我要进去歇会儿。

②教师表演踩草地的动作。

教师：这样做行吗？为什么？草地不能坐，那我们应该坐在什么地方休息呢？

教师小结：草地软软我不踩，因为小草也有生命，我们不要打扰它们，这样做才是文明小游客。

（5）创设扔垃圾的情境，引导幼儿了解不乱扔纸屑的文明行为。

①表演情境：用纸巾擦汗。

教师：用完的纸该扔哪里啊？找不到垃圾桶怎么办呢？

②表演情境：垃圾扔进塑料袋。

教师小结：没有垃圾桶没关系，我们出去玩可以准备这样一个塑料袋，垃圾扔进塑料袋，做到果皮纸屑不乱扔，我是文明小游客。

（6）教师小结逛公园的文明行为。

教师：公园风景美不美啊？今天在这么美的公园游玩，我们是怎么做文明游客的？

教师小结：公园风景美如画，花儿好看我不摘，大树高高我不画，草儿软软我不踩，果皮纸屑不乱扔，真是文明小游客。你们今天的表现当之无愧是文明游客。

3. 播放 PPT5（公园游玩文明与不文明行为图片），幼儿观察判断对错。

（1）颁发文明小使者勋章。

教师：你们的表现真棒，今天呀，公园正好在开展文明游客的评选，你们光荣地被评选为文明小使者了。看，公园管理处的阿姨给你们每人颁发了一个文明小使者的勋章！

（幼儿贴上文明小使者勋章，废纸自发扔进塑料袋内）

（2）逐幅观看 PPT，观察判断对错。

教师：现在你们都是文明小使者啦，真神气！公园管理处的阿姨还有件事想请你们帮忙呢，阿姨请你们找到更多的文明游客。你们等会儿要仔细看照片，找一找哪些人是文明游客，哪些人的行为是不文明的。

4. 结束活动，激发幼儿保护大自然的欲望。

教师：看到有些人踩踏草地、攀折花木、乱涂乱画、乱扔垃圾，你的心里有什么感觉？如果以后我们到其他的地方游玩，应该怎么做文明游客呢？

教师小结：文明小使者们，你们今天的表现真让老师骄傲，在公园游玩时做到了花儿好看我不摘，大树高高我不画，草儿软软我不踩，果皮纸屑不乱扔，真是文明小游客！除了公园，奇妙的大自然还有很多风景优美的地方，希望以后无论我们去什么地方游玩，都能向身边的人宣传文明行为，让更多的人都成为文明游客，让我们的大自然变得更美好。

（播放《郊游》的音乐，离场）

【活动延伸】

美工区：投放纸张、颜料等，指导幼儿制作保护花草树木、保护小动物的标识图片。

家园合作：家长在日常生活中要以身作则，带幼儿出去游玩时践行文明行为。

【活动评析】

中班幼儿正处于身心发展的重要时期，他们对社会现象有了初步的认识和一定的辨别能力，具有初步的社会责任意识。“文明小游客”活动通过创设动静结合的郊游情境，将幼儿熟悉的公园场景融入活动中，把环境保护教育寓于游戏之中，潜移默化地激发幼儿良好的社会态度和社会情感，使他们懂得并遵守“保护环境”这一基本的社会行为规范。

这是一个充满趣味的活动，整个活动以游戏贯穿始终，幼儿在模拟环境中，被激发了参与的兴趣；这是一个意味深长的活动，教师没有说教，而是把环境保护教育渗透到每个环节，幼儿在充分具备已有经验的基础上，在情境中受教育，在情境中体验和懂得环境保护的重要性；这是一个内涵丰富的活动，包含认知、情感、能力三大块，由浅入深，从感知到体验再到运用，使原有经验与新经验之间建立有机联系，让幼儿在互动式的教育活动中自主地学习，他们的表达会更丰富，这样产生和激发出来的情感更生动。

整个活动重点明确，各环节层层递进，教学手段丰富多样，符合中班幼儿年龄特点。例如，多媒体课件的设计调动了幼儿视觉、听觉的共同参与；“评选文明小使者”游戏让幼儿备感有趣和真实，使他们更加投入、愿意表达，从而化解了难点；不文明图片的呈现给了幼儿观察的空间及锻炼语言表达能力的机会；最后的提问总结则让幼儿在愉快轻松的氛围中梳理提升所获得的经验。

（提供者：詹丹丹，江西省南昌市保育院）

### 3. “走进海军纪念馆”活动记录（大班）

（一）集体行动：海军纪念馆之旅

1. 制定出行计划

幼儿是主动学习者。对本次出行，幼儿有着自己的想法，幼儿尝试自主绘制思维导图，从出行方式、物品准备、安全事项到出行任务，通过思维导图逐一呈现。

在“出行计划”交流中，教师发现幼儿在选择出行方式上，有着各种答案，如“走路”“坐电动车去”“坐大巴去”“坐我爸的汽车去”……教师引导幼儿思考“海军纪念馆离幼儿园有多远”“怎样的方式适合一个班的小朋友一起出行”两个问题。

幼儿利用周末用图画或者标记的方式和父母收集有关海军纪念馆和出行方式的资料。幼儿通过收集资料，知道海军纪念馆在白马镇，离幼儿园有约20分钟车程，再结合师幼一起出行的形式，确定乘坐大巴前往。

2. 感受海军纪念馆

纪念馆门口传来幼儿的惊呼声，一架架飞机在树荫中若隐若现……讲解员为大家详细介绍了陈列在这里的退役轰炸机、舰炮、鱼雷等。一张张图片、一件件实物，展示了中国人民海军从无到有、从弱到强的伟大发展史。以泰州为名的“泰州舰”，更是让幼儿进一步感受到身为泰州人的自豪。

3. 表征海军纪念馆

幼儿的年龄特点决定了幼儿表达方式的多样性和创造性。在课程实施中，表征是幼儿最好的学习、理解和表达方式，幼儿可以按自己的方式（画、语言、动作）来理解。教师可以利用这些表征来了解幼儿的学习与发展，从而提供支持。

从海军纪念馆回园后，幼儿的激情丝毫未减。教师鼓励幼儿对照“出行计划”中的“出行任务”，表征任务完成情况以及发现和感受。有的幼儿讲述故事、猜想军械在战争中发挥的作用；有的幼儿用口头语言和肢体语言，表达对这次“红色旅行”的感受；有的幼儿用绘画的方式画出看过的各种军舰，并为军舰取好听的名字。

幼儿的表征，不仅是幼儿对海军纪念馆之旅经验的回顾和总结，而且为接下来的红色游戏、红色故事、红色歌曲等活动积累了经验。

（二）小组学习：多样化的生成活动

《幼儿园工作规程》中提出：“教育活动的组织应当灵活地运用集体、小组和个别活动等形式。”幼儿间存在发展水平、能力、经验、学习方式等方面的差异，小组和个别活动更能满足幼儿多方面发展的需要，促进其发展。因此，教师鼓励幼儿根据自身需要开展各项小组活动。

1.游戏篇

幼儿对军舰很感兴趣，“泰州舰”更是给幼儿留下了深刻印象。军舰上有什么呢？如果你是一名设计师，你会设计出怎样的军舰呢？幼儿自由组成“军舰小组”，设计了拥有大炮、飞机、坦克的军舰，并用积木拼搭出来。

在此过程中，幼儿发现了底部有规律的排列更有利于军舰的整体稳固，解决了大炮会倒的问题。军舰搭好了，当“勇士号”和“祥龙号”两艘军舰在大海中相遇又会擦出怎样的火花呢？军舰对垒战正精彩上演。

2.故事篇

“有一个渔民，他白天在河里打鱼，晚上回家给家人做鱼汤。有一天……”三三两两的幼儿聚在一起，小声嘀咕着。

原来，幼儿在讨论海军纪念馆中听到的故事《渡江木船》。怎样让同伴了解这个故事？怎样向未去过海军纪念馆的人介绍这个故事？幼儿组成了“故事小组”，准备制作一本图书，分工合作。

有的画渔民白天打鱼的场景，有的画渔民为孩子做鱼汤的场景，还有的画渔民将渔船送给解放军的场景……幼儿画好内容后，依序标上页码，请教师给每页画面注上文字，最后装订成册。绘本《渡江木船》完成了。

3.歌曲篇

除了歌曲《小海军》，还有哪些红色歌曲？幼儿通过调查，选出最喜欢的红歌。怎样给同伴呈现自己喜欢的红歌？“红歌小组”的幼儿热烈讨论着，有的幼儿建议将红歌表演出来。于是，幼儿根据需要，收集道具，认真准备红歌表演。

（三）交流分享，提升经验

交流是幼儿思维碰撞、经验辐射、情感表达、快乐分享的过程，可以调动幼儿的主动性、积极性，提升幼儿语言表达能力和各种思维能力，进一步诱发幼儿探索的兴趣，助推幼儿探索能力的提升。

在“走进海军纪念馆”活动即将结束时，教师组织了交流会，为幼儿提供了一个分享、交流的舞台。幼儿根据前期的小组活动，分“军舰组”“故事组”“红歌组”进行交流。

幼儿在教师以及其他成人帮助下，各小组收集、整理活动素材，回顾小组活动的重点和亮点，确定交流的主要内容：“军舰组”搭建军舰小技巧；“故事组”创编故事；“歌曲组”分工表演。

（三）教学反思

教师从当前主题活动中的幼儿兴趣点“海军”入手，基于幼儿的年龄特点和活动需要，开辟“红色旅行”“红色游戏”“红色故事”“红色歌曲”四个版块，提供物质材料，介入言语支持，引导幼儿感受海军的职业、“红色文化”的内涵以及幸福生活的来之不易，从而促进幼儿认知、能力、情感等方面的协调发展。

（资料来源：陆留霞．构建班本红色微课程：以大班活动“走进海军纪念馆”为例 [J]．好家长，2021（12）：84-85.）

#### 4.“糊涂”的老板

【案例描述】

“莎莎甜品屋”是我班幼儿最喜爱的区角。“制作工厂”中投放了各种材料（面粉、颜料、海绵纸、糖纸、毛条等），让幼儿根据甜品订单动手制作甜品。在“销售服务区”，幼儿可以扮演老板和进货员，分别负责售卖甜品、到工厂进货。扮演顾客的幼儿可到“销售服务区”购买甜品，然后到“品尝评价区”和同伴一起品尝、交流并对甜品质量和服务进行评价，还可预约到“制作工厂”体验做甜品。

一次活动中，卓力来到甜品屋当起了老板，贝多则是他店里的进货员，泽良从钱箱里取了钱过来买东西，他站在服务窗口前对卓力说：“您好，老板，我要买一瓶饮料。”卓力在饮料区选了离他自己最近的一瓶冰红茶递给泽良，泽良摇摇头说：“我不要这个，我要雪碧。”老板在饮料区端详了好一阵子，摸摸这个看看那个，他不确定哪瓶才是雪碧。泽良只好用手指给老板看，卓力把雪碧（价格标签为5元）递给泽良，没有告诉他这瓶雪碧到底是多少钱，只是默默接过泽良的钱，看也没看就放进了钱箱。这时瑾妍又过来买牛奶，她指着盒装牛奶对老板说："老板，我要一盒成长奶。"卓力递过去，瑾妍问："多少钱？"卓力愣了一下，回头看了看饮料柜上牛奶的标签，说："2元。"瑾妍数了数手上的钱，给了2元，卓力接过，依然没看。"哎呀，这盒牛奶没有吸管怎么喝呀！老板，给我一根吸管吧！"卓力看了看四周，发现店里的最后一根吸管，给了瑾妍，自言自语道："我们店里没有吸管了，要去进一点吸管来。"旁边的进货员贝多听见了，赶紧到制作区买了一些吸管来，卓力觉得太少了，自己跑出了店再去买一些吸管，也不管店里还有几个顾客要买东西。大家都等急了，好些顾客等不及走了，卓力开始无所事事，不知该干什么。我提醒他说："你让他们等太久了，他们都不愿来了，想想有什么办法可以把他们吸引过来。"卓力思索了一会儿，开始大声叫卖："大家快来看呀，饮料大甩卖，买一瓶送一瓶。"小顾客们觉得很新奇，都跑过来买饮料，甜品屋里瞬间热闹起来。

【案例反思】

甜品屋是一个小社会，扮演不同角色的幼儿首先应明确自己的职责，知道自己应该做什么。其次要能用恰当的语言进行交流，如老板询问顾客需要时要说"您好，请问您需要点什么"，结账时主动告知顾客价格"一共是xx钱"，顾客离开时要说"谢谢光临，欢迎下次再来"。幼儿在这些方面经验不足，作为教师应该正确加以引导。

（1）帮助幼儿明确游戏规则。让幼儿了解每个角色的岗位职责，并能坚决履行。只有大家各司其职，游戏才能有序地进行。

（2）指导幼儿学习一些必要的沟通技巧，在不同场合使用规范的语言进行交流。

（3）适当介入孩子的游戏，为幼儿提供必要的支持。如教师扮演顾客参与游戏，以顾客的身份与孩子互动，在游戏中与孩子相互影响，对游戏过程进行有效的调整。

（4）在现实生活中，当幼儿需要购买东西时，鼓励他们自己完成交易，独立地与老板、店员交流，注意和学习老板、店员的行为表现，培养幼儿的独立性和交往能力，积累丰富的生活经验，提高自身游戏水平。

（提供者：尹小艳，江西省新余市铁路幼儿园）

## 思考与实训

1. 案例评析。

"娃娃家"游戏中，中班的娟娟、红红和蓉蓉正在为谁当"妈妈"争执不休。忽然，娟娟找到了理由："今天老师表扬我是能干的人，只有能干的人才能当妈妈。"红红也马上反应过来："今天老师也表扬了我，我也很能干，我也可以当妈妈。"蓉蓉只好认输："好吧，我做小孩，你们俩'石头、剪刀、布'，谁赢了谁就当妈妈。"结果红红赢了，娟娟很不服气，说："我当外婆，反正外婆是妈妈的妈妈。"

请分析三个小女孩在这个游戏过程中学到了哪些能力？你认为角色扮演游戏在学前儿童社会教育方面有哪些作用？

2. 请任选主题，设计一个与社会规则认知相关的幼儿园集体活动方案。

## 思维导图

- 学前儿童社会认知与教育活动
  - 学前儿童社会认知的发展
    - 社会认知的含义
    - 学前儿童社会认知发展的主要内容
    - 与学前儿童社会认知相关的几种理论
  - 学前儿童社会认知教育的实施
    - 创设有利于开展社会认知教育的环境
    - 通过游戏活动丰富幼儿的社会认知体验
    - 重视随机教育对幼儿社会认知发展的作用
    - 重视同伴交往，促进幼儿社会认知发展

# 项目四　学前儿童社会情感与教育活动

## 学习目标

1. 了解学前儿童社会情感的意义和发展特点。
2. 理解学前儿童社会情感教育的主要内容。
3. 掌握学前儿童社会情感教育的实施方法。
4. 能结合所学知识进行学前儿童社会情感教育活动设计。

## 情境导入

爸爸给3岁的辰辰买了一个烤红薯。辰辰拿着红薯，立刻被剥红薯皮这件“有趣”的事吸引了。爸爸付完钱，看见儿子艰难而笨拙地剥着皮，嫌他动作太慢，便一把夺过了红薯，说：“爸爸帮你剥！”辰辰怔住了，继而愤怒地大哭起来。爸爸慈爱地说：“别急，别急，马上就好！真是太急了！”他迅速而熟练地剥开了一半皮，另一半留着便于孩子拿在手里。可是当他把剥好的红薯递给哭叫着的辰辰时，辰辰却将红薯愤怒地扔到了地上。这一扔激起了爸爸的愤怒：“你这孩子，脾气怎么这么坏！”

**思考：**

1. 辰辰为什么哭？
2. 爸爸做得对吗？为什么？
3. 学前儿童的情绪有什么特点？

# 模块一　学前儿童社会情感的发展

## 一、社会情感的含义

社会情感是一种心理上的体验和感受，这种体验和感受来自社会成员的各种活动以及社会关系形成的过程中。① 相对应地，社会情感能力指的是人们在成长和发展的复杂情境中发展出来的认识情感和管理情感的能力。② 良好的社会情感可以使人们在生活、学习和工作中调控自己的情绪情感，进行自我激励，不断完善自己的人格，是一个人适应社会环境、担负社会责任、完成社会工作所必不可少的一种情感形态和情感技能。

## 二、学前儿童社会情感的发展特点

学前儿童社会情感的发展主要体现在对情绪的表达与调控上。对于幼儿来说，其中更重要的一点应是情绪的调控能力。幼儿的初步情绪调控能力主要表现在两方面：一方面表现为幼儿能对自己情绪中那部分对人对己可能产生不良影响的情绪冲动（任性、执拗、侵略性、攻击性等）加以适当调控；另一方面表现为幼儿能在复杂情境中适当地调节情绪，并常常鼓励自己保持高兴愉快的心境。概括来说，就是既有控制，又有宣泄，把情绪调控在一个与年龄相称的范围内，以促进社会情感的健康发展。

接下来，我们从不同年龄发展特点和总体发展趋势两个方面来阐释学前儿童社会情感的发展特点。

### （一）学前儿童社会情感的发展按年龄可以分为六个阶段

1. 0～1 岁阶段

新生儿已有明显的情绪反应，“呱呱坠地”其实就是他们由于身体不舒适而引起的消极情绪；到 2～3 个月时，经常对人发出的微笑便是婴儿的第一个社会性行为。此后，婴儿表达情感的表情日益复杂，表情同语言一样成为婴儿与成人交往的重要

---

① 石义堂，李守红．“社会情感学习”的内涵、发展及其对基础教育变革的意义［J］．当代教育与文化．2013（6）：46-50.

② 王树涛，毛亚庆．寄宿对留守儿童社会情感能力发展的影响：基于西部 11 省区的实证研究［J］．教育学报．2015（5）：111-120.

手段。尤其是在母亲和婴儿之间，他们相互交际的最初的工具不是语言而是表情，因此有人把表情称为“情绪的语言”。我们可以很容易地观察到婴儿期的儿童怎样运用表情与别人进行交往。儿童时常观察成人，逐渐记住了该在什么时间用哪种情绪回应成人，并且通过与成人的互动，不断调整自己的行为，使之更加合适。

在 7 ～ 12 个月期间，儿童表达愤怒和恐惧等情绪的能力迅速发展。3 个月大的儿童不具备这种能力，但是在 7 ～ 12 个月大时，儿童就可以根据自己的社会角色来表达这种复杂的情感了。同样的，在此期间，儿童自我调控情感的能力也有了很大提高，这与体力大大增强有关。这个年龄段的儿童已经学会爬和行走，这些能力可以帮助他们在遇到自己感到害怕或者沮丧的刺激时迅速回避，转移到让自己感到安全、舒适的地方，例如爬向母亲等。

7 ～ 12 个月大的儿童很依恋他们的照料者。情感依恋会影响到儿童的身体健康。有研究发现，如果幼鼠和灵长类动物过早地与父母分离，这些动物的免疫系统就会受到破坏。这是一个很重要的发现，证明情感依恋的积极作用对任何种群都是不争的事实。

另外，这个阶段的儿童已经开始揣摩他人的情感了。儿童会把照料者的情感表现和某种行为联系起来，并且对这种行为做出反应，和照料者互动。12 月大的儿童已经开始寻求社会性参照，即向他人寻求感情线索，帮助自己进行回应。例如，儿童会观察母亲或其他照料者的脸色来判断面前的陌生人是否安全：如果母亲以一种很友好的声音和陌生人讲话，儿童会对陌生人产生兴趣，并且与陌生人积极互动；如果母亲对陌生人感觉害怕，那么儿童对陌生人的态度也会很消极，比如转移注意力、不再注意陌生人等。儿童通过使用社会性参照来决定自己的情感表现。

知识链接

**静止面孔实验**

1975 年，爱德华·特罗尼克教授及其研究小组成员曾做过一个非常有名的实验——静止面孔实验。

实验的过程，就是让一个 1 岁左右的婴儿与自己的妈妈进行了三分钟的互动（图 4-1）。

一开始，孩子和母亲面对面坐着，她们对彼此微笑并交谈。孩子积极地回应妈妈，还蹦出了一个音："Dah！"妈妈也积极参与孩子的游戏，和她愉快地玩耍。

接下来，研究者请妈妈别再回应，开始面无表情。孩子很快意识到不对劲，表情开始警惕。

她开始想尽办法吸引母亲的注意力，希望唤回曾经那个亲切的妈妈：她对妈妈微笑，她指给妈妈看，因为她刚才这样做过，当时妈妈很高兴；她甚至再次发出了"Dah"，希望妈妈像刚才那样回应她。

然而她的努力全部无效，妈妈依然面无表情。孩子开始扭动、向四处张望、表情惶然、声音变大，最后挺直身子向外挣扎、尖叫大哭。

妈妈赶紧恢复温柔亲切的表情，重新和孩子开心互动，孩子也慢慢恢复了平静。

这个实验换成爸爸来做，婴儿也有同样强烈的反应。可见，仅仅 3 个月的儿童就已经初步习得了调整行为和情绪的能力，能与家长密切互动。

图 4-1　静止面孔实验

2．1～3岁阶段

研究发现，2岁儿童的情感表达能力有了很大进步，并且已经开始具备一种很重要的情感——同情。儿童可以理解他人的情感，知道别人伤心时和自己伤心时感觉一样糟糕。在这个阶段，害羞、尴尬、嫉妒、自豪和愧疚等情感迅速发展。在和他人互动的过程中，1～2岁的儿童开始理解什么是尴尬，什么是害羞，什么是愧疚，什么是嫉妒，什么是自豪，所有这些情感对儿童自我意识的发展非常有帮助。在此期间，儿童感到羞愧或者尴尬的时候会有一些相应的行为表现，如：用手把脸遮住，低下头等。

3．2～3岁阶段

2～3岁的儿童在讲述一个故事或一件事情时，总是一边说一边做出表情和动作，尤其当语言表达发生困难时，儿童往往采用表情和动作来补充。

在这个时期，儿童已经具备了各种基本的情绪体验，在社会交往的过程中，儿童能比较准确地表达出自己的感情，也能正确地领会别人表露的情感，并做出相应的反应。

4．3～4岁阶段

3岁幼儿的行为多受情绪支配，对周围世界充满浓厚的兴趣，对新鲜事物具有强烈的好奇心。这个年龄段的幼儿移情能力有了很大发展，他们开始能够站在他人的立场上感受、理解他人的情感，看见生病的同伴、摔跤的弟弟妹妹，会表示同情。在教师的启发下，会做出安慰、关心、帮助等关切行为，爱模仿的特点非常突出。模仿是这一时期儿童主要的学习方式，通过模仿来学习别人的经验和行为习惯。

3岁左右的幼儿处在一个更多地依赖情感而不是依赖理智生活的时期，他们对世界的认识是以热爱自然为基础的。在他们眼中，自然界的一草一木都具有和人一样的生命和情感，一块石头、一只昆虫、一棵小草都能成为游戏的伙伴。在教师引导下，可以培养幼儿积极、健康的情感，爱家庭、爱父母及亲人；喜欢上幼儿园，喜欢老师和小朋友；情绪稳定，有安全感，不爱哭、不发脾气。

5．4～5岁阶段

这个年龄段的幼儿经过小班一年的教育，情绪较小班幼儿更稳定，他们的行为受情绪支配的比例在逐渐下降，开始学习控制自己的情绪。在商场里，当他们看到喜爱的玩具，已不像2～3岁时那样吵着要买，而能听从成人的要求并安慰自己：

"家里已经有许多玩具了，我不买了。"在幼儿园里，当同伴间发生争执时，有时幼儿也能控制自己的情绪和行为。当然，他们并非所有的事情都能调节好，对特别感兴趣的事和物仍然受情绪支配，甚至还会出现情绪"失控"现象，不顺心时仍会大发脾气。因此，需要在教师指导下使中班幼儿能做到关心他人的情感反应，关心同伴，能用恰当的方式表达自己的感情和需要；体验到父母及亲人对自己的爱，知道父母和亲人的兴趣、爱护，愿意表达对父母及亲人的爱。

6．5～6岁阶段

处于学前晚期的幼儿用语言表达情感的能力有了很大提高。例如，当教师问儿童如何看待明明的打架行为时，3岁的儿童可能会说："我不知道。"但是6岁的儿童则会说："明明做得不对，打架非常危险。"虽然情绪情感得到了较稳定的发展，但由于这个阶段的幼儿神经系统抑制和兴奋不平衡，兴奋仍占优势，易冲动。这些特点在幼儿同伴交往中尤为明显。在学习、游戏和生活中，很多男孩不能很好地控制自己的情绪，同伴之间经常会发生争执甚至攻击性行为。如何帮助幼儿抑制情感冲动，学习调节自己的情绪，同时从同伴交往的角度出发，创设良好的交往氛围，学习适当的交往技能，并在与同伴交往中体验到快乐，提高幼儿自我控制的能力，这些是需要教师帮助幼儿完成的内容。

另外，大多数儿童在班上有了相对稳定的好朋友，开始有意识地控制情感的外部表现，比如离开亲人时能忍住不哭。同时，由社会需要而产生的情感也开始发展，比如，当自己的良好表现被忽视时会失望、不安，而当让他们照顾比自己小的孩子时会表现得很负责等。因此，对大班孩子积极情感的培养已成为需要教师引导帮助及主要教育的内容之一。

### （二）幼儿期社会情感的总体发展趋势

1．情感中社会性交往的成分不断增加

随着年龄增长，幼儿的情感越来越多地与社会交往密切联系在一起。在幼儿情感中，社会性交往的内容随着年龄增长而增加。

美国心理学家爱姆斯利用两年的时间，对幼儿交往中的微笑进行了系统观察和研究，结果见表4－1。研究表明，学前儿童交往中的微笑可以分为三类：（1）儿童自己玩得高兴时微笑；（2）儿童对教师微笑；（3）儿童对小朋友微笑。在这三类微笑中，第一类不是社会情感的表现，后两类则是社会性的。

表 4－1　学前儿童不同类微笑比例

| 年龄 | 自己微笑 | | 对教师微笑 | | 对小朋友微笑 | | 总数 | |
|---|---|---|---|---|---|---|---|---|
| | 次数 | 占比 /% | 次数 | 占比 /% | 次数 | 占比 /% | 次数 | 占比 /% |
| 1 岁半 | 67 | 55.37 | 47 | 38.84 | 7 | 5.79 | 121 | 100 |
| 3 岁 | 117 | 15.62 | 334 | 44.59 | 298 | 39.79 | 749 | 100 |

从表 4－1 的结果可见，比起 1 岁半儿童，3 岁儿童微笑的总次数和各类微笑的次数都有所增加。其中，“自己微笑”在一岁半儿童微笑中占最大比例，但这类微笑增长比例不大，到 3 岁时，在各类微笑中所占比例最小；对小朋友的微笑，在 1 岁半时占比最小，而增长的比例最大，在 3 岁时约占 40%；在 3 岁儿童微笑中，占比最大的是对教师的微笑，它比其他两类微笑都多。一言概之，从 1 岁半到 3 岁，儿童非社交性微笑比例下降，社交性微笑的比例则不断增长。

法国心理学家列鲁阿 · 布斯旺也做了类似的研究。他对 4 岁和 8 岁儿童在看电影时的社交性情感表现进行了比较，其结果见表 4－2，8 岁儿童在看电影时的情感交往次数明显比 4 岁儿童多。

表 4－2　4 岁和 8 岁儿童看电影时的社会性情感表现比较

| 年龄 | 招呼其他儿童的次数 |
|---|---|
| 4 岁 | 3.4 次 |
| 8 岁 | 6.1 次 |

2．引起情绪反应的社会性动因不断增加

儿童在 1 岁以内，情绪反应主要是由生理需要引起的。如饥饿、疼痛、冷、热等会引起幼儿不愉快的情绪反应；温暖、身体舒适、尿布干净、睡眠充足等常是引起愉快情绪的动因。1 岁以后，儿童除了生理需要外，开始有独立活动和交往等大量的社会需要。例如，这个阶段的孩子都喜欢向成人索抱，一则，这使他们身体舒适，是对他们的生理需要的一种满足；二则，和成人接触也是对他们社会性需要的满足。但总的来说，3 岁前的儿童情绪反应动因中，生理需要是否得到满足是主要动因。

进入幼儿期，儿童情绪的动因以主要为满足生理需要向主要为满足社会性需要过渡。幼儿总是想得到成人的注意、关心和爱护，他们总是喜欢在父母和老师周围转来转去，愿意与成人身体接触。抱一抱和摸一摸幼儿的头，都会满足其安全的需要和爱的需要，从而产生愉快的情绪体验。幼儿也同样喜欢与同伴交往，他们希望小朋友都喜欢和自己玩。如果成人对幼儿不理睬，或者其他幼儿不和他一起玩，这对他来说，就成为一种惩罚手段，使他感到烦恼不安，甚至痛苦。

3. 表情日渐社会化

表情是情绪的外部表现，也是人们表达自己情绪的一种方式和手段。儿童从遗传得来了人类特有的表情，但部分表情是后天习得的，并受到民族文化的影响。幼儿为了能够在本民族内适度地表达自己的感情，并理解别人的感情，就必须要逐渐学会运用他所处社会群体习惯的表达感情的手段，这就是表情的社会化过程。

日常观察可以发现，3 岁前儿童一般毫无保留地表露自己的情绪，3 岁后则会根据社会的要求调节情绪表现方式，并学会在不同场合下用不同方式表达同一种情感。比如，幼儿不小心摔疼了，要是在父母面前，可能直接“哇”地哭出来；而如果在幼儿园老师、小朋友面前，则能忍住不哭，还会装着没事一样勇敢地从地上爬起来。

研究表明，从 4 岁到 8 岁的儿童情绪交往的手段也在发生变化。儿童运用的各种情绪交往手段的比例如表 4－3 所示。

**表 4－3　儿童运用的各种情绪交往手段的比例**

| 年龄 | 语言 | 眼色 | 手势 |
|---|---|---|---|
| 4 岁 | 19% | 79% | 2% |
| 8 岁 | 74% | 16% | 10% |

很明显，4 岁儿童主要依靠眼色作为交往手段，而 8 岁儿童则以语言为主要交往手段。

4. 高级社会性情感不断发展

（1）道德感的发展。最基本道德感的形成，是幼儿期情绪发展的一个重要特点。儿童期的道德感是儿童在是非观念的基础上产生的情感，所以儿童道德感的形成与是非观念密切相连。由于思维水平的限制，幼儿难以掌握抽象的道德概念，幼儿对道德标准的理解是与具体的人物相联系的。因此，幼儿期的道德感是不深刻的，大

都是在模仿成人、执行成人的口头要求。

3岁前儿童只有某些道德感的萌芽。3岁后，由于受到成人道德评价的影响和各种行为规范的逐步掌握，在入园后的集体生活中，幼儿逐渐产生了道德感。开始的阶段，幼儿只是在成人的判断影响下，知道哪些是好的，哪些是不好的。这时，成人说幼儿“真乖”，他们就会表现得特别高兴。而批评他“不听活”时，幼儿就会知道自己做错了，显得很难为情。这种是与非的标准会由于反复出现而逐渐转化为幼儿自己的是非标准，所以，在幼儿期，教育儿童形成正确的是非观念是十分重要的。再大一些，幼儿能进一步理解好的为什么好，不好的为什么不好。经过这样一个初步明辨是非的过程，幼儿逐渐开始爱父母、爱老师、爱幼儿园、爱小朋友，形成了友谊感、同情感等道德感。

（2）理智感的发展。幼儿期的理智感主要表现为幼儿具有强烈的好奇心，对周围的事物他们有强烈的探究兴趣，喜欢问问题。5岁左右，幼儿的理智感已明显地发展起来，他们的头脑中产生了大量的疑问，他们的问题从问“这是什么？”“那是什么？”逐渐发展到问“为什么？”“怎么样？”而且涉及的范围很广。他们的提问如果得到解决，就会感到愉快，否则，就会不高兴。因此，为了促进幼儿理智感的发展，成人应正确对待幼儿的提问，适度地鼓励他们提问，对他们的探究活动给予理解和指导，以免挫伤他们的积极性。6岁左右，幼儿开始喜欢各种智力游戏，如猜谜语、下棋等，他们也很喜欢动手去实际进行操作，以此来满足不断增长的好奇心和求知欲。这个时期幼儿的理智感发展比较迅速。

（3）美感的发展。美感的产生在儿童早期就可以看到。儿童从小就喜欢鲜艳的色彩、漂亮的物体，也喜欢看长相漂亮的人。新玩具、新衣服、美丽的画和优美的环境等都能引起幼儿愉快的情绪反应。

随着年龄的增长，幼儿以貌取人的特点表现得愈发明显，如喜欢长得漂亮的老师和小朋友，不喜欢和长相难看或衣着不整洁的小朋友玩。同时，在幼儿园的教育影响下，幼儿也开始对音乐、舞蹈、美术、诗歌等艺术作品有了初步的欣赏能力。他们能够在这些艺术活动中体验到美的情感。而且对艺术美的欣赏水平和评价能力也不断提高。幼儿会对某个歌曲和美术作品发表自己的看法，进行简单的评价，如“这首歌好听”“我喜欢那张画”“他们的舞蹈跳得真好看”等。

## 三、学前儿童社会情感发展中的常见问题

### （一）依恋

依恋，是将个体与他人紧密联系在一起的深厚而持久的情感关系，它形成于儿童早期，始于儿童与其主要照顾者间的紧密联结。

根据安斯沃斯等人在“陌生情境测验”中的研究成果，婴儿的依恋行为可以分为四种类型。

1．安全型依恋

这种风格的幼儿会在母亲在场时自由地进行游戏或探索，而在母亲离开时会表现得心烦意乱。当母亲回到幼儿身边时，幼儿会主动与母亲进行互动，寻求与母亲的身体接触，并很快从不安中平静下来。对陌生人表现出不同程度的害怕或警觉性，但有时也能与陌生人接近并试图表示友好。

2．反抗型依恋

这种风格的幼儿一进入游戏室就会表现出“痛苦”，对新奇环境相对没有兴趣。他们对探索行为及陌生人感到焦虑，即使母亲在场也是如此。母亲的离开会使幼儿极端沮丧，而当母亲返回时，幼儿会表现出矛盾心态，即寻求接触与接触抗拒，不容易平静下来。对陌生人不主动接近，社会适应上表现是消极的。

3．逃避型依恋

这类依恋风格的幼儿会回避或忽视母亲——他们没有注意或很少注意到母亲的离去，在母亲离去后仍能继续玩耍。母亲回来时，幼儿表现出对母亲的一些回避行为，并不回到母亲身边，而是寻找自己想要的玩具。对待陌生人甚至比对待母亲的回避还少一些。

4．紊乱型依恋

紊乱依恋并不是一种依恋风格，它是连贯风格或应对模式的缺乏。在与母亲分离时和母亲归来时，这些孩子表现出的对应策略没有一致性的倾向，他们表现出的是混乱和忧惧。在陌生情境下，其行为表现为缺乏目的性、杂乱无章、没有组织性、前后也不连贯。这种依恋是最不安全的依恋类型，幼儿会因此犹豫、徘徊，不知道自己想要什么，想做什么，甚至不知道要依赖什么。

知识链接

### 安斯沃斯陌生情境测验

美国心理学家安斯沃斯等人在1969年提出了陌生情境测验，测验的对象为10—24个月的婴儿。陌生情境是这样设计的（见图4-2）：在婴儿的照料者（通常是母亲）在场和不在场两种情况下，把儿童与一个陌生人安排在一个婴儿不熟悉的环境中。这个环境是一间观察室。室内划分为三块（品字形），分别为婴儿、母亲和陌生人，在婴儿周围摆一些玩具。实验者记录婴儿从始至终的行为和情绪表现情况，据此来研究婴儿在这几种不同的情境下表现出的探索行为、分离焦虑反应和依恋行为等。

图4-2 陌生情境测验

儿童的依恋是呈阶段性发展的，鲍尔比依据儿童行为的组织性、目的性与变通性的发展情况，把儿童依恋的产生与发展过程分为四个阶段。

（1）前依恋期（0～2个月）。婴儿最初表现出一系列不同的机能性反应，即哭泣、微笑、咿呀呢喃等信号行为与依偎、要求拥抱等亲近行为。这种未分化行为在生物机能的驱使下统合起来，用来促进婴儿与父母及其他照看者的亲近，以此来获取慰藉和安全感。这一时期，儿童还未实现对人际关系客体的分化，因而对任何人都表现出相似的行为反应，可以接受来自陌生人的关注与爱护。所以也有人称这个阶段为对人无差别的反应阶段。

（2）依恋关系建立期（2～7个月）。婴儿出现了对熟悉人的识别或再认，熟悉的人较陌生的人更容易引起婴儿强烈的依恋反应，并特别愿意与之亲近。但仍然无区别地接受来自任何人的关注，也能忍耐同父母的暂时分离，但是带有一点伤感的情绪。所以也有人称这个阶段为对人有选择的反应阶段。

（3）依恋关系明确期（7～24个月）。儿童对特定个体的依恋真正确立。这一时期的儿童出现了分离焦虑、对陌生人谨慎或恐惧；出现了对熟悉的人持久的依恋情感，并能与之进行有目的的人际交往，从而形成对特定个体的一致的依恋反应系统。

（4）目标调节的伙伴关系期（24个月以后）。2岁以后的婴儿已能理解父母的要求、愿望和情感，同时能调节自己的行为，建立起双边的人际关系。他们掌握了为了达到特定目的而有意地行动的技能，并注意考虑他人的情感与目标。例如，虽然婴儿非常不愿意与父母分离，但是他们却不得不放手。因为他们知道父母有工作要完成，不能不去上班，但是他们坚信父母下班后一定会回来与他们团聚。

3岁以后，大多数儿童进入幼儿园，他们逐渐把依恋对象从父母转移到老师和同伴身上。此时，学前儿童依恋行为的发展进入高级发展阶段——寻求老师和同伴的注意与赞许的反应阶段（3～6岁），尤其是对教师的依恋情感逐渐产生。学前儿童对老师的依恋主要表现为更多地寻求老师的注意与赞许，尤其是中大班儿童。

### （二）分离焦虑

分离焦虑是与依恋对象分离时出现与年龄不适当的、过度的、损害行为能力的焦虑，是幼儿最常见的情绪障碍之一，多发生在6岁以前。其特征是当与亲人分离或离开他熟悉的环境时，表现出过度的焦虑，担心亲人发生意外或自己被拐卖；担心与父母或其他依恋者的分离；因害怕分离而不愿去学校或幼儿园；持久而不恰当地害怕独处；当预料将与依恋者分离的时候，马上会表现出过度的反复发作的苦恼，如哭叫、发脾气、淡漠或社会退缩，部分患者甚至会表现出一些躯体症状：恶心、呕吐、头疼、胃疼、浑身不适等。此类幼儿的焦虑在严重程度上超过正常幼儿的离别情绪反应，社会功能也会受到明显的影响。

学前儿童分离焦虑的产生有不同的原因。

（1）环境突变的影响。环境的变化给他们带来诸多的不安和紧张，在学校得不到宣泄，回家后才把满腹的紧张情绪尽情地宣泄出来。

（2）对父母过于依恋。患有分离焦虑的孩子平时一直与父母在一起，特别是妈妈。妈妈对孩子的过分保护和照顾也会使孩子养成胆小、害羞、依赖感强的毛病。一旦与妈妈突然分离，分离焦虑避免不了。

（3）父母焦虑遗传。研究发现，父母患有焦虑症，孩子焦虑症发生概率相对较高。

（4）畏惧综合征。这是孩子社交能力差的表现：胆子小的孩子依赖性强，不会和身边的孩子交朋友，适应能力较差。他们会把陌生的地方看成“狼外婆”的家，充满恐惧。

拓展阅读

**家园合力，缩短幼儿入园适应期**

每年9月新生入园，幼儿园门口都会上演一部现实版的“人间离别”剧：宝宝们哭天抢地，家长们忧心忡忡，教师们手忙脚乱——面对这种焦虑恐慌，作为一线教师的我们，应该怎么做呢？

一、幼儿入园焦虑的表现

（一）哭闹

幼儿入园焦虑最直观的表现是哭闹。回顾小班小朋友第一天来园的画面：有抓着妈妈的衣服和包带不撒手的，有在吃饭的时候眼泛泪光、默默伤心的，还有玩着玩着突然崩溃大哭的——这些真实又扎心的情景，真实地展现了幼儿入园时的分离焦虑。

（二）紧张

幼儿的紧张感可以从其行为习惯上表现出来，比如啃手指、咬衣物、静坐独处不说话、恋物、拒食拒睡、频繁地尿裤子、对某个老师极度依赖，甚至对同伴产生一定的攻击行为等。

（三）易生病

如经常性地感冒发烧、拉肚子等。

二、幼儿入园焦虑的原因分析

（一）安全感缺失

幼儿在家里，每天都与家人生活在一起，熟悉的家庭环境和亲人给予他们一种安全感。初到幼儿园，陌生的环境、作息制度、教师与同伴给幼儿带来了心理上的恐慌与不安，进而使他们产生逃避心理，渴望回家。当渴望得不到满足时，他们就会表现出相应的焦虑。

（二）新鲜感丧失

有一些幼儿初入园表现得非常适应，但一段时间过后，反而开始频繁地出现哭闹等异常举动。这常常是因为他们对环境丧失了新鲜感，而后产生了厌倦心理，渴望回家。

（三）自理能力差

入园前，孩子的衣食住行都由家人一对一地专门照顾、全程关注。入园后，孩子需要自己如厕、自己吃饭、自己穿衣等，但并不是所有的孩子都具备这些生活能力。很多自理能力比较差的孩子，会因为在集体生活中手足无措而感到压力，从而产生焦虑情绪。

（四）规则意识尚未建立

在幼儿园，幼儿需要遵循一日生活的时间安排和规则，要受到一定的约束和限制，不能像在家里那样肆意妄为，这会让幼儿在心理和行为上感觉不适应。

（五）受家长焦虑的影响

家长焦虑的程度越高，幼儿的入园适应性就会越低。家长能否给予孩子正确的指导，是影响孩子入园焦虑长短的关键。焦虑的家长比比皆是，如全家一起送孩子入园的家长，在园门口一直抱着孩子不撒手的家长，偷偷地躲在玻璃窗或围墙外观看的家长……家长的担心会通过言谈举止表现出来，进而直接或者间接地影响幼儿，使幼儿产生或加重入园焦虑。

三、克服入园焦虑的方法策略

（一）苦功夫下在入园前，沟通是缓解焦虑的关键

1. 开启入园第一步——“新入园幼儿问卷调查表”

我们抓住家长带孩子到幼儿园报名的时机，开放班级和户外，让家长和幼儿近距离了解和熟悉幼儿园。同时，发放调查问卷。问卷中涉及幼儿的具体生活信息，如进餐、午睡等一系列家庭生活现状，还有家长对于孩子上幼儿园最关心的问题和期望等。调查问卷为教师做好新生入园的准备工作提供了真实可靠的第一手资料，便于幼儿园展开一对一的疏解辅导，从而缓解幼儿和家长的焦虑情况。

2. 做好入园第二步——家访

入园前，教师要根据调查问卷分析幼儿的性格特点、生活习惯，分工合作进行

家访，实地观察了解幼儿的教养方式、生活习惯及家长的基本信息，解答家长担心的问题。家访能增进教师、家长和幼儿的熟悉感，便于教师对幼儿的性格特点进行初步的预估，为幼儿的入园适应做好必要的准备。

3. 走好入园第三步——新生家长会

对于新生入园，家长一定会有诸多担心。召开新生家长会的主要目的是，向家长答疑解惑，让家长正视幼儿入园焦虑的实质，帮助家长掌握促进幼儿入园适应的积极策略，引导家长保持平和的心态，全面帮助幼儿做好心理和生理上的准备。我们会详细地为家长介绍幼儿园、班级、老师的情况，帮助家长了解幼儿园的一日生活及每个环节的教育价值，并再次对家长进行专业指导，帮助家长学会在家指导幼儿，和幼儿园生活做好衔接。

4. 走稳入园第四步——新生体验日

在孩子做好充分的心理准备、能力准备后，教师鼓励家长带孩子到幼儿园看一看、玩一玩，激发他们对“我要上幼儿园”的憧憬。体验日的初期，以孩子的自由活动、自主选择玩具为主；中期，以观看并参加中大班教师组织的户外体育游戏为主；后期，以室内集体活动和区域活动为主，让孩子们在真实的活动室里接触幼儿园活动，体验同伴间的学习和交往。

（二）细功夫用在过渡期，梯度入园能减少家园陌生感

1. 亲子活动

亲子活动是实现幼儿独立入园的重要过渡环节。亲子活动的内容包括生活自理、语言表达、精细动作、社会交往、艺术能力等方面。活动的初期，主要安排以家长为主、幼儿参与的活动；中期，主要安排以幼儿为主、家长辅助的活动；后期，主要安排家长放手、幼儿独立参与的活动。这样的渐进式分离形式，有助于幼儿逐渐建立安全感。

我们会组织家长和孩子玩各种游戏，情境中融入欢乐的分别画面，让幼儿对环境的变化有积极的认识。比如捉迷藏——亲子捉迷藏，体验短暂的分离、寻找、找到爸爸妈妈的过程，这样，孩子们有足够的时间面对分离恐惧，恐惧感也始终在他们可接受的范围内；又如秘密任务——教师提前把玩具藏到不同区域，让幼儿去执行秘密任务，寻找玩具，其间，执行任务的地点越来越远。这种游戏充分地满足了幼儿联结需求，使他们自然地在联结与独立之间找到平衡。

2. 半日入园

半日入园历时一周，在这一周里，幼儿早上正常入园，中午午饭后由家长接走，减少幼儿最为抵触的午睡环节，能有效缓解幼儿的入园焦虑。我们将活动内容进行分解：好玩的手指游戏、温馨的图书故事、欢快的音乐游戏、丰富的区域活动、轻松的户外活动、甜蜜的加点时光，这种时间短、变化多的活动能够使幼儿全身心地投入活动，使精神状态趋向稳定。

（三）真功夫亮在入园后，用爱和专业助幼儿快速适应幼儿园

1. 心理上疏导：呵护幼儿情感

首先，提前对教师进行培训，对幼儿可能出现的种种现象进行分类并做好预案，同时组织现场演练活动，帮助老师做好充分的准备。其次，把家庭元素迁移到活动室里，开辟娃娃家、日常生活练习区、美工区等，为孩子营造家一样的环境内容，满足幼儿的心理安全需要。再者，利用绘本缓解分离焦虑。《幼儿园我来啦》《幼儿园的一天》《汤姆上幼儿园》等绘本可以让孩子提前熟悉幼儿园的每日流程，在轻松的氛围中感受集体生活的多姿多彩；《了不起的小佑》《存起来的吻》《袋子里的心》等绘本能帮助幼儿进行情绪的疏导，克服抵触心理，减少入园恐惧和焦虑。

2. 细节上照顾：关注幼儿需要

幼儿入园焦虑的表现各不相同，我们根据幼儿的情绪表现和感兴趣的内容进行合理分工、分组指导。比如，对于哭闹不止的幼儿，配班教师单独带领，用去户外滑滑梯、寻找好玩的宝贝、准备甜甜的食物等方式进行安抚；对于内向黏人的幼儿，则通过每天抱一抱、快乐的交往游戏、介绍好朋友等方式帮助他们获得快乐的情绪体验，建立新的依恋关系；对于自理能力差的幼儿，入园初期尽量多帮助，如及时更换尿湿的裤子、小便后帮忙整理衣裤、午睡时为其盖好小被子。

3. 生活上关爱：培养幼儿自理能力

学习基本的自我服务技能、不断增强自我管理能力是每个幼儿融入集体生活的必然过程。我们以生活活动为切入口，帮助幼儿解决盥洗、如厕、进餐、午睡等生活难题。比如，利用儿歌分解步骤，引导幼儿掌握穿、脱、叠衣服的方法；在游戏情境中，引导幼儿掌握如厕、洗手等动作要领；午餐时，引导幼儿练习半自助取餐、进餐、餐后整理等自我服务本领。在这些看似简单的生活环节中，教师巧借活动因势利导，使幼儿感受到老师对他们充分的关注，开开心心学自理。

美国劳伦斯·科恩博士说："真正的童年是各种元素的混合，不仅有好奇、兴奋和幻想，而且有恐惧、愤怒和悲伤。"是的，有时候，孩子需要的不仅仅是接纳和等待，还需要我们主动伸出援手。只要我们设身处地去理解和关心幼儿，家园合力，双向沟通，幼儿必将顺利度过"入园适应期"！

（资料来源：孙丽君.家园合力，缩短幼儿入园适应期[J].山东教育，2021（27）：88-89.）

## 模块二　学前儿童社会情感教育的实施

如前所述，儿童社会情感的发展和亲子互动、师幼互动密不可分，因此学前儿童社会情感教育的实施应从外、内两方面入手：一是家长、教师等成人在外界环境中为幼儿的社会情感发展提供支持；二是从幼儿内在成长出发，培养幼儿自身恰当的情绪表达和情绪调适能力。

### 一、成人为幼儿的社会情感发展提供支持

#### （一）亲子、师幼之间建立安全的依恋关系

《指南》指出，成人应“主动亲近和关心幼儿，经常和他一起游戏或活动，让幼儿感受到与成人交往的快乐，建立亲密的亲子关系和师生关系”。有研究证实，与家长、教师建立安全型依恋的幼儿，有较低程度的焦虑与较为健康的情绪。较多安全依恋的幼儿，他们的压力激素浓度明显低下，表明他们体验到较少的压力。说明亲子关系、师生关系对幼儿的健康和情绪发展都有重要影响。因此，无论是家长还是教师，都必须要有目的地与每位幼儿建立紧密的关系，尤其是那些可能在气质理论中被归为教养困难型的幼儿，安全的依恋关系可以帮助他们减少因压力所造成的情绪和生理的后续影响。

学前期是个体人格和社会性发展的敏感时期，而亲子依恋作为早期幼儿最重要的社会关系，奠定了幼儿心理安全的基础，与其社会适应有着密切的联系。Bowlby的依恋理论提出，个体会将早期与抚养者的交往过程中发展起来的交往经验内化为一种工作模式，并带入到后期的社会关系中去。这种模式会影响个体的处事方式，在以后的社会关系中起着重要作用。[①②] 相关研究发现，处于安全型依恋关系的幼儿往往表现出自信、稳定的情绪状态与人交往时表现出较高的积极性、主动性、独立性和合作性；[③] 而不安全型依恋的幼儿更多的是以自我为中心，情感表达往往也比

① CROWELL J A，TREBOUX D. A review of adult attachment measures:Implicationsfor theory and research［J］. Social Development，1995，4（3）：294–327.

② BOWLBY J. Attachment and loss:vol.1. Attachment［M］. New York:Basic Books，1982.

③ DYKAS M J，CASSIDY J. Attachment and the processing of social informationacross the life span: Theory and evidence［J］. Psychological Bulletin，2011，137（1）：19–46.

较抑制，在成年之后更容易表现出情绪不稳定以及对环境的不适应。①

而在幼儿园里，幼儿依恋的对象是那些对他们的行为做出敏感反应并提供细心照顾的老师，也就是说，如果幼儿意识到教师能够密切关注他们，及时满足他们的需求，那么幼儿便会对教师产生一种依恋性的情感，反之则不然。教师以通情达理的态度面对幼儿，敏感察觉幼儿的需求并给予满足，向幼儿传达“你值得被爱”的讯息，有助于增强他们的信任感与自尊。教师必须花时间与幼儿建立强有力的信任基础，随着幼儿自信心的提升，与教师的关系日益亲密，他们会日渐独立，发展起健康的情绪情感。

需要强调的是，对儿童的社会情感学习来说，教师对儿童的态度以及与儿童的互动至关重要。接受过专业培训的教师在与儿童互动时敏感性更高，可以帮助儿童获得更多的学习经验。因此，教师不仅应当具有关于儿童早期发展的各种知识，还应当具备与儿童良好互动的能力，以促进儿童社会情感的发展。要想有效促进儿童的社会情感发展，教师必须为儿童提供积极的指导，同时也为儿童的照料者提供一些咨询与指导，帮助儿童摆脱对照料者的过度依恋。教师要充分利用与儿童在一起的时间，与儿童进行亲密互动。在回应儿童时，教师要充分尊重儿童，帮助儿童理解什么才是他自己最好的表现。

### （二）提高成人自身的情绪控制能力

《指南》中建议成人“为幼儿做出榜样，如生气时不乱发脾气，不迁怒于人”。幼儿的情绪易受感染、模仿性强，所以家长、教师等成人的情绪示范对幼儿情绪的发展十分重要，成人愉悦的情绪对幼儿的情绪有良好的示范与感染。同理，成人一定要善于控制自己的情绪，如果成人在日常生活中经常显示出积极热情、关爱幼儿等良好的情绪，会使幼儿体验到安全感和信任感，对幼儿的情绪发展有潜移默化的作用，幼儿在遇到情绪问题时也会模仿成人采用类似的处理方式，对待同伴时也学会宽容、理解、关爱他人，情绪得到积极健康的发展。如果成人的情绪喜怒无常，常常会使幼儿感到无所适从，情绪也不稳定。因此，成人应该注意自身的行为习惯和良好情绪的养成，在幼儿面前多展示出积极的情绪表达，在应对消极情绪时尽量

---

① DUBOIS-COMTOIS K, CYR C, MOSS E. Attachment behaviorand mother–child conversations as predictors of attachment representations in middle childhood:a longit–udinal study［J］. Attach Hunt Dev, 2011，13（4）：335–357.

避免攻击、发泄的消极方式，多采用认知建构、问题解决等策略，为幼儿处理消极情绪提供一个良好的榜样，而且还会对幼儿学习、理解情绪和处理情绪产生潜移默化的影响。①

### （三）对幼儿的消极情绪采取积极的教育态度

1. 理解和倾听，帮助幼儿认知情绪，并允许他们适度的情绪宣泄

在我们的世界中，由于消极情绪的特殊性，很多人认为消极情绪的表达是不利的。这种观点的假设就是：如果我们表达出这些情绪，则这些情绪会表达得更加强烈，或是个人会借由行为把感觉发泄出来，造成不良后果；如果我们忽视或者否认这些行为的存在，那么它们就会消失。然而心理学的研究显示，当负面情绪被了解、接纳、表达出来之后它们通常会消退；但是如果它们没有表达出来，则会产生压力，导致最后人们需要以比较具有破坏性的方式或者以隐藏但是具有敌意的方式来抒发。

幼儿若是长时间处于不良情绪中，不仅影响着幼儿心理健康，还影响着幼儿的生理健康发展。儿童经常体验到消极情绪，会抑制脑垂体激素的分泌，抑制生长素的分泌。因此，作为成人，对幼儿出现的消极情绪，不应压制或者是任其自由发泄，而是要帮助幼儿发现、熟悉、发展自己的情绪，引导他们合理地宣泄情绪，适当给予幼儿宣泄的时间和空间。

我们需要为孩子的情绪命名，就如同告诉孩子："这是眼睛！""这是鼻子！""这是嘴巴！""这是书！""这是地图！"帮助孩子说出他内在正在发生的情绪，"你生气了""你感到愤怒""你感到委屈""你感到伤心""你看上去很高兴""你看上去很愉悦""你看上去很兴奋""你看上去很快乐""你看上去有些悲伤""你看上去有点儿沮丧""你看上去有些孤独""你很好奇""你在表达爱""你在关心别人""你在表达快乐"……这叫概念或情景配对。②

我们需要肯定和认同孩子的情绪，让孩子接纳自己的情绪，并与自己的情绪为伴，帮助他发展出丰富而微妙的情感。当幼儿因为生气或者伤心而发脾气或者哭泣时，成人最需要做的，是认真地倾听幼儿内心的真实声音，积极回应幼儿的情绪，并以合适的言行对幼儿的情绪表示认同。当幼儿出现消极情绪时，成人可以蹲下来，与幼儿的视线持平，倾听幼儿的诉说，并通过言辞、表情等多种方式表达对他们的

① 樊婷婷．让幼儿做情绪的小主人［J］．早期教育（教师版），2015（2）：54.
② 孙瑞雪．完整的成长［M］．北京：中国妇女出版社，2015.

认同，这会使幼儿感受到成人在认真地倾听自己的表达，自己诉说的事情是被成人所接受的。幼儿的情绪需要他人的倾听，成人的亲切关注会鼓励幼儿充分地体验自己的情绪，通过哭泣、诉说等行为将自己的情绪宣泄掉。哭泣是幼儿解除生气和伤心情绪的一剂良药，它能宣泄悲痛，释放不良情绪，所以当幼儿哭叫时，绝不能强迫压抑他们的哭叫。幼儿的情绪宣泄是一种自然的康复过程，能使他们恢复到原有的爱心、随和、好学的天性。认真地倾听孩子内心深处的想法，那么孩子就会增强对自身的情绪的认识以及对教师的爱的信心，当幼儿把不愉快的情绪发泄出来后，他们的情绪会得到很快的恢复。

综上，我们可以把成人处理幼儿消极情绪的过程概括成三句话：

第一句：“我看到你非常生气（伤心、害怕、懊恼等）。”

第二句：“没关系，你想生气就生气吧。”

第三句：“我陪你。”

案例 4-1

一个 4 岁的小女孩，无比兴奋和喜悦地穿上一条妈妈刚给她买的新裙子，兴高采烈地玩耍。突然，她在奔跑中摔倒，裙子脏了，也摔破了。孩子看着自己刚刚穿上的非常喜欢的裙子，情绪从兴奋转变为懊恼、不知所措和难过，都快要哭了。妈妈发现后，狠狠指责了她一通：“怎么这么不小心……”

这使孩子焦虑到了顶点，她哇哇大哭，妈妈更加指责：“还哭，还有理哭了？”一切都变得混乱并交织了起来。

妈妈不知道孩子内在发生的故事，她还处于对自己的情绪不自知的状态。这种夹杂着妈妈的情绪，以及被妈妈指责之后在孩子的内在再次产生的情绪，对于一个孩子来说太复杂了，最后导致孩子的内在一片混乱。孩子还无法理清，结果她内在的情绪只能像乱麻一样阻塞在孩子的身体里。

一系列变故突然发生，孩子不知所措，然后新的痛苦又突然一下子累加了上来。

对这位妈妈来说，好似她的意识里有一个不能被人破坏的既定模式或者说路线图：新衣服—不弄脏—不磕碰—不摔倒—不哭，像蝴蝶一样飞舞过后完美回家。要是这路线没走好，她的情绪就会不可遏制地涌出来。这反映了一种意识上的强制状态。

这样的情景时常发生，致使孩子被反复叠加的复杂情绪纠葛在一起，孩子就被锁定和禁锢了。在产生焦虑情绪后，认知开始产生一个不真实的结论（甚至不经过认知而在潜意识中自然形成）：“我不好。”自我价值感的低下就这样形成了。实际上，这样的情景即使成年后也可能无法走出来。破坏了情绪流动的特质，是对生命功能的破坏，它人为地把情绪变成了不流动的泥潭和沼泽。这样的湿地在早年时就成为人生命的一部分，阻塞并存留在人的生命中，成年后它也会时不时出来作怪。

如果妈妈不累加孩子的情绪，孩子就只需面对裙子脏了、破了的沮丧，她自己就会调整，或许哭一哭，沮丧就被哭了出去；或许坐在那儿和沮丧待一会儿，也能把情绪释放出去。

在幼儿期，多种情绪的叠加，首先会导致孩子情绪的混乱，情绪的混乱又会导致心理的混乱，既而导致认知的混乱和错误。有的时候我们就会永远停留在情绪的层面，或是停留在心理层面的纠葛中，或是停留在认知层面的桎梏中。不流动，就是一种无自由，内心无自由应该从这样一个意义上来理解。当我们走不到作为人的显著标志——精神时，我们就是被禁锢在了某种不发展状态，而不会获得真正意义上的自由。

如果我们认为有些情绪是不好的、无用的，当孩子出现这些情绪时，我们就会阻止，不让它流过，不给孩子空间和时间。我们说：“就知道哭，哭有什么用？”我们阻止孩子的情绪，用我们的情绪再度造成孩子新的情绪，混乱和停滞便开始了。一旦情绪被阻塞，不流动，它就真的成为问题了，不仅会让孩子时下有了错误的看法，还会使他以后的心理和认知出问题，而错误的认知又会导致一系列错误的做法。

更为重要的是，阻塞的那部分可能就永远停留在了童年。成年后再度回首，你会发现，有多少个童年流浪在我们的生命之河中，它们多少年一直存在于我们的生命里。成年后我们千百次地受挫，我们的头脑是知道的，但解决不了，我们需要再次回到童年被阻塞的那个情绪中，让它流动起来，改变才会成为可能。

（资料来源：孙瑞雪 . 完整的成长［M］. 北京：中国妇女出版社，2015.）

2．安抚幼儿的消极情绪

不论幼儿是在发脾气还是伤心地哭泣，成人都要先让幼儿平静下来，否则这时候跟他讲什么道理都是无用的。在幼儿表达自己消极情绪的时候，成人可以使用一些平静的语句重复一些句子帮助幼儿安抚情绪，比如“如果你不哭了，我们可以好好谈一谈”或者“等你平静下来了，妈妈（老师）就帮助你”。必要时，也可以用陈述事实的方式表示“没关系，即使你不哭了，我也会拥抱你，陪在你身边”，或者成人什么也不说，只是张开双臂轻柔地拥抱幼儿，让幼儿感觉到自己消极情绪的出现是被理解的。在幼儿平静后，成人可以帮他擦干眼泪，安抚一下他的情绪。这个时候再跟幼儿讨论刚才面临的问题是有效的。

3. 关注幼儿的情绪变化以及背后的原因

发现幼儿有情绪变化时，成人不能只根据幼儿表面的行为来做出反应，譬如在幼儿园里因同伴冲突引发的幼儿生气或伤心情绪，教师要听取两方幼儿的意见，还要询问当时在场的其他幼儿。成人只有了解幼儿消极情绪产生的背景和真实原因，才好对症下药。有的幼儿可能会在某一段时间内经常发生消极情绪，这时成人需要探寻幼儿发生这种情绪变化的原因，成人可以回想幼儿压力警讯出现的时间点，回溯当时孩子的生活有何变化，也许是那段期间父亲出差了，也许是好朋友生病没有来幼儿园，也许是祖母去世了……

**案例 4-2**

琴琴是一个很文静的、内向的小女孩，前段时间，她的妈妈怀二胎了，老师经常开玩笑地问：“琴琴，你想要小弟弟还是小妹妹？”她就不吱声。一开始老师没有觉察到她情绪的变化，上个星期开始，她经常突然在班上歇斯底里地大叫，或是哭，别人稍微碰她一下她就哭半天，哄半天都没有用。老师跟她家长沟通了以后才知道，她很在意她的妈妈生二胎，她不希望有小弟弟或者小妹妹。那段时间她的消极情绪出现得特别频繁，而且哭了以后就收不住，觉得班上所有的孩子都与她为敌。有一次老师批评了她，她就哭着说：“你们每个人都讲我，不是我弄的！”可是错误确实就是她犯的，她却拼命撇清，继而情绪爆发。于是，老师们找来一些相关的绘本给她看，还开展谈话活动，让班上有弟弟妹妹的小朋友来讲自己是怎样照顾弟弟妹妹的……一两个月后，她终于释然了。

（资料来源：邱珊珊．教师应对幼儿消极情绪的策略研究 [D]. 南京：南京师范大学，2016.）

家中要有新生儿时，父母往往会害怕未来的哥哥或姐姐产生嫉妒，施予诸多教育，儿童不得不把自己因为新生儿的到来而产生的种种情感隐藏起来，间接地发泄。这些间接的表达方式远不如直接的表达方式健康，因为他们不易为成人所理解，反而会增加幼儿的消极情绪。消极情绪本身并不可怕，怕的是把它隐藏起来，最终形成一种无法控制的伤害。案例中的教师之所以能够成功纾解幼儿的消极情绪，正是因为找到了幼儿的压力源，对症下药。

还记得本项目开头那个为烤红薯哭泣的小男孩吗？父亲不知道孩子的兴趣在于剥红薯皮，在于手的使用，在于必须由自己剥皮再吃的内在秩序，儿童成长的需求得不到满足便会愤怒。这一切完全是基于成长的需要。父亲无法站在孩子成长的角度来对待孩子，完全不明白孩子成长的需要，又因为孩子的哭闹勃然大怒，造成了“两败俱伤”的结果。在不理解孩子需求的情况下，退而求其次，至少应当允许孩子有情绪，让孩子恼怒的情绪通过哭流淌走，这才是合适的方法。

### （四）运用多种策略帮助幼儿控制情绪

1．转移幼儿注意力

在幼儿对自己的情绪进行发泄时，成人可以转移幼儿的注意力，将幼儿带离产生消极情绪的场所，改变幼儿注意的焦点，转化幼儿的消极情绪。成人应当了解幼儿的个性特点，了解他感兴趣的事物，在幼儿出现消极情绪时可用幼儿感兴趣的事物吸引他们的注意力。例如，小波是一个对吃很有兴趣的幼儿，他的个性比较急躁，活泼好动，经常会因为一点小事就发脾气，在他因为一点小事哭闹不止的时候，老师给他一块糖，他立刻就会破涕为笑。当然，在转移幼儿消极情绪时，更加主张成人采用精神而非物质的方式转移幼儿注意力。比如可以通过运动转移幼儿注意力，让幼儿通过跑步、攀爬等方式将消极情绪转移掉；也可以带领幼儿到户外去看看美丽的风景和可爱的植物动物；还可以让幼儿以画画的方式表达自己的情绪，在画画中幼儿逐渐忘记自己的消极情绪，投入创作的乐趣中。

2. 冷处理法

在确认幼儿是任性、无理取闹时，成人可采取置之不理的方法，幼儿自己会慢慢停止哭泣。在幼儿情绪激动时，成人切记不要受到幼儿情绪的感染，跟着一起情绪激动，譬如说“赶紧闭上嘴”或“真惹人烦”之类的话，这样幼儿的情绪或更加激动，或因为害怕强行压抑自己，情绪得不到宣泄，这些对幼儿的情绪发展都会产生不利的影响。如果成人察觉到自己的情绪正在变得激动，可以先离开幼儿，处理完自己的情绪问题以后，再来解决幼儿的问题。

3. 消退法

所谓消退法，指的是通过撤销促使某些不良行为的强化因素，从而减少这些行为发生的行为矫正方法。简单地说，就是我们对孩子的不良行为不予关注，不予理睬，那么孩子这种行为发生的频率就会下降，甚至消失。这个方法可以用来帮助幼儿减少消极情绪的发作。例如，4 岁的小女孩涓涓每次想得到某样东西时，都会长时间地哭泣，以此来达到目的。她的妈妈决定用消退法消除这种行为。一天，涓涓想要妈妈买玩具，妈妈不买，涓涓开始哭泣，妈妈坚持不理，涓涓哭了一段时间之后终于停止了。又有一次，涓涓想吃巧克力，妈妈不给，她又开始哭泣，妈妈还是坚持不理。妈妈坚持一段时间之后，涓涓的大哭不止终于有所好转。值得注意的是，消退法不可滥用，心理学家指出，只有当孩子的不良行为主要是为了获得老师或父母的注意或关注时，才可用消退法处理。

## 二、培养幼儿恰当的情绪表达和情绪调适能力

“授人以鱼，不如授之以渔。”成人可通过多种活动与方式培养幼儿自我的情绪认知，在此基础上学会恰当的情绪表达和情绪调节。以下几种方法，即可帮助幼儿达成这一目标。

### （一）绘本（故事）教育法

幼儿还处在“以自我为中心”的阶段，只会从自己的观点出发看待事物，经常显得太自我，不能体谅别人。只有当他们能够理解其他人也有重要的需要和情感时，他们才会逐渐更多地考虑别人，这种理解和学习不可能一蹴而就，需要时间和经验。教师可以根据学前儿童的年龄特征（思维仍以具体形象为主，生活经验有限），运

用“绘本（故事）教育法”，以具体、生动的形象为载体，把社会情感教育的内容蕴含在有趣的故事情节中，通过阅读绘本或讲故事的方式达到教育、引导、说服孩子的目的。成人可以引导幼儿阅读跟情绪主题有关的绘本，帮助幼儿丰富情绪表达的词汇，规范情绪表达的行为；情绪主题故事可以帮助了解幼儿常见的消极情绪，学习故事中的主人公是如何表达的，产生了什么后果，进而学会恰当地表达情绪和调节情绪。在幼儿园，教师可以引导幼儿讨论，如果主人公是自己，应该怎样做，从而引导幼儿思考，思维得到提升、发展。通过这样的形式，可以有效激发幼儿学习模仿的兴趣，在轻松愉快的氛围中，达到事半功倍、皆大欢喜的教育效果。

## 绘本推荐

1. 《我的情绪小怪兽》

图 4-3　《我的情绪小怪兽》封面

认识情绪是管理情绪的前提，本书正是这样一本帮孩子认识和管理情绪的经典绘本，它有平面和立体两个版本。故事的开始，一只小怪兽被各种颜色的线缠住了，它把自己弄得乱七八糟，它感觉非常糟糕和混乱。于是，它去向朋友求助。朋友告诉他应该先把各种颜色的情绪分开，黄色代表快乐，蓝色代表忧伤，红色代表愤怒，绿色代表平静，黑色代表害怕……故事的结尾，各种情绪被分装进了不同的罐子，小怪兽也变成了粉色……这本书的立体书版本对情绪的展示直观、生动而美丽，对孩子们有着巨大的吸引力。而在阅读的同时，孩子们也在潜移默化中得到了教育。

图 4-4　《生气的亚瑟》封面

2. 《生气的亚瑟》

夜深了，亚瑟还在看电视。妈妈让他赶紧去睡觉，还把电视关了；于是，亚瑟生气了。他非常、非常地生气，引发了无数可怕的后果：台风肆虐、大海咆哮、天崩地裂、甚至引发了宇宙大爆炸……然而到最后，亚瑟坐在火星的碎片上，努力地回想自己生气的原因，却怎么也想不起来了……

本书并没有站在成人的角度居高临下说教，而是带着大小读者一起用“显微镜”把“生气”这件事看个仔细，弄清楚它到底是怎么回事。这种坦诚面对、探索情绪的态度，是一种健康的呈现方式。

3. 《生气汤》

这是一本引导孩子正确纾解生气情绪的绘本。本书中的妈妈为我们提供了接纳并帮助孩子适当地发泄不良情绪的典范。

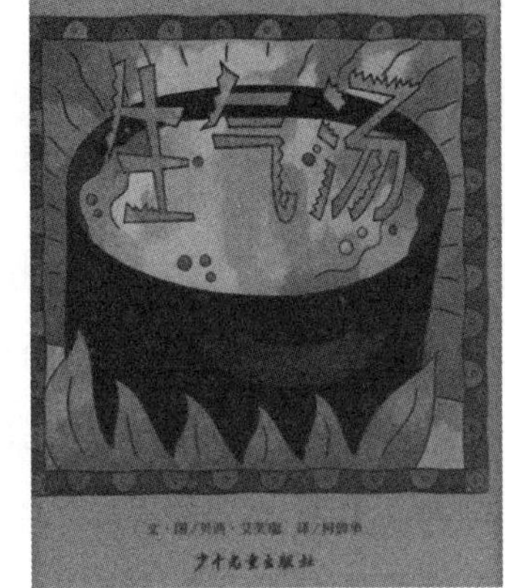

图 4-5　《生气汤》封面

一天，小男孩霍斯遇到了很多不如意的事情，他气得不得了，回家时，他用力地踩了一朵花，又是叫又是吼，还趴在地上不起来。妈妈发现了霍斯的不开心，但是并没有说出来，而是和他一起煮生气汤，对着锅子大叫、吐舌头、喷出怒火。最后，在这样有趣的游戏方式中，不知不觉，霍斯把负面情绪顺利发泄了出来。这是一位非常有智慧的妈妈。因为她明白，无论是成人还是孩子，在生气的时候，最需要的不是教育和指责，而是理解和适当的发泄。

### （二）情境表演法

幼儿园教师可以根据幼儿的认知水平和年龄特点，选择合适的教材或者根据幼儿自身发生的真实情绪案例自编内容，用情境表演的方法培养幼儿的情绪能力。例如，教师可以根据本班幼儿同伴间发生冲突导致哭泣的事情编一出布偶情景剧，通过创设情境，用布偶的语气讲述小朋友遇到的烦恼，让幼儿体验到布偶的多种心理感受，请小朋友判断一下布偶的做法是否正确，并帮忙想办法解决问题。在此过程中，既培养了幼儿的移情能力，又让幼儿学会了怎样处理冲突、解决问题，怎样帮助哭泣的小朋友等，在身临其境中不知不觉接受了社会情感教育。

### （三）在日常生活中进行情绪教育

生活即教育，幼儿日常生活中的每个环节都可以是培养幼儿社会情感的教育契机。受幼儿认知水平的限制，幼儿只有在具体的活动参与中才能更好地体会具体的情绪体验，从体验中对自身和他人的情绪产生深刻的认识，在真实的冲突中学习控制自身需求、解决问题、理解他人等一系列的情绪调控方式，提升自我认知。只要有心，成人可以在生活中的每一件小事中教导幼儿理解他人。例如，幼儿在游戏时因为争抢玩具发生了攻击性行为，教师可以让幼儿说一说打架的感觉：心里有什么感觉？打完架，问题解决了没有？有什么办法可以不用打架，双方都会玩得很开心？……通过一系列问题，让幼儿试着从他人角度考虑问题，探讨怎样解决活动中的纠纷，使双方都能避免矛盾的产生，又能学到怎样避免和处理消极情绪。

## 活动设计 4-1

### 1. 我爱弟弟妹妹（大班）

【设计意图】

由于我国二胎政策的推出，班上许多孩子的家里都有了弟弟或妹妹，这时很多家长也有了新的困惑。家长告诉我们，作为哥哥姐姐的幼儿，不仅不会照顾弟弟妹妹，反而会阻止爸爸妈妈去爱弟弟妹妹。只要一回到家，他们就缠着爸爸妈妈陪自己玩，一刻也不让他们离开，更不让他们去照顾弟弟妹妹。我们不禁思考，如何让大班的孩子学会关爱身边的人，继而引发其对个体之外生命的接纳、关爱和尊重，学会体谅、关照他人，并能给予力所能及的帮助。为此，我设计了本次社会活动“我爱弟弟妹妹”。当然，“好的教育是无痕的”，希望这节社会活动课在孩子们的社会“旅程”里是一个好的开始。

【活动目标】

1. 愿意关爱比自己年龄小的孩子。

2. 尝试一些简单的关爱行为，在付出中体会长大的快乐，获得成就感。

活动重点：愿意关爱比自己年龄小的孩子。

活动难点：尝试一些简单的关爱行为，在付出中体会长大的快乐，获得成就感。

【活动准备】

1. 活动前给大班幼儿贴上不同的标记、不同的礼物标记（与大班幼儿的标记一致）。

2. 大嘴怪头饰 1 个、自制树 6 棵、小鸟影院场景道具。

3. 微电影：《爸爸去哪儿》片段。

4. 音乐：“碰一碰”游戏音乐、开汽车音乐、轻音乐。

【活动过程】

1. 我长大了。

教师：你们现在是什么班的小朋友？（大班）以前呢？（中班）那你们现在和以前比有什么变化呢？

2. 大与小配对。

（1）教师：既然你们都发现自己长大了，那待会儿小班的弟弟妹妹来我们这里玩，作为哥哥姐姐，你们该怎么做？（照顾、关心、保护等）

（2）弟弟妹妹出场。

教师：现在请哥哥姐姐们找到一个弟弟或者妹妹，把你们的礼物送给他（她）。今天哥哥姐姐有一个重要的任务，就是要照顾好你的弟弟或妹妹。

3. 游戏：碰一碰。

引导孩子们相互认识，并组织他们玩碰一碰游戏，进一步增进感情。

教师：刚刚哥哥姐姐和弟弟妹妹都相互认识了，现在你们和自己弟弟或妹妹一起来玩碰一碰的游戏吧。

第一遍：引导孩子和自己认领的弟弟妹妹碰一碰。

第二遍：引导孩子去找别的弟弟妹妹碰一碰（游戏结束时坐到座位上）。

4. 我会保护弟弟妹妹。

（1）建立幼儿照顾弟弟妹妹的责任感。

教师：你的弟弟（妹妹）呢？（碰一碰游戏结束：引导哥哥姐姐关注弟弟妹妹，知道要带着自己认领的弟弟或妹妹坐好）

（2）引导幼儿保护弟弟妹妹，让弟弟妹妹始终待在自己的身边。

教师：怎样才能更好地保护你的弟弟妹妹呢？（让哥哥姐姐知道要让弟弟妹妹在自己的身边坐好）

（3）教师小结：作为哥哥姐姐，我们要学会保护好弟弟妹妹，千万不能让他们走丢了。

5. 小鸟影院。

教师：现在我们出发到小鸟影院去看电影啦！

（1）边走边观察，引导哥哥姐姐牵好自己的弟弟妹妹。

（2）引导哥哥姐姐关爱弟弟妹妹。

教师：小鸟影院到了，请找个位子坐下吧！（准备比幼儿人数少3个座位的场地）

①关注点一：解决没有位置的问题。

教师：这些小朋友没有位置坐怎么办呢？（引导哥哥姐姐让位子给弟弟妹妹）

②关注点二：解决没有带弟弟妹妹在身边的问题。

教师：你的弟弟（妹妹）去哪儿了？如果看电影的时候弟弟（妹妹）害怕了，怎么办？（引导哥哥姐姐始终关注弟弟妹妹或抱着弟弟妹妹坐）

③教师小结（播放微电影后）：电影中姐姐在看到妹妹遇到困难时，能主动去帮助，哥哥就算手上有伤也去帮忙了。就像我们的哥哥姐姐，不管在什么时候，都会想着照顾弟弟妹妹，真的非常棒！

6. 开心玩游戏。

（1）教师交代游戏的玩法和规则。

规则：开汽车到草地上玩游戏“高人走，矮人走”，当大嘴怪来时，要快速地躲到大树下。

（2）玩3次游戏。（教师要关注哥哥姐姐是否会带自己的弟弟或妹妹进行躲避，并及时给予引导）

7. 送弟弟妹妹回家。

教师引导哥哥姐姐和弟弟妹妹交流今天在一起游戏的感受，表达自己对对方的喜爱。

教师：今天我们玩得真开心，你们有什么话想对弟弟妹妹说呢？（抱一抱、说一说）

教师小结：哥哥姐姐真的长大了！真的很棒！现在会照顾、保护弟弟妹妹了，我们以后在生活中碰到别的弟弟妹妹或者家里的弟弟妹妹，也要像这样去爱他们，好吗？

教师：现在已经很晚了，让我们牵着弟弟妹妹的手，送他们回家吧！

【活动延伸】

1. 继续开展“大带小”活动，可以选择一些以游戏为主的活动，如给弟弟妹妹讲故事，帮弟弟妹妹穿衣服，带弟弟妹妹玩大型运动器械、进行角色表演、共同拼搭积木、进行种植活动等。

2. 让家长在家继续引导幼儿照顾、保护家里的弟弟妹妹。

【活动评析】

本次活动是一节大、小班的混班活动，对提高大班幼儿的责任意识有着重要的

作用。整个活动让幼儿在体验中学习。教师让大班幼儿在具体情境中和比自己小的弟弟妹妹相处，以体验式的教学方式培养他们的责任意识，让他们尝试一些简单的关爱行为，如和弟弟妹妹亲一亲、抱一抱，带着弟弟妹妹一起玩游戏等，让他们在付出中体会成长的快乐，从而获得成就感，为以后在生活中关爱弟弟妹妹提供经验与能力准备。

（提供者：殷媛、何雪琴，江西省人民政府直属机关保育院）

### 2. 不轻言的话语

【案例描述】

老师创造的心理氛围对幼儿的心理健康影响最大、最直接，因为心理环境也是一种隐性的心理健康的教育因素。“老师生气了”是一种消极的暗示方式，幼儿园教师应使用能引发师生情感共鸣的语言和行为，使孩子感受到老师对自己的关注和理解。

夜深了，电话铃声突然响起，是班上小朋友贝贝的妈妈打来的。她说贝贝额头有一小簇头发被欣欣小朋友剪掉了。一开始贝贝不愿意告诉妈妈是谁剪的，后来再三追问，才说是被欣欣小朋友用班级里的小剪刀剪掉的。妈妈还说，剪掉头发是小事，但万一碰到眼睛就很危险了。我首先向贝贝妈妈道歉，并且细数白天活动的情况：“今天幼儿园的活动中，小朋友们没有使用过剪刀；贝贝和欣欣两个孩子的座位距离很远，自由活动也没有在一块玩。明天，我会向孩子了解具体情况，也会对孩子加强安全教育。感谢妈妈反映的这个情况。”贝贝妈妈说声谢谢后就挂上了电话，看来还是余怒未消。

第二天早上，等欣欣、贝贝两个孩子来园后，我分别向她们了解情况。在小角落里，我先问贝贝是谁剪的，什么时候剪的。她很肯定地回答是吃完饭自由活动时，欣欣拿玩具柜的剪刀剪的。随后，我请欣欣过来，问她有没有用剪刀剪过贝贝的头发。欣欣想了想摇摇头说没有。我又仔细询问了贝贝，她的回答和先前一样。再问欣欣，欣欣依然茫然而胆怯地说不是她剪的。我把焦点再次转向欣欣，声音不由地提高了些：“欣欣，老师生气了，快告诉老师是不是你剪的？”欣欣的眼泪在眼眶打转，她低下头，轻轻地说：“是我剪的，我错了，老师不要生气……”我不由地松了口气，语气温柔地告诉她们以后不能做这样危险的事情，要注意安全……

过后，我一直看着欣欣的表情，隐隐感到了不安。我感觉我错了，虽然刚才的言辞不严厉，但“老师生气了”这句话，可能让欣欣感到委屈了。

不安感越来越强烈，我又一次找来了贝贝，我轻而温柔地问她：“老师喜欢说真话的孩子，自己做的事情要勇于承认，别人没有做的事是不能冤枉她的。老师想知道你的头发到底是谁剪的，你能告诉老师吗？”我静静地看着孩子，尽管孩子幼小，她的心里也正在进行激烈的情感较量，游移在真相和伪装之间。沉默了一会儿，贝贝终于说出了真实的情况：奶奶接她回家后，她自己在房间里用小剪刀剪的。剪后又害怕妈妈怪她，才随便说是欣欣剪的。过后，我来到欣欣身边，用纸巾帮她擦掉眼泪，郑重地向她道了歉。在我的引导下，贝贝也向欣欣道了歉，事情终于“水落石出”，我暗暗松了口气。

【案例分析】

这件事情对我自身的心理影响也很大。我一直思考着这个问题：欣欣为何在老师说出“老师生气了”这句话后承认了本不是她犯的错误？原因可能就在于我询问的措辞上，她是不想让老师生气才不得不承认的。这么善良的一个孩子，反而显出我在处理事情方式上的武断与不妥。当时，我对孩子的评价有一定的片面性，仅凭借以往经验，从两个孩子的语气、表情、动作上进行观察分析，得出了结论。“老师生气了”这句话是带有权威性的，使欣欣产生了消极的情绪和心理，如果我当时没有说这句话，欣欣就不会委屈承认。如果多从剪头发这一行为动机上分析一下，再联想一下孩子说谎的原因，就不会草率地下定论——孩子可能会因为前额刘海挡住眼睛，才自行剪头发，剪得不好又害怕妈妈责怪很容易造成孩子的说谎行为。

【案例反思】

在师生互动中，孩子觉察老师言行时是十分敏感的。老师的一句话、一个动作、一个表情、一个眼神都会产生暗示，有的是积极的，有的是消极的。“老师生气了”这句话是趋向用老师的权威同化孩子，因此孩子感到了畏惧。幼儿的心理环境是教师行为的产物，要为孩子创设健康的心理氛围，对孩子的行为做评价时就要避免谴责性的话语，淡化教师的权威意识，在分析孩子想法、动机的基础上与孩子探讨行为的对与错，发展孩子自我思考、自我评价的能力。

（提供者：谢基惠，江西省人民政府直属机关保育院）

### 3. 头发风波（小班）

【案例描述】

小班做早操的时间到了，我组织孩子们一个跟着一个排好队伍出发。快到操场时，田美穗大声哭喊起来："金老师，龚梓康揪我的头发，把我的头发都搞乱了！"瞧着龚梓康前胸正贴在泪眼婆娑的田美穗身上，我一边赶紧安慰她，一边帮她把漂亮的卷发扎好。我把龚梓康领到自己身边做操，并且告诉他："你靠在田美穗身上，又揪她头发，对小伙伴这么不友好，她不会和你做朋友的，以后不能这样做！"龚梓康朝我咧咧嘴憨厚地笑笑，似乎听明白了我的话。

早操做完了，我组织孩子们陆陆续续如厕，突然发现龚梓康的眼睛正盯着一个人，眼神中有一种光泽，他的目标正是田美穗。这个小家伙又想干什么？只见他慢慢地移向田美穗，田美穗却浑然不知，正手舞足蹈地和同伴说着话。龚梓康到了田美穗身后，悄悄地伸出手，用大拇指和食指准备捏田美穗的长卷发。我喊道："龚梓康，你怎么又在欺负人！"他听见我的喊声赶紧缩回了手。

在离园的时候，我与龚梓康的妈妈谈起今天在幼儿园发生的头发风波，他妈妈向我大倒"苦水"。由于龚梓康的妈妈有一头乌黑秀丽的长发，龚梓康从小养成了一个嗜好，睡前必须抓住妈妈柔软的长发，小手拽住发梢不停地绕啊绕，似乎这样才能获得安全感，渐渐地安心入睡。摆弄妈妈的头发成了龚梓康每天临睡前必须做的一件事，如果满足不了小家伙就会吵得全家都无法入睡。龚梓康的妈妈正为此事烦恼，没想到他把这种嗜好又带到幼儿园里来了。

【案例分析】

从田美穗的哭闹和告状声中，教师往往会认为龚梓康打人和欺负了她，其实在与家长的沟通中发现，龚梓康对有秀丽长发的田美穗格外关注，来源于早已在家中形成的依赖性行为，这种依赖性行为却不被同伴接受，因而产生了冲突。我认识到解决这个问题的关键是要找到依赖性行为形成的原因，对于一个才入园不久的孩子来说，养成适宜性行为是重要的一步。

妈妈是龚梓康最亲近的人，妈妈的气味、声音，甚至是头发，在他感到不安时，会给予他安全感。刚入园的幼儿，由于日常常规发生改变，难免会产生焦虑感、不安全感，就会有寻求慰藉的需求，有一头与妈妈质感类似头发的田美穗自然成了龚梓康"依恋"的目标。

（1）与家长通力合作，及时沟通家园变化。我了解到，龚梓康在家中大部分时间都是他妈妈带，原来亲子依恋是整个行为事件的根源。在与龚梓康父母友好沟通时，我建议父母双方营造良好的家庭氛围，特别是龚梓康爸爸要加强平时与孩子的互动，可以玩玩亲子游戏或讲故事等，同时鼓励孩子与陌生的同龄孩子多接触，形成良好的家庭氛围和社交环境。

只要龚梓康有一天没有玩妈妈头发，家长就给予隆重的表扬，肯定他正确的做法。我也时常了解他在家入睡前的情况，及时加强指导。

（2）安排各类丰富、有趣的活动，转移他的注意力。在幼儿园里，为避免龚梓康控制不住自己，发生玩小伙伴头发的事情，我故意安排和提供了可以替代玩头发的活动，转移他的注意力。讲故事时让孩子们跟着情节表演；提供不同类型的触觉和其他感觉刺激的媒介，如水、沙、米等；区域活动内容定期更新；在自由活动时间让他自由选择喜欢的活动。

（3）告诉他我所期待的行为表现并对他给予适当的关注和鼓励。告诉他我和小伙伴都不喜欢他玩别人头发的行为，会让别人觉得不舒服，希望他能友好地投入各种活动中来。在每次活动中，如果他能够较好地控制自己，参与到活动中来，我会利用每一个机会对他的适宜性行为加以表扬。当一天所有时间，龚梓康都能按要求做时，我会走到他身边表扬他、拍一拍他、拥抱一下他，通过这些方式进行强化，让他知道我看到了并欣赏他做出的努力。

（4）营造舒适、温馨的环境，给予孩子安全感。在班级创设良好的物质环境，如：提供适宜的材料和活动，有效的一日生活作息安排和教师良好的言谈举止、反应等。这一切对孩子们的各种不良行为都有较好的预防作用，有助于刚入园幼儿尽快产生安全感。

在一段时间内，龚梓康表现出了一些不适应，小手还会时不时地伸向有漂亮长发的女孩们。但随着时间的推移，在老师和家长的共同努力下，他的朋友变多了，他的兴趣也越来越广泛，玩头发的嗜好很少出现了。只是偶犯错误的龚梓康在受到批评时，小手还会不经意地伸向有长发的女孩们。

对于类似龚梓康这种有特殊行为的儿童，作为教育工作者不能简单粗暴地呵斥，甚至惩罚，这样做对他们的身心发展有害无利。教师和家长耐心观察，分析其深层次原因，互相交流，在情感或行为上付出支持和帮助才是长期有效的。当然，世界

上没有两个儿童完全相同，他们的症状、反应、需求、能力都是不一样的。要想了解特殊需要的儿童，他们的父母是教师获得信息的最好来源。特殊需要儿童的父母本身也会有特殊需要，因此，为他们提供一些支持、和他们进行真诚的交流显得尤为必要。

（提供者：金梅，江西省人民政府直属机关保育院）

### 4. 暴跳如雷的悦悦

【案例描述】

寒假过了，孩子们又回到幼儿园的集体生活中。吃午饭前孩子们正安静地等待着食堂工作人员送午饭来。“乐乐，你不要碰桌子。”突然传来一阵大叫，原来是悦悦，之后还听到响亮的巴掌声，悦悦打人了，我把她叫过来，教育了一番。本以为经过教育，她在说话语气和对待同伴的态度上会有所改变。可是接连几天，总能在教室听到悦悦大喊大叫：“不要动我的书！”“不许动椅子！”悦悦是怎么了？上学期的悦悦是个文静乖巧的女孩，对老师说话十分有礼貌，每次给她梳好头发，她总是轻声细语地说“谢谢老师”，对小朋友也是轻声细语的。现在情绪却变得这么狂躁，特别容易暴怒，这是怎么了？“悦悦，对小朋友说话怎么那么大声呢，这可不是有礼貌的孩子应该做的，告诉老师，最近怎么和小朋友相处不好呢？”她听了不说话，默默地走开了。离园时，正好是悦悦妈妈来接她，我对她说了悦悦这段时间的反常行为，她妈妈说最近她在家里也反常，片刻之后，悦悦妈妈若有所思地说：“可能是寒假我经常失眠，又要带孩子，身体的亚健康状态影响了我对孩子的情绪，经常呵斥她，可能是受我影响。看来我的情绪对她影响太大了！”我对悦悦妈妈说：“希望我们共同努力，让悦悦有良好的情绪。”养成教育时我给孩子们讲了《愤怒的狮子》的故事，对小朋友们说：“愤怒的小狮子是不是很可怕，都没有朋友，只有轻声友好地对待他人才会有更多的朋友，是不是呀？”我看到悦悦点了点头。过了一个星期，悦悦情绪逐渐平静了下来，对同伴的态度也友好了许多。暴跳如雷的小狮子总算消失了。

【案例分析】

幼儿心理健康的一个重要标志是情绪积极、反应适度。安定愉快的情绪是幼儿保持身心健康和行为适当的重要条件。《纲要》中也提到，在重视幼儿身体健康的同时，要高度重视幼儿的心理健康，为幼儿提供安全、接纳、尊重的心理环境。

开学后悦悦的情绪一直暴躁、易怒，这与其上学期乖巧安静的表现截然相反，在和家长的沟通中，我了解到是悦悦妈妈无意识的行为、情绪表达，对悦悦的情绪造成了影响，让孩子在幼儿园里出现了与记忆相联系的情绪和情感。成人的情绪情感会反射在孩子身上，因此家园同步，培养幼儿的情绪调控能力非常重要。

【案例反思】

（1）家长要学会自我控制情绪。从个体情感发生上来看，儿童情感起源于父母的抚爱和家庭温馨氛围的熏陶，良好的家庭情感氛围是孩子形成初步的情绪调控能力的重要条件。正因为如此，家长要做好榜样，学会控制自己的情绪，同时尽量做到不将自己的不良情绪带给孩子，为孩子营造宽松和谐的家庭情感氛围。

（2）家长帮助幼儿形成恰当的情绪表达方式。幼儿不会对自己的情绪有什么认识，父母可以通过事例、故事告诉孩子我们的情绪有很多种，有时遇到消极情绪我们可以用语言告诉我们的朋友，让他们安慰我们，也可以通过运动、通过玩来转移注意力，忘记让自己不愉快的事情。

（3）幼儿在园时，教师一方面要留心观察幼儿的情绪，及时与家长沟通，使幼儿拥有愉悦、积极乐观的健康心理；另一方面要帮助幼儿学习表达和调节自己的情绪。在平时的一日生活中为孩子营造尊重接纳的环境，从故事和身边小朋友的做法中对孩子进行移情教育。当幼儿出现消极情绪时，为他们提供机会诉说自己心中的感受，做他们忠实的听众，引导幼儿积极乐观地看待自己和他人。

（提供者：王芳，江西省人民政府直属机关第二保育院）

### 5. 培养孩子应对问题的本领

幼儿园的清晨，孩子们陆续来园，叽叽喳喳地和老师们、伙伴们打着招呼。坐在餐桌前的昆昆却低头不语，湿润的眼眶里装的是满满的忧伤。我问：“有什么可以帮助你的吗？”他看着我，张了张嘴，却没有出声。“有什么不开心的事，可以向朋友倾诉。”我接着说。昆昆低了一下头，然后看着我：“爸爸和妈妈打架了，姐姐和我都哭了。”原来是这样。但我也清楚地意识到，这个问题是否能得到解决，并不是我能左右的。昆昆渴望的表情让我意识到需要先安抚他的情绪，于是我说：“我们一起想想办法好吗？”昆昆点了点头，终于开始吃早餐了。

上午，我们集体教育活动的主题是“谁能帮助我们”，活动内容是请幼儿抽情景卡，邀请同伴将抽到的情景卡上的情景表演出来，并寻求他人的帮助。在活动开始之前，我将“爸爸妈妈吵架了”这一情景悄悄加入其中。

活动开始后，孩子们都十分踊跃，昆昆也特别积极，将小手举得高高的。于是，我把“神秘宝盒”放在了他的面前。令我没有想到的是，他居然很巧合地抽到了“爸爸妈妈吵架了”这一情景。听老师念出这个情景后，他本来开心的笑脸消失了，但很快，他就邀请了两个小伙伴上来，三人一阵交头接耳后，开始了他们的表演。扮演“父母”的两个小伙伴演得很逼真，互相跺脚、瞪眼，昆昆在中间拦着，嘴里叨唠着：“你们别吵了！”拦了一会儿，昆昆跑到我这里开始寻求帮助：“老师，我爸爸妈妈吵架了，我心情不好，咱俩聊会儿天好吗？”我点点头，给了他肯定。同时，也请小朋友们帮助昆昆，一起想想昆昆还能怎么办，谁还能帮助昆昆。

孩子们想出很多办法：“可以找奶奶或者姥姥帮忙，阻止爸爸妈妈吵架。”“可以把存钱罐里的钱拿出来，请好朋友一起去给爸爸妈妈买礼物，送给他们，他们高兴了就不吵架了。”“可以和好朋友一起玩一会儿，心情就会好的。”……在大家七嘴八舌的讨论中，昆昆放松了起来，仿佛心中的石头不那么沉了。活动结束后，我问昆昆的感受，昆昆说：“爸爸妈妈吵架，我本来很伤心，但小朋友跟我一起想办法，我感觉挺好的，不难受了。”昆昆又恢复了往日的活跃。看着他心里积压的难过和担忧放下了，我也欣慰多了。

在后续和家长的沟通中，我也委婉地向家长提到了昆昆在园的情绪表现。在周末的家园联系册上，我收到了家长的反馈：“昆昆回家和我说了，他很开心，因为通过老师和小朋友的帮助，他学会了更开心地去面对很多困难。这也感染了我们，我们也会彼此好好沟通，乐观地应对任何问题，谢谢老师！”

和孩子成为朋友的日子里，我更能理解孩子们的感受，也更能从他们的角度去考虑问题，给予他们真正需要的帮助和指导——蹲下来聆听孩子的心声，鼓励孩子自己去应对，给予孩子面对负面情绪和解决问题的本领。

（提供者：梅玲，《学前教育》杂志社）

### 6. 我是小小农场主——浅析种植活动中幼儿社会情感的培养

教育家陈鹤琴先生说大自然、大社会都是活教材，是幼儿知识的主要来源。孩子们在种植区的活动，是他们亲近大自然最直接的方式。今年，我们班承包了快乐农场的区域，在持续的区域活动中，我们和孩子们一起亲自种植、照顾农作物，让孩子们真正成为种植活动的主人。通过种植活动，孩子们了解了常见农作物的生长过程，感知成长的不易，体验付出劳动、收获果实的成就感。

在承包区域之初，一片荒芜的土地，我们和孩子们一起，不畏日晒，挥汗如雨，打理、经营这一片土地，我们让孩子们以"小小农庄主"自居，让孩子们对这片土地产生归属感，孩子们不怕脏不怕累，辛勤地耕耘着，翻土、锄地、拔草、撒种、浇水、捉虫。每天，我们都带着孩子们来到小农场观察、劳作，孩子们看着自己种植的蔬菜发芽、出土、生长，他们好奇地观察着、抚摸着、闻着，感受生命生长的神奇。

在带孩子们进行种植的过程中，我们和孩子们一起付出劳动，收获快乐，在对孩子们的观察中，我每一天都发现，种植区对幼儿的发展，尤其是社会情感发展方面，有着重大的意义。而作为老师的我们，应该致力于引导幼儿的能力发展。

首先，在种植过程中，我们致力于培养孩子观测蔬菜的责任感。

观察——每天，孩子们都要来到蔬菜地里仔细看一看，我们的莴苣有没有在长大？我们的西蓝花终于长出来啦！我们的茄子开花啦！黄瓜有没有长出来？我们的苋菜发芽啦！……

测量——如何判断我们的蔬菜长大了？测量是最直接的方式。把测量的数据记录下来，是我们每一周的值日生需要做的事情。今天的蔬菜浇水了吗？除草了吗？蔬菜长大了多少？……这些，在我们的测量记录本上都有清晰的记载。对于爬藤类的蔬菜，孩子自己想出了记录的方法，就是做记号：这一周，芸豆长到绿色的扭扭棒的高度；过了个周末，哇，芸豆又长高了，用红色扭扭棒再做个标记吧！对于丝瓜的生长，他们的记录方法更是多元化。小丰丰直接用笔在爬藤的竹子上画记号线；而阿恒总是细心地数着丝瓜藤的节数告诉我们："老师，丝瓜已经长了 26 节藤了。"并记录下来；阳阳和小漪则每天都来跟丝瓜比比身高，终于某一个周末的两场雨后，丝瓜比他们高多了。

在天气渐暖之际，蔬菜逐渐成长，于是我们和孩子们一起进行了多次科普活动。蔬菜的花儿都开了，于是在孩子们观察的时候，我们将每一种蔬菜的花花都拍下来，引导孩子们从每一种蔬菜花的颜色、形状、大小等角度进行深入观察、认识。在蔬

菜们开始结果时，孩子们怀着激动又期待的心情，小心地拨开枝叶，看看幼时的青椒、茄子、蚕豆等是什么样子的。

通过小农场区域，孩子们对这片土地充满热情，他们的观察活动完全都是主动行为，而孩子们的责任意识，也在一次一次的观察中增强了。

其次，在种植过程中，我们致力于培养孩子们对小农场的感情，产生主人翁意识。

一天，孩子们在大蒜地里观察的时候，一只蚂蚱跳到了蒜叶上，孩子们发现了，大叫起来："不好了，蚂蚱要咬我们的大蒜了！"王承呈、王轶恒一听，放下手里的东西赶紧跑过来问："蚂蚱在哪里？蚂蚱在哪里？"其余小朋友指给他们看，两个人面对面，赶跑了蚂蚱，才放心地去玩了。隔壁班级的阿姨看我们的菜地郁郁葱葱，于是来摘了几片萝卜叶子，要喂给他们班的兔子吃，亮亮看见了心疼不已，以后游戏的时候，他流连在农场菜地周围；尤其是有人来参观的时候，怎么也不肯去玩其他的材料。我们问他为什么不去玩，他轻轻地说："我要看着菜地，不能让别人来采萝卜叶子了，否则萝卜会长不大的。"有老师和其他班级的小朋友来参观我们的农场，都惊叹于我们农场的丰富，孩子们都会骄傲地说："这些都是我们自己种的！"骄傲之情溢于言表。

在种植的过程中，孩子们完全把自己当成了小小农场主，对这片土地充满主人翁意识。

另外，种植活动中，我们致力于培养老师和孩子们之间的感情，增强了师幼互动。

蔬菜收获的季节，看着满地的蔬菜，孩子们问："老师，我们什么时候炒青菜？"我神秘地告诉孩子们："青菜已经炒过了，我们换个吃法哦。"孩子们非常好奇，于是，跟着老师阿姨一起忙碌，收菜、理菜、洗菜、煮菜、晒菜干。晒好的菜搁在午睡房的栏杆上晒着，每次走进午睡房都闻到阵阵清香，孩子们又问："老师，我们什么时候吃菜干啊？"于是，我们手把手教孩子们做了我们时令的菜干饼。孩子们齐动手，把晒干的菜干泡软，准备好各种辅料，和粉、搅拌材料、包菜干饼，一盆一盆的菜干饼送到食堂请食堂阿姨帮忙蒸熟。自己种的菜，晒的菜干，自己动手做的菜干饼，孩子们吃得真是满足啊！

在一起劳作的过程中，孩子们总是七嘴八舌地问："老师，你看看我的青菜洗干净了吗？""老师，我这个饼包得好吗？""老师，什么时候可以吃了呀？"……当品尝到自己亲手种植的菜做成的饼，孩子们纷纷竖起大拇指："老师，你是世界上最好的厨师！”连平时最挑食的孩子，都把碗底吃得底朝天：“自己种的菜自己做的饼就是好吃啊！”

在指导幼儿制作美味的过程中，孩子们用崇拜的眼神、直白的语言，毫不吝啬地夸着老师，在这样的劳作过程中，我们与孩子们的感情也愈发深厚。

种植活动仍在继续，小小农场主的热情一点儿也没有减退。一片小小种植园给了孩子们一个大大的空间，他们在这里劳作并收获，他们在这里观察并发现，他们在这里合作与交流，他们在这里体会了劳动的艰辛，他们在这里感受了丰收的喜悦——小小农场，真正成为孩子们获得主体发展的乐园。

（资料来源：沈云霞.我是小小农场主：浅析种植活动中幼儿社会情感的培养[J].科学大众（科学教育），2018（11）：109.）

## 思考与实训

1. 案例分析。

游乐场的滑梯边，一个3岁的小男孩在专注地玩耍。起身时，他不小心撞到了头，便大哭起来。妈妈着急忙慌地跑过去，抱住孩子，边揉他的头边安慰他："好了，好了，不痛了，不痛了……"孩子恼怒地捶打着妈妈，妈妈更加急切地揉孩子的头，但是孩子生气地推开了妈妈。

（1）你如何理解这个小男孩的举动？

（2）如果你是小男孩的妈妈，你会怎么做？

2. 校外实训：请在校外实训期间收集关于本班幼儿社会情感教育的案例并进行分析。

## 思维导图

- 学前儿童社会情感与教育活动
  - 学前儿童社会情感的发展
    - 社会情感的含义
    - 学前儿童社会情感的发展特点
    - 学前儿童社会情感发展中的常见问题
  - 学前儿童社会情感教育的实施
    - 成人为幼儿的社会情感发展提供支持
    - 培养幼儿恰当的情绪表达和情绪调适能力

# 项目五　学前儿童社会交往与教育活动

## 学习目标

1. 了解学前儿童社会交往的内涵、影响因素及发展规律。
2. 理解亲子交往与同伴交往的特点。
3. 掌握学前儿童社会交往教育的途径与方法。
4. 掌握亲社会行为的相关概念及助人、合作、分享能力的培养要点。

## 情境导入

天宇是幼儿园大班的一名男孩，他好动，而且不懂得如何与同伴交往。从进幼儿园开始，经常能看见他与同伴争抢玩具、椅子等，听到因为争抢而哭闹的声音，所以，小朋友都不愿意和他玩。最近到了大班，他很爱去同伴家玩，可是每次都因为和其他孩子发生冲突而不欢而散，同伴们都不愿意与他交往。一个周末，天宇去康康家玩，看中了康康的飞机玩具，就一定要康康送给他，还“威胁”说如果康康星期一不把这个玩具带到幼儿园送给他，就要打康康。康康的妈妈说就因为这件事影响了康康上学的情绪，一直吵着不肯上幼儿园。

**思考：**

通过学习，分析天宇属于同伴关系的哪一种类型，老师可以从哪些方面进行介入？

《纲要》指出人际交往目标包括：乐意与人交往，学习互助、合作和分享，有同情心。

《指南》中人际交往目标包括：愿意与人交往；能与同伴友好相处；具有自尊、自信、自主的表现；关心尊重他人。

在竞争激烈的现代社会，与人合作是一项重要能力，社会交往是儿童社会化的基本途径，社会交往与教育也是学前儿童社会教育中最重要的内容之一，因此，了解学前儿童社会交往的特点、内容、教育策略和相关的理论就显得尤为重要。

## 模块一　学前儿童社会交往的内涵及意义

### 一、学前儿童社会交往的含义

社会交往是人们在社会生活中运用语言符号系统或非语言符号系统相互之间交流信息、沟通情感的过程，是个人与个人、个人与团体或团体与团体之间交互作用、交互影响的方式和过程。

与此相对应，学前儿童社会交往是指学前儿童在学习和生活过程中，借助语言或非语言系统与他人进行沟通与情感交流的活动；是其逐步学会表达自己的愿望，了解别人的情绪和想法，调节自己的行为，促进相互之间的理解协调，并使这种关系得到延续和保持的活动。

交往能力是人们在社会交往过程中运用交往策略、交往技能以及建立与协调人际关系的能力。

学前儿童社会交往能力具体包括合作、分享、轮流、助人、遵守规则、解决冲突、应付挫折与变化等几个方面的能力。

### 二、学前儿童社会交往的类型

学前儿童社会交往的形式包括学前儿童与成人（父母、教师等）的交往和学前儿童与同伴的交往，交往的内容包括交往态度（包括主动交往、被动交往、相互交

往等）、行为习惯（包括礼貌、诚实、爱护公物、维护环境整洁等）和交往能力。从学前儿童交往的对象角度划分，可以分为四类。

### （一）亲子交往

父母是孩子的第一任老师，对其社会性发展有着重要影响。亲子交往是指父母与子女之间的交往，包括隔代交往，主要指父母的教养方式、交流方法等。

### （二）同伴交往

同伴交往是指学前儿童与同龄学前儿童或者年龄相近学前儿童的交往活动，主要包括共同学习、共同游戏等社会化活动。

### （三）师幼交往

师幼交往是指学前儿童老师和学前儿童在教育教学和日常交往过程中形成的一种比较稳定的人际关系。其中蕴含着教育的因素，有着一种特殊的“教育关系”，包括老师与学前儿童之间的沟通交流、互动活动、情感沟通等。

### （四）与其他社会成员的交往

学前儿童是生活在现实生活中的，不可能只接触父母、同伴、老师等身边人，还需要与社会上其他人员交往，如亲朋好友、医生、收银员等；在交往过程中，需要老师和家长进行针对性指导，让学前儿童能够进行有效交往。

## 三、学前儿童社会交往的意义

社会交往是文化传播的手段，是人类生存的基本需要，也是人们精神生活的重要内容。社会交往是学前儿童生长发育与个性发展的基本需要。

### （一）社会交往是儿童社会化的基本途径

学前儿童社会交往是学前儿童个体社会化过程中一种常见的社会行为，也是个体社会化发展中一个重要指标。交往能力是建立良好人际关系的基础和前提。通过与他人的交往，学前儿童逐步学会合理地表达自己的愿望，了解他人的观点想法和情绪状态，并适时调节自己的行为，逐渐学会与人友好相处，更好地适应并融入社会生活，完成个体的社会化。

### （二）通过交往促进学前儿童身心健康成长

现代心理学研究表明，人类的心理病态大多是由于人际关系失调所致。儿童与儿童之间的社会交往为其学习技能、交流经验、宣泄情绪、习得社会规则、完善人格提供了充分的机会。学前儿童只有生活在社会群体中，不断地进行感情的交流与联络，才能变得活泼、开朗、乐观、自信，充满活力，其智力与精力才能得到充分发挥。从心理发展的角度讲，交朋友也是儿童心理健康发展必不可少的一环。因此，给学前儿童提供交往机会，帮他们找到可倾诉的朋友，宣泄负面情绪，有利于其身心健康。

（三）在交往中增进对自己、对他人的认识

社会交往与幼儿认识他人、认识自己、形成对人对己的态度有着极其密切的关系。在交往过程中，幼儿不仅通过他人的外显行为了解其特点，形成对他人的评价和态度，也通过他人对自己的态度和评价形成自我认识和自我评价。认识他人与认识自己的过程也促进了幼儿社会认知能力，如观点采择能力的发展。

（四）通过交往，可以促进学前儿童思维和语言等方面能力的发展

语言是人们进行交往的工具，思维是人们认识人与事物内在本质的能力。思维、语言与社会交往是相互影响、相互促进、密不可分的关系。学前儿童言语和思维的发生与发展直接促进了交往能力的提高，扩大了他们社会交往的范围。瑞士心理学家皮亚杰指出：交往能促进儿童思维的发展、语言能力的提高。他强调儿童是学习的主体，应给儿童充分的时间思考和探索，注重培养其自主研究性的学习能力。

由此可见，幼儿只有在与人交往、相互作用的过程中，才能逐步发展其心理能力和社会性，为其一生的发展打下良好的基础。因此，帮助幼儿发展良好的社会交往能力是学前教育非常重要的一个任务。

# 模块二　学前儿童亲子交往

《指南》中指出，建立良好的亲子关系、师生关系、同伴关系，以期让幼儿在积极健康的人际交往中获得安全感和信任感，发展自信和自尊。

亲子关系是我们每个人来到世间的第一个人际关系，它对个体的身心健康十分重要。注重亲子关系对幼儿人际交往的影响具有极其重要的意义。

孩子的早期社会化在很大程度上是通过与父母亲的相互作用形成的，国内外学者的研究也证实：早期亲子关系对儿童的人格特征、问题行为及心理健康以及以后的发展有着不可替代的作用。

## 一、亲子交往的概念

婴儿最初的人际关系是与父母建立的亲子依恋关系。亲子交往是指儿童与其抚养者（主要是父母）之间进行的伴随情感关系的交往过程，早期的亲子关系是以后儿童建立同他人关系的基础。

## 二、亲子交往的特点

亲子关系是人际关系的一种，但是与其他人际关系相比，亲子交往具有以下特点。

### （一）不可替代性

亲子关系是以血缘关系为基础的关系，这种关系是其他任何关系都不能代替的。亲子关系的缺失，对孩子心理发展和一生成长存在巨大的负面影响。

### （二）持久性与渗透性

只要亲子双方的生命存在，这种关系就永远存在，无法更改，所以父母对孩子的教育是深远的，具有长期性。另外家庭教育与家庭生活密切结合，它渗透在日常生活的方方面面，无时不有，无处不在。无论家长是否意识到对孩子的教育，这种教育影响是实实在在存在着，并潜移默化地影响着孩子的发展。

### （三）不平等性

与同伴关系相比，在亲子关系中，父母一方具有先天的优势，处于主导地位，孩子则处于相对被动和受支配的地位。当亲子关系出现问题时，很容易导致孩子心理行为问题。

### （四）阶段特征性

亲子关系从孩子出生甚至从孕育的那一刻起就已形成，但随着孩子生理和心理的发展和变化，父母需要不断地调整变化，才能适应孩子发展的需要。

## 三、亲子交往的作用

相较于其他类型的社会交往，亲子交往是较频繁、较稳定、持续时间最长的交往类型，它对幼儿的发展起着重要的作用。

### （一）有助于幼儿安全依恋的形成

幼儿的亲子交往产生于家庭，依赖于养育者的教养尤其是母亲在幼儿的亲子交往过程中发挥着重要作用。良好亲子交往关系的形成，有利于幼儿安全依恋的形成。

良好的依恋关系是通过满足了孩子爱的需要（即希望被人疼爱）和安全需要（即觉得有人保护自己）而实现的。这两种需要的满足是儿童进行探究学习和跟他人交往的前提。

### （二）有助于幼儿身心健康发展

和谐平等、民主融洽的家庭氛围是幼儿身心健康发展的重要保证，优质的亲子关系有益于幼儿良好性格的形成。在互动良好的亲子关系中，父母能给幼儿做出正确的行为规范和文明礼貌示范，促进幼儿健全人格的形成。

### （三）有助于幼儿交往技能的发展，获得良好的社会品质

在亲子交往的过程中，父母亲在不知不觉中向幼儿传授各个方面的社会交往技能，如分享、协商、竞争等。同时在交往过程中，幼儿也从父母言行中获得了良好的社会品质，如尊老爱幼、助人为乐、文明礼貌、爱护环境等。

### （四）对幼儿的个性发展产生重要影响

幼儿园阶段是幼儿个性形成的关键时期，不同的亲子交往方式对幼儿个性形成和发展会产生重要影响。鲍姆令德提出了划分教养方式的两个维度：要求和反应性。

根据这两个维度，把父母的教养方式分为权威型、专制型、溺爱型、忽视型四种（表5－1）。

表 5-1　不同类型的教养方式对儿童发展的影响

| 教养方式 | 儿童发展结果 |
| --- | --- |
| 权威型 | 童年期：幼儿的情绪愉悦，性格活泼；女孩子独立自主能力强，男孩子友善合作性高；高水平的自尊和自我控制能力。<br>青春期：高水平的自尊；社会和道德意识高；学业成就高；人际关系和谐。 |
| 专制型 | 童年期：幼儿存在焦虑、退缩和抑郁的特征；男孩子易怒并伴随攻击性，女孩子依赖性强，面对挑战采取回避的态度。<br>青春期：心理适应能力不如权威型，但较溺爱型和忽视型好；学业成绩平平。 |
| 溺爱型 | 童年期：冲动、反抗和叛逆；对成人既苛刻又依赖；责任心差，做事容易半途而废；同伴间合作意识差。<br>青春期：低劣的自我控制能力和学业成绩；容易误入歧途，如沉迷网络、吸毒、犯罪。 |
| 忽视型 | 童年期：依恋行为、认知、游戏以及情感和社会交往能力存在缺陷；攻击性强。<br>青春期：为人冷漠、孤僻，不爱交谈；较低的自我控制能力和学业成绩；容易误入歧途，如沉迷网络、吸毒、犯罪。 |

一般而言，权威型是对儿童最有利的一种教养方式。这种类型的父母在儿童心目中有权威，但这种权威是建立在对儿童的尊重和理解基础上的。他们会对儿童提出合理的要求，为儿童设立适当的目标，并对儿童的行为进行适当的限制。与此同时，他们还会表现出对儿童的爱，并能够认真听取儿童的想法。可见，这种教养方式的特点是既严格又民主。在这种教养方式下长大的儿童，有很强的自信心和较好的自我控制能力，会比较乐观、积极。

专制型的特点则是严格但不民主。专制型的父母要求儿童无条件地服从自己。即使有时父母为儿童设立的目标和标准很高，甚至不近情理，儿童也不可以反抗。这种教养方式下的父母和儿童是不平等的。在这种教养方式下长大的儿童，会较多地表现出焦虑、退缩等负面情绪和行为，他们在学校中却有较好的表现。

溺爱型的父母对儿童则表现出过多的爱与期待，但是很少对儿童提出要求和对其行为进行控制。在这种教养方式下长大的儿童，容易表现得很不成熟且自我控制能力差。一旦他们的要求不能被满足，往往会表现出哭闹等行为。对于父母，他们表现出很强的依赖性，往往缺乏恒心和毅力。

忽视型的父母对儿童关心较少，他们不会对儿童提出要求和对其行为进行控制，同时也不会对其表现出爱和期待。对于儿童，他们一般只能是提供食宿和衣物等物质条件，而不会在精神上提供支持。在这种教养方式下长大的儿童，很容易出现适应障碍，他们的适应能力和自我控制能力往往较差。

### （五）有利于促进幼儿认知的发展

父母是幼儿的第一任老师，幼儿从父母那儿学习基本的生活知识和经验，掌握人际交往的基本技能。幼儿遇到问题也会第一时间向父母询问，因此，良好的亲子关系，有利于促进幼儿认知的发展。

亲子交往是儿童早期生活中最主要的社会关系，成人的支持、合作和指导是儿童认识活动和认识能力发展的必要条件。父母平时对孩子表现出的关怀、温暖、支持和鼓励，非常有助于儿童积极、愉快情绪情感的获得和发展。儿童的许多社会性行为，如分享、谦让、轮流、协商、帮助、友爱、尊敬长辈、关心他人等，就是在与父母的交往中，在父母的要求和指导下逐渐练习并发展的。影响儿童个性形成和发展的直接因素是父母的教养方式等。可以看出亲子交往对于儿童心理的健康发展具有极其重要的作用。

**绘本推荐**

1.《猜猜我有多爱你》

《猜猜我有多爱你》讲述的是两只兔子之间的情感故事，围绕着“猜猜我有多爱你”展开。故事的主人翁一只是可爱、天真的小兔子；另一只是温柔、细心的大兔子。小兔子认真地告诉大兔子“我好爱你”，而大兔子回应小兔子说：“我更爱你！”如此一来，小兔子不仅确定大兔子很爱自己，更希望自己的爱能胜过大兔子的爱……

图 5-1 《猜猜我有多爱你》封面

这是两只小兔子睡前的一段对话，整个画面很温馨，文字很简单，孩子们很容易理解，会很喜欢这种把心里的爱明白无误地用肢体语言表现出来的方法。整个绘本作品充溢着快乐的童趣和爱的氛围，小兔子亲切可爱的形象，两只兔子相互较劲的故事构架以及形象，新奇的细节设置，都对孩子充满着极大的吸引力，也是能引

发思想共鸣的情感教育。

2.《大卫，不可以》

图 5-2 《大卫，不可以》封面

顽皮的大卫总能把家里搞得一团糟：画画不一会儿就在墙上乱涂了起来；洗个澡立马能把浴室变成大海；吃着饭满桌的食物都变成玩偶……天不怕地不怕的大卫四处闯祸，无奈的妈妈抓狂着直吼道："大卫，不可以！"

绘本生动演绎着日常生活中孩子的天真贪玩与父母的用心良苦之间激烈的矛盾。但，最后爱的拥抱中，所有的情绪都化解了，只有浓浓的亲子温情洋溢着。

# 模块三　学前儿童同伴交往的发展与特点

## 一、同伴关系的含义

同伴交往是指同伴之间通过接触产生相互影响的过程。同伴关系是儿童在交往过程中建立和发展起来的一种同龄人之间的人际关系。一般来说同伴关系是指年龄相同或相近的儿童之间的一种共同活动并相互协作的关系。

同伴交往无论是在学前儿童认知发展、社会化，还是积极情感、社会交往乃至个性养成方面都有着非常重要的意义和作用。可以说，儿童除了在亲子关系中能够获得归属、尊重和爱等需要的满足外，更多地可以从一般的同伴集体中获得。

### 知识链接

在一则实验中，实验者让成对的儿童一起看幽默动画片，其中一种条件是两个儿童认识，另一种条件是两个儿童不认识。观察两种条件下儿童的行为表现。结果发现，认识的儿童比不认识的儿童在看动画片的过程中获得了更大的快乐，认识的儿童大笑、微笑、交谈、相互注视的次数要明显多于不认识的儿童。说明有同伴相伴的儿童会表现出更多的社会性反应，也更加快乐。

## 二、3～6 岁儿童同伴关系的发展特点

3～6 岁儿童阶段，儿童与同伴相互作用的频率进一步增加，社会交往的总体水平显著提高。言语交往成为同伴之间主要的交往形式，互动的质量也逐渐提高。儿童认知能力和言语技能的发展改变着同伴交往的性质。学前儿童能够互相交流思想，分享有关活动的知识，参加集体性的角色游戏；能够与同伴共同商议与讨论游戏规则的制定、游戏角色的分配、游戏场地的划分、游戏材料的使用、游戏情节的建构等。游戏中，同伴之间有较多合作和互助的成分。游戏成为学前儿童同伴交往的主要形式。

心理学家帕顿根据儿童在游戏中的社会性参与水平，将游戏分为六种形式：

第一种是无所用心的行为。这是一种无目的的活动，例如，在房间里把布娃娃丢过来甩过去，儿童不是在玩，而是注视着身边突然发生的使他感兴趣的事情，或摆弄自己的身体，或从椅子上爬上爬下，到处乱转，或是坐在一个地方东张西望。

第二种是袖手旁观的行为。儿童只是站在游戏场外远远地观望同伴的活动，大部分时间是在看其他儿童玩，听他们谈话或向他们提问题，但并没有表示出要参加游戏。

第三种是独自游戏（单独的游戏）。儿童独自一个人在玩玩具，不与任何人发生关系的独自游戏。

第四种是平行游戏。儿童与同伴一起游戏，但很少交谈，常常是各玩各的互不干扰。

第五种是联合游戏。儿童仍以自己的兴趣为中心，但开始有较大的兴趣与其他儿童一起玩，同处于一个集体之中开展游戏，时常发生许多如借还玩具、短暂交谈的行为，但还没有建立共同目标。儿童个人的兴趣还不属于集体，做自己愿做的事情。

第六种是合作游戏。儿童与同伴为着某些共同的游戏目标而在一起游戏，彼此分工、合作，有一定的组织性。

帕顿对游戏的六种分类，从第一种到第六种，说明儿童游戏的社会性水平不断提高。一般来说，在学前儿童游戏中，2～3岁儿童非社会性或平行游戏比较多见，3～4岁儿童大部分是互相平行的游戏。3岁以后，随着儿童自信心的增强和参与游戏活动技能的提高，儿童单独游戏逐渐减少，群体游戏逐渐增加。5岁以后游戏的主动性和协调性增强，有共同的目的和计划，能服从一定的指挥，遵守共同的规则，分工协作与帮助。相互信任变得非常重要，长期、稳定而亲密的友谊在此萌芽。

值得注意的是，各类型的游戏并不是在进入下一阶段后就消失了，而是在一段时间内两种游戏形式共存并交叉，是从简单到复杂，从低级到高级的过程。游戏水平的提高反映着儿童社会交往能力的发展，因此通过观察儿童在游戏活动中的行为表现，有助于我们了解儿童的同伴交往，了解儿童的社会性发展。

## 三、学前儿童同伴关系的基本类型

研究学前儿童的同伴交往类型常用同伴现场提名法，就是通过同伴对儿童的提名情况，了解一儿童在同伴交往中的地位。具体的操作方法是：在儿童集体活动的现场，挑选一处既能使学前儿童看到班上其他所有同伴，又不至于使儿童为别人所干扰和分心的地方，逐个向每一学前儿童进行正提名提问和负提名提问然后记录下来。如果某一学前儿童被提名为“最喜欢的小朋友”，他就被在正提名上记1分；相反，如果被提名为“最不喜欢的小朋友”，则就在负提名上记1分。综合全班学前儿童的回答，便可以得出每个学前儿童的正、负提名总分，据此便可以判断某个学前儿童被同伴接纳的程度，从而判断其同伴交往的类型。心理学家采用同伴现场提名法对学前儿童的同伴交往类型进行研究，主要有受欢迎型、一般型、被忽视型和被拒绝型。

（一）受欢迎型

受欢迎型学前儿童人际关系很好，喜欢与人交往，在交往中积极主动，且常常表现出友好的交往行为，乐意与人分享，遵守规则，能够轮流合作，因而受到绝大多数同伴的接纳和喜爱，在同伴中享有较高地位。

（二）一般型

一般型儿童在同伴交往中的行为既不特别主动、友好，也不特别不主动或不友好，同伴有的喜欢他们，有的不喜欢他们，他们既非被同伴特别地喜爱，也非特别地被忽视、拒绝，因而在同伴心目中的地位一般。

（三）被忽视型

这类学前儿童的名字很少被大家提到，他们常常独处或一个人活动，很少对同伴表现友好、合作的行为，也很少表现出不友好、侵犯性行为。因此这类学前儿童既没有多少同伴主动喜欢他们，也没有多少同伴排斥他们，而是被大多数同伴忽视和冷落。

（四）被拒绝型

被拒绝型学前儿童和受欢迎型学前儿童一样，喜欢交往，他们在交往中活跃、主动，但常常采取不友好的交往方式，如强行介入其他小朋友的活动、抢夺玩具、破坏游戏规则、推打其他小朋友等攻击性行为，因而常常被多数学前儿童所排斥、拒绝，在同伴中地位低，同伴关系紧张。在性别上，男孩显著多于女孩。

## 知识链接

谢弗认为如果一个儿童被看作破坏行为和麻烦的制造者的话，他的同伴将会排斥他，那么这个儿童便不能形成正常交往的社会技能。而为了引起别人的注意或清除自己行动的障碍，这个儿童就会做出一种更具破坏性、更使人厌烦的行为，制造各种麻烦，如不愿分享合作、活动过度、话多等，以此作为加入群体活动的方式。

表 5-2　受欢迎儿童、被拒斥儿童和被忽视儿童的社会行为特征

| 受欢迎儿童 | 被拒斥儿童 | 被忽视儿童 |
| --- | --- | --- |
| 1. 积极、快乐的性情。<br>2. 外表吸引人。<br>3. 有许多双向交往。<br>4. 高水平的合作游戏。<br>5. 愿意与人分享。<br>6. 能坚持交往。<br>7. 被看作好领导。<br>8. 缺乏攻击性。 | 1. 多破坏行为。<br>2. 好与人争论和反社会。<br>3. 极度活跃。<br>4. 说话过多。<br>5. 反复试图与社会接近。<br>6. 合作游戏少，不愿分享。<br>7. 许多单独活动。<br>8. 常有不适当的行为。 | 1. 容易害羞。<br>2. 很少攻击，对他人的攻击常表现出退缩。<br>3. 反社会行为少。<br>4. 不敢自我表现。<br>5. 许多单独活动。<br>6. 逃避双向交往，花较多的时间和群体在一起。 |

研究结果显示，上述四种类型的幼儿在群体中的分布大致如下：人缘极好的受欢迎儿童在集体中占 13.33%，人际关系极差的受排斥儿童占 14.33%，而受忽略儿童的比例高达 19.41%，一般型的儿童占 52.94%。由此可见，同伴交往类型中，一般型人数最多，其次是被忽视型，再次是被拒绝型，受欢迎型人数最少。社会交往教育要面向全体幼儿，兼顾个体差异。

### 案例 5-1

#### “霸道”的壮壮

壮壮是大家眼里典型的“霸道”幼儿，个头大、嗓门大、动作快，爱霸着玩具不放，还时不时抢别人手里的玩具，小朋友们都躲着他，教师们也颇为头疼。这天区域活动结束后，两个小女孩一边吃着点心一边讨论着在美工区做的纸小狗，“小狗真可爱”“小狗还没有家呢”“小狗没有家会冻死的”……

一旁的壮壮听见她们的讨论后，迅速吃完点心就去建筑区用积木搭了一个小房子，然后指着自己搭的房子，对两个小女孩说："你们的小狗有房子了。"虽然壮壮只是轻描淡写地说了一句，但看到这一幕的小李老师是又惊又喜。

午休时，小李老师把自己看到的情况告诉了班长丁老师。丁老师也想起来一次户外活动时，小朋友们发现了蚂蚁窝，有几个小朋友说快踩死这些蚂蚁，没想到壮壮大叫着阻止了那几个小朋友，不过因为壮壮喝止的声音太大，动作太鲁莽，小朋友们还来跟丁老师告状了。两位老师沟通后感慨道，也许壮壮"霸道"的外表下有一颗柔软的心。当天离园时，丁老师把这两件事告诉了壮壮妈妈，没想到壮壮妈妈并不意外。沟通后才得知，壮壮家里有一只小狗，每天壮壮都和妈妈一起照顾小狗，壮壮平时对其他小动物也很有爱心，还经常和妈妈一起去给公园的流浪猫喂吃的。这次沟通让教师了解了壮壮对小动物的关爱之情，对壮壮也有了新的认识。

教师之间以及教师与家长、幼儿之间的沟通和交流，对从不同角度全面了解幼儿情感需求十分重要。平时在班里，即使是同一时间观察同一个活动区域的同样几名幼儿，由于各自的视角和兴趣点不同，教师们的观察结果就有所不同。一名教师的观察难免有局限，且对幼儿情绪情感的分析只基于幼儿在园所的表现难免有失偏颇，因此，还需要通过收集幼儿在多种环境中的情绪表现才能更好地分析和判断。

案例中，与他人的沟通让教师发现了一个不一样的壮壮。接下来，教师可以请壮壮为大家分享自己照顾小狗、小猫的趣事，让班里的幼儿也发现不一样的壮壮，增加和壮壮之间的互动和交流，引导壮壮关心和理解其他小朋友，多交朋友，更好地适应班级生活。

（资料来源：常宏.为小班幼儿提供个性化的情感支持[J].学前教育：幼教版，2021（4）.）

## 四、学前儿童同伴交往的影响因素

### （一）家庭影响

家庭是学前儿童社会化的最初场所，家庭的结构、环境、经济条件、父母的教养方式、成员行为习惯等都直接影响幼儿人际交往的发展。

布朗芬布伦纳的生态学理论指出，儿童的成长与发展，是各个方面因素相互作用的结果。布朗芬布伦纳在其理论模型中将人生活于其中并与之相互作用的不断变化的环境称为行为系统。该系统分为 4 个层次，由小到大分别是微系统、中系统、外系统和宏系统。这 4 个层次是以行为系统对儿童发展的影响直接程度分界的，从微系统到宏系统，对儿童的影响也从直接到间接。在学前儿童亲社会行为养成过程中，家庭是学前儿童的第一生长环境，父母是其社会化的启蒙者和引导者，起着重要作用。父母层面，父母通过提供言语指导和行为示范影响学前儿童的社会交往，同时良好的亲子关系可以使学前儿童获得安全感，从而愿意主动与外界交往（图 5–3）。

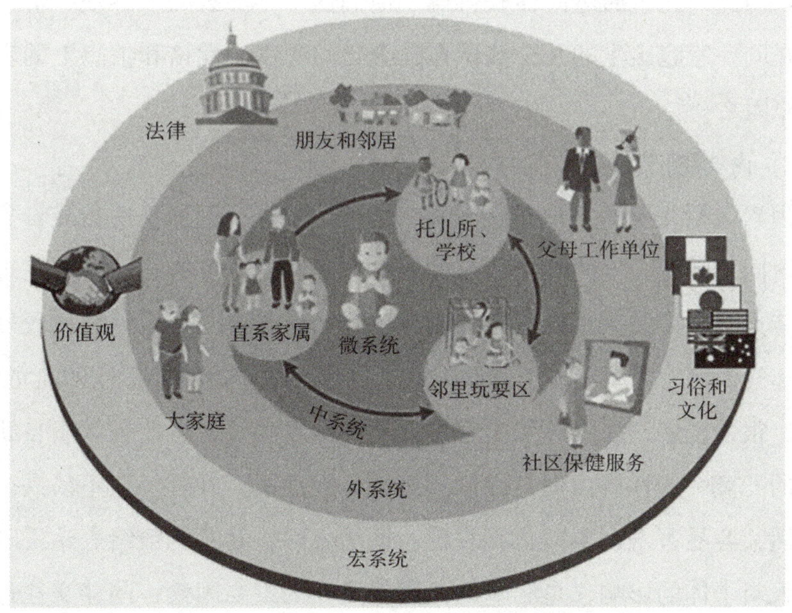


图 5-3　布朗芬布伦纳的生态系统理论图

### （二）幼儿教师影响

幼儿园应为幼儿提供健康、丰富的生活和活动环境，满足他们多方面发展的需要，使他们在快乐的童年生活中获得有益身心发展的经验。幼儿园环境、教师教育理念、教育态度、教育行为及教育措施等，都会对幼儿产生直接或间接的影响。

教师是幼儿离开家庭后接触最频繁的人，教师对幼儿的学习和生活都有着至关重要的影响。教师在幼儿园作为幼儿生活、学习的权威人物，会潜移默化地影响、感染着幼儿。在与教师交往的过程中，幼儿通过感受教师对自己的态度、获得教师对自己的评价来获得人际交往的态度与行为。如果教师对幼儿的态度和蔼可亲，经常表扬、赞赏、鼓励幼儿，就会极大地提升自信心，增加与人交往的胆识，更愿意与他人进行交往，在人际交往中也会更受欢迎；相反，如果教师对幼儿的态度不善，时不时地对幼儿挖苦、讽刺、批评，甚至是体罚，幼儿就会产生胆怯等行为，更害怕与人交往，遭到同伴的嘲笑，在人际交往中会表现得更加羞怯、退缩。

### （三）同伴群体影响

同伴群体方面，根据群体社会化理论，同伴群体是影响儿童社会化的主要因素，儿童为了在群体中获得归属感，会主动认同同伴群体的一般准则和行为准则，父母传递给儿童的文化要经过同伴群体的过滤，只有同伴群体中的大多数都接受和认可才能传递。因此，儿童通过同伴获得属于他们这个年龄段的世界观、价值观，这就是为什么在同一家庭出生的几个孩子在社会化的程度、性格和情感上的表现不尽相同的主要原因之一。

### （四）内部因素影响

内部因素包括儿童的个性心理因素、情绪因素等。例如受遗传或自身个性特点影响，面对同一问题，不同性格特点的人会有不同的处理方式。研究发现，学前儿童的性格特点对同伴关系具有一定的影响：受同伴欢迎的儿童性格比较外向，不易冲动和发脾气，活泼好动，善于言谈，敢于自我表现；被同伴拒斥的儿童性格外向，活泼好动，很爱说话，脾气急躁，容易冲动和乱发脾气，也比较敢于自我表现；被同伴忽视的儿童一般性格内向，好静不好动，慢性子，好脾气，不易兴奋和冲动，不太爱说话，容易害羞，不敢自我表现。情绪方面，幼儿的情绪表达反映了环境、社会和他人对个体的影响，是影响幼儿同伴交往的重要因素，同伴交往过程中一方心境不佳，就难以沟通。在情绪冲动的状态下与同伴交往，很可能会出现意识狭窄、思想偏激、行为失当，影响同伴交往的效果。

知识链接

## 皮亚杰关于社会交往的认知结构理论

皮亚杰认为，产生于同伴关系中的合作与感情共鸣使儿童获得了关于社会的更广阔的认知，儿童与同伴交往中出现的冲突将导致社会观点采择能力的发展，并促进社会交流所需技能的获得，和同伴的交往使儿童意识到积极的、富有成效的社会交往是通过与伙伴的合作而获得的。教师的任务在于发现每个受教育者身上美好的东西，不去用条条框框限制他们、束缚他们的手脚、限制他们的活动，而是让他们自由交往、自由操作。

## 加德纳多元智能理论

美国哈佛大学心理学家加德纳教授提出，人际交往是一种基本智能。社会交往技能，是人的社会性当中最重要的内容之一。它指的是人在交往时所表现出来的运用口头语言、身体语言、情绪和认识等方面的技能。例如，善于参与到一个社会活动中去并遵守活动规则，迅速地记住别人的名字，站在别人角度揣摩别人心理，与别人说话时控制音量大小，在与别人交谈时控制与对方目光接触的时间，善于使用各种身体语言，准确而流畅地表达自己的思想和意图，善于向别人表达自己的愿望和要求，礼貌而得体地向别人的不良行为表示不赞同、不满和不快，礼貌地拒绝别人，对一个人当面做出评价，在必要时容忍他人的缺点和不正当行为，对自己的过失行为表示歉意，善于忍受人际交往中的挫折，以友善的态度对待别人的成功或失败，正确而得体地结束与别人进行某种交互作用，等等。

# 模块四　学前儿童社会交往教育活动的目标、途径与方法

## 一、学前儿童社会交往的年龄阶段目标

### （一）小班幼儿

愿意和小朋友一起游戏；愿意与熟悉的长辈一起活动，同伴发生冲突时，能友好地提出请求，不争抢、不独霸玩具；发生冲突时，能听从劝解。

### （二）中班幼儿

喜欢和小朋友一起游戏，有经常一起玩的小伙伴，喜欢和长辈交谈；会运用介绍自己、交换玩具等简单技巧加入同伴游戏；对大家喜欢的东西能轮流、分享；与同伴发生冲突时，能在他人的帮助下和平解决；活动时愿意接受同伴的建议；不欺负弱小。

### （三）大班幼儿

有自己的好朋友，也喜欢结交新朋友；有问题愿意向别人请教；有高兴的或有趣的事愿意和大家分享；能想办法吸引同伴和自己一起游戏；活动时能与同伴分工合作，遇到困难能一起克服；与同伴发生冲突能自己协商解决；知道别人的想法有时和自己不一样，能倾听和接受别人的意见，不能接受时会说明理由。

## 二、学前儿童社会交往教育活动的途径与方法

### （一）创设良好心理环境，促进学前儿童社会交往与社会性发展

1. 良好心理环境与学前儿童社会性发展的关系及影响

学前儿童社会性的发展离不开与环境之间的交互作用，心理环境包括了对幼儿能够产生影响的一切人、事、物。幼儿园的心理环境是指每一位在园幼儿所处的环境氛围，包括幼儿的生活、学习、游戏和在群体中的人际关系等，这些因素对幼儿的发展发挥着潜移默化的、至关重要的作用。良好心理环境的创设，能够使学前儿童与环境开展积极的互动，更好地在环境中认识自我，与他人交往，更好地实现社会性的发展。

2. 建设专业情感支持的师幼关系，促进幼儿社会情感和社会交往发展

在环境创设过程中，首要的是情感环境。因为只有当幼儿在一个环境中感受到尊重和接纳，才能够更有安全感，愿意敞开心灵，去大胆尝试和探索周围的世界。因此，对幼儿情感的接纳、理解和支持，应是所有教育行为的前提。

良好的心理环境很大程度上围绕着教师与幼儿之间所构成的教育氛围和互动展开，它影响着儿童潜能的发挥，积极情绪的形成以及其他能力的形成和发展。因此在心理环境的创设上，教师应该注重营造尊重、民主、关爱的环境，让幼儿来到幼儿园的时候感受到他们是受欢迎的，对幼儿园有归属感。例如设计专门的姓名标签，多用协商、启发、讨论的方式与孩子交流等，让孩子切实感受到教师对自己的关心、尊重和爱。

### （二）通过各种活动，促进幼儿交往

1. 充分利用游戏活动，学习交往语言和交往技能

教学中应充分利用游戏活动，帮助幼儿加深体验。在教学活动中，幼儿已学会一些交往语言，教师在游戏中引导幼儿进行迁移，有助于促进幼儿语言交往能力的发展。

游戏中，除了强化幼儿语言的交往功能，教师还要引导幼儿共同商量，确定主题，制定游戏规则，鼓励幼儿通过协商分配角色。各游戏成员有机地进行交往，逐步摆脱“自我中心”的意识。孩子们在游戏中逐步学会合作、谦让、互换、轮流、妥协等协调同伴关系的技能。

2. 在一日生活中创设交往机会

帮助学前儿童走出自我中心，学会公平、分享、礼让、合作，是培养儿童良好人际关系的重要内容。

组织各种分享活动、合作活动，让儿童在“做”上进行实践，将分享、互助、合作的精神贯穿在儿童的日常生活和各项活动之中。如：合作搭建、合作布置教室、合作绘画等。

3. 设计并组织实施专门的社会交往教育活动

教师应根据《纲要》的要求以及不同年龄班级幼儿发育水平设计适宜的社会交往教育活动。通过活动，让学前儿童学会交往、学会分享、学会协商、学会互助、学会谦让等。

### （三）幼儿人际交往的训练方法

幼儿人际交往教育活动的类型多种多样，由于有共同特质，其设计与实施可以通过以下方法实现。

1．行为训练法

依据班杜拉的替代学习理论，幼儿行为训练法包含三个步骤：

其一，观察和学习。幼儿园教师带领性格内向、不善言语表达的小朋友去观察那些言语表达流畅、积极乐观的小朋友在做游戏和与人交往时的表现，学习他们助人为乐、团结友善、愉快合作的良好品质。

其二，模仿参与。引导性格内向、不善言谈的小朋友模仿积极参与游戏的小朋友的言行，如微笑乐观、主动交谈、鼓励同伴等。

其三，直接参与游戏。幼儿教师带领内向小朋友参与游戏，教师在游戏中尽量安排小朋友做一些力所能及的任务和事情，当完成后，教师要给予积极评价，鼓励幼儿继续参与游戏。

2．认知训练法

为幼儿创设人际交往的情境。针对那些不受欢迎的幼儿进行认知训练，如何参与游戏活动，如何与同伴交流，如何帮助同伴，如何与同伴分享等。采用两个步骤完成：

其一，讲解，即密切结合生活实际，采用多媒体技术（视频、图片、动画片）讲述人际交往方面问题，如交朋友、竞争合作、解决矛盾冲突等，积极引导幼儿理解情境，思考解决问题的办法，幼儿园教师要给予积极肯定，指出不足。

其二，游戏，即组织幼儿进行合作、冲突、帮助等各种角色游戏，使他们对各种人际交往情境和技能有一个比较理性的认识。

3．情感训练法

幼儿建立良好的社会情感，可以促进其社会化健康发展。可分三个步骤完成：

其一，移情。充分利用多媒体技术（视频、图片、动画片）、讲故事等方式引导幼儿产生并体验人物的情感变化。

其二，情感体验。创设情境，组织幼儿游戏活动，逐步培养幼儿团结合作、友好协商、乐于助人的情感，不良行为的内疚感，游戏的满足感和成功感。

其三，情感追忆。在游戏活动结束后，引导幼儿回忆自己在游戏中的各种情感

体验，并进一步强化训练。

案例 5-2

### 我没有打你，我只是想和你玩……

#### 情景一

上午，小朋友们在户外玩滑滑梯，冬冬跑到我身后，大力用他的双手拍打着我的腿，然后走到我的面前，笑嘻嘻地与我打招呼。

我蹲下来对他说："冬冬，我还以为是谁呢，你刚才都吓到我了。"冬冬笑着抱着我不说话。

我笑着对他说："你是想要跟我玩吗？"

冬冬说："是呀。"

我说："那你可以轻一点拍拍我，这样我就知道了，你刚才那样拍，我的腿好疼啊。"

冬冬点点头说："嗯，我知道了。"

连续几天，冬冬都用从身后用力拍打的方式与班级老师打招呼。

#### 情景二

吃完早餐后的自由活动环节。

牛牛走到我的面前："老师，冬冬刚才打我了。"

我说："发生了什么事情吗？"

牛牛用手指着自己的后背说："他打我这里。"

我将冬冬请过来一起了解情况，我说："冬冬，牛牛说你打他，你们发生了什么事吗？"

冬冬说："我没有，我们俩刚刚坐在一起。"

牛牛说："你刚才用力打我背了。"

冬冬说："我只是想跟你玩。"

我说："哦，你想跟牛牛玩，所以用力拍了一下牛牛的背，对吗？"

冬冬和牛牛都点点头。

我继续说："牛牛，冬冬刚才对你做的动作，你感觉怎么样？"

牛牛说："很痛。"

我说："冬冬，也许你是想跟牛牛玩，可是太用力了他会觉得不舒服，这样他就以为你在打他，有没有其他的方式，表达你想跟他一起玩呢？"

冬冬看着牛牛说："嗯，我下次轻轻地拍拍你。"

【案例分析】

冬冬乐于与人交往，喜欢用自己的方式与他人打招呼或者发出自己想一起玩的信号，结合冬冬的互动方式与家长进行沟通。得知冬冬的家庭氛围很轻松，父母之间的互动方式和父母与孩子之间的互动方式，也会用较夸张的动作来进行情感表达，周末会带冬冬外出游玩，父母的陪伴时间较多。由此可见，冬冬受到家庭环境及亲子互动模式的影响，模仿家庭的互动方式，将这种互动方式运用在与同伴互动中。

【提供支持】

1. 创设情境，进行移情培养

移情是让幼儿体验某种情境下他人的心理感受，从而设身处地地与他人产生共鸣。基于2～7岁儿童自我中心的年龄特点，4岁的冬冬很难换位思考，因此我们可以创设情境或情景再现，用角色换位的方法让他感受这一互动方法带给对方的感受，学会从对方角度去体验和感受。一方面让他知道他的互动方式别人不喜欢，另一方面提供积极的影响，让他学会恰当的互动方式。

2. 进行行为练习，学会交往技巧

当幼儿已经学会了移情的方法时，我们还需要在日常生活中进行运用与练习，正面强化孩子的社会交往行为。如当幼儿出现"我想和你一起玩"的问题时，老师可与孩子进行讨论，有哪些方法可以表达自己想与对方玩，对方既能接受，自己又能做得到？让孩子们来说说可以解决问题的方法，既锻炼了孩子解决问题的能力，同时也让孩子学会交往技巧。抓住幼儿园一日生活的引导契机，在实践中进行行为练习，让幼儿学会交往技巧。

3. 加强榜样示范的教育作用

幼儿的模仿能力与学习能力非常强，幼儿亲社会行为的学习和形成，主要是通过观察性的学习和模仿达到的。老师与家长需要注意自己的言行举止，给孩子树立榜样，起到示范的作用。

4. 及时给予肯定，正强化幼儿行为

幼儿亲社会行为无论是自觉还是不自觉的，都需要得到群体的认可。幼儿一旦出现并做到了利他的行为，老师和家长要及时给予肯定，如用正面的语言或一个拥抱对其进行表扬鼓励，使幼儿获得积极反馈，达到逐渐巩固的目的，使幼儿愿意实践亲社会行为。

# 模块五　学前儿童人际交往教育与亲社会行为培养

## 一、亲社会行为

亲社会行为是指一切有益于他人和社会的行为。社会交往中所表现出来的合作、分享、安慰、助人、尊重等都属于亲社会行为。亲社会行为是一种积极的、利他主义的行为，是个体帮助或打算帮助其他个体或群体的行为趋向。

案例 5-3

在体育活动中，几个小朋友要求男孩 A 扮演追他们的坏人，几个小朋友对着 A 大喊："来打我们呀！来追我们呀！"A 皱起了眉头，并没有说话，也没有追出去。几个小朋友仍然不放弃，对着 A 大喊，其中的几个小朋友伸手推 A。A 回避，并不理他们。这时女孩 B 站出来，温柔地对 A 说："A，我跟你一起玩，我们走吧！"从而帮助 A 脱离了围困。A 笑了，跟着 B 一起去玩滑滑梯。几个小朋友还是没有放弃，在这个过程中，B 始终帮助、保护 A，并对那几个小朋友重复地说："不要打他！"

B 体现出了良好助人行为，而 B 之所以帮助 A 只是出于希望同伴能够过得好，而不是出于获得某种外在的物质或社会奖赏，这便可以称之为典型的亲社会行为。我们结合亲社会行为的一些特点对学前儿童社会交往中所表现出来的合作、分享、安慰等行为能力的培养进行分析。

（资料来源：熊玲．中班幼儿助人行为的观察研究 [J]．学前教育，2021（7）：9-11.）

《纲要》第二部分"教育内容与要求"中明确提出了培养幼儿"乐意与人交往，学习互助、合作与分享，有同情心"的社会目标。

## 二、学前儿童助人能力的培养

### （一）助人行为的定义

助人行为是指出于自身利益的，或以改善他人不利处境为目的，不期望任何回

报的行为。助人行为是亲社会行为的重要表现，它的养成有助于学前儿童建立和维持良好的师幼关系和同伴关系，同时也有利于学前儿童克服困难，提高问题解决能力。

助人行为是个体社会化过程中的重要行为，对个体的道德发展和社会适应具有重要的意义。社会需要有助人精神和拥有关心他人品质的人。幼儿期是助人行为培养的关键时期，幼儿进入幼儿园，开始接触老师和同伴，也开始了他真正意义上的社会化生活。幼儿拥有的亲社会行为，如合作、分享、助人等，能为他赢得良好的社会关系，特别是助人行为的发生，不仅能使幼儿赢得同伴的欢迎，受到称赞，更能使其体会到幼儿园生活的快乐，使其形成健康的心理，为以后的发展打下良好的心理健康基础。因此在幼儿时期培养孩子的助人品质对个人和社会都是有帮助的。

研究发现，3～6 岁幼儿的助人行为随年龄的增长迅速发展，其中大班幼儿的发展最为明显，幼儿助人行为呈现这样的发展趋势主要有三个方面的原因：

第一，随着幼儿年龄的增长，教师和家长越来越注重包括助人行为在内的亲社会行为培养。

第二，幼儿的观察、认知能力逐渐发展，开始关注身边的人和事，开始能够发现他人的困难和需要。

第三，随着年龄的增长，幼儿动作、语言等方面获得了较大的发展，从而促进了助人行为的发展。

### （二）学前儿童助人能力培养建议

1. 为幼儿创设有利的助人环境

幼儿在低控制的活动中，如生活活动，助人行为发生频率最高，而在高控制的教学活动中，助人行为发生频率最低。因此，要想激发和培养幼儿的助人行为，首先应创设一个独立、自由的环境。这样，幼儿才能及时观察并发现他人的需要，并提供相应的帮助。

2. 鼓励并引导幼儿同伴间的互助

幼儿助人行为绝大多数指向教师，而非同伴。同伴间的互助，一方面能提高幼儿解决问题的能力，另一方面也有利于幼儿之间良好同伴关系的形成和发展。因此，教师应积极鼓励、引导幼儿互相帮助，如创设助人情境、对幼儿进行移情训练等，以激发他们帮助同伴的意识和行为。

3. 教会学前儿童体验他人情绪

淡化学前儿童的自我中心主义，培养同情心。5～6岁的学前儿童已经能够从对方的角度较为客观地体验他人的情绪情感，但仍无法完全去自我中心化，多数学前儿童还不能站在他人的立场思考问题，设身处地地理解他人情感，所以也就无法认识到他人需要帮助。因此，教师要帮助幼儿克服自我中心的倾向，学习站在他人的角度正确地理解他人的需要和情感，有目的地去培养学前儿童的同情心。

例如开展匹配表情活动，给孩子出示代表各种情景的图片：当他得到老师表扬得到一个乖宝宝的贴纸，当他想到魔鬼时，当一个人在黑暗中时，当没人陪他玩时，当收到礼物时，当心爱的玩具被弄坏时，当跟妈妈说再见时，当看到别的小朋友快乐地庆祝生日时，当看到好朋友跌倒受伤时……与孩子讨论图片中的孩子会有什么样的情绪情感。

4. 给予幼儿积极的反馈

詹姆斯·多伯森提出的“补强法则”认为，如果要让某种满意行为重复出现，应在满意结果出现后的较短时间内给予行为者奖励或表扬，如果拖得太久，作用就会慢慢淡化，甚至消失。

因此，幼儿及时获得教师和同伴的积极反馈很重要。首先，教师给予幼儿的反馈要具体、真实、发自内心，如“毛巾叠得非常整齐”“做得真好”“谢谢你”，让幼儿感受到老师的认可。其次，反馈的方式可多种多样，如口头表扬、物质奖励、拥抱、微笑等。反馈方式的选择应充分考虑幼儿的发展特点，如多精神奖励，少物质奖励。再次，教师还应注意对幼儿的助人行为表现给予同样的反馈，避免反馈不均衡带来的消极影响。最后，教师还应引导幼儿学会对同伴的帮助行为给予积极反馈，如“谢谢你”“你帮助我，以后我也要帮你”等。

## 绘本推荐

图 5-4 《大树上的朋友》封面

1.《大树上的朋友》

小村庄里，洪水漫天袭来。一棵大树轰然倒下，随着大水向前漂去。老猫站在树上，聚精会神地盯着四周。不一会儿，落难的动物们一个一个漂了过来。“上来吧！”“上来

吧！”老猫说。就这样，猪得救了，狗得救了，公鸡、母鸡得救了，绵羊、老鼠、兔子都得救了。最后，一只狐狸游了过来。面对这个可怕的家伙，动物们齐声喊道：“没有你的位置啦！”那么，老猫会怎么做呢？

2.《还能挤下一个人》

在开满石楠花的荒野里，有一座小屋，住着拉奇一家十二口人。在一个风雨交加的日子，拉奇敞开大门，热情招呼每一个需要避雨的行人：“进来吧，还能挤下一个人！”大家在小房子里欢快地嬉戏与舞蹈，小屋里充满了欢笑与热闹……而拉奇的小房子被挤垮后，大家心中决定要报答拉齐一家。大家齐心协力一起为拉齐一家盖了一座大房子。

图 5-5 《还能挤下一个人》封面

## 三、学前儿童合作能力的培养

著名心理分析学家阿德勒曾经说过，“倘若一个儿童不曾学会合作，他将会走向孤独之路，并产生自卑感”。

### （一）合作行为的概念

合作行为是指为了共同的目的而两人或多人，两个集体或多个集体共同完成某一工作或某一任务的行为。学前儿童的合作行为是一种自发的亲社会行为，行为的发生，是出自学前儿童自己个人的需要或愿望，因此自我意识的完善和发展是合作行为产生的前提。

**知识链接**

以往研究者对合作内涵的规定多将幼儿合作行为和合作技能的培养作为落脚点，而现在越来越多的学者、研究者都认识到合作也是一种综合的心理过程。它包括“合作认知”“合作情感”“合作意识”等，是合作的内在心理活动。合作行为是在这些心理活动的共同作用之下产生的。合作意向以合作认知和合作情感为基础，是合作的愿望和合作的动机，也是幼儿合作发展的重要方面之一。合作意识要转化为合作行为，是合作认知、合作情感等以合作技能为中介共同作用的结果。以往的研究多注重将幼儿合作视为一种协同活动的行为，而忽视了其背后的幼儿合作认知和合作情感。

幼儿期是人格形成和发展的关键期，重点培养幼儿的合作精神和合作能力为幼儿一生的成长和发展，幼儿健全人格的形成和发展奠定坚实的基础。合作作为一种重要的亲社会行为，其发展对于帮助儿童克服自我中心、改善同伴关系、发展道德自律、提高社会交往技能、促进个性和社会性行为发展意义重大。

### （二）学前儿童合作能力的培养

4～5 岁是儿童合作能力发展的关键期，以下将以游戏活动为例，介绍学前儿童合作能力的教育策略。

1. 创设合作情境，在游戏活动中培养幼儿合作策略运用能力

《指南》明确提出“幼儿园应多为幼儿提供需要大家齐心协力才能完成的活动，让幼儿在具体的活动中体会合作的重要性，学习分工合作”。首先，教师做好活动前期准备，如确定游戏主题、合作任务、合作规模；其次，教师为幼儿创设游戏环境，营造一种合作气氛；此外，教师应科学引导，帮助幼儿灵活运用合作策略完成目标。

学前儿童合作行为的发生往往需要一定的情境，游戏是学前儿童主要的活动，学前儿童的合作也开始于相互之间的游戏活动，在游戏活动中设计合作情境培养学前儿童的合作行为有着事半功倍的作用。学前儿童的游戏活动丰富多彩，学前儿童教师可以减少一对多的集体授课形式，增加同伴间互动形式的游戏，如区角游戏、团体合作竞赛等，给儿童提供具有合作性任务的游戏情境，使学前儿童自发地在游戏情境中练习以合作的方式进行人际交往。

在传统的教学活动中，只有教师提问学前儿童才有机会说话，练习社交技巧，但是在区角游戏中，学前儿童却可以自然地随游戏情境和发展进程训练社交策略，不受过多的压制。例如，在“过家家”的区角游戏中，有的扮演妈妈，有的扮演爸爸，还有的演爷爷奶奶，不同的游戏角色使他们可以同时练习与他人合作，当“妈妈”在家做饭忙不过来时，“爸爸”便会过来询问和协助宝宝。

2. 教师科学引导，帮助幼儿灵活运用合作策略完成合作目标

幼儿的社会技能是在实际的同伴交往情境中逐步培养的，但幼儿可能不会在需要合作的情境中自觉地产生合作行为或不知道如何去合作。教学与发展不是两个互不依赖的过程，也不是同一的过程，教学与发展之间存在着复杂的关系。因此需要教师科学的引导和帮助。

教师可以选择谈话讨论法帮助幼儿确定合作的主题，引导幼儿运用适宜的合作策略完成合作目标；教师可以通过观察引导帮助幼儿掌握基本的合作技能，如学会倾听、道谢或道歉，如何提出请求，如何解决合作中遇到的小纠纷等。

活动中教师微笑的表情、赞许的目光、亲切的抚摸、适当的表演对于幼儿来说都是极大的鼓励。因此，教师的科学引导可以帮助幼儿灵活运用合作策略完成合作目标。

案例 5-4

**情景一**

一次结构游戏中，因积木材料有限，幼儿抢夺现象频繁，于是教师对孩子们说："你们看这个图片上的玩具模型好大哦！你们能不能做这么大的玩具呢？"小朋友回答："可是我们材料太少了。"老师继续引导："一个人桌上的材料少，可是大家的积木材料放在一起就多了呀！你们能不能想办法拼一个大的玩具呢？"晋晋把积木拿给瑞瑞，说："给你，我们放在一起。"

案例中幼儿没有自发地发生合作行为，教师的引导语激发了幼儿的合作意识，晋晋主动地向同伴发起了合作行为。

**情景二**

四个小朋友一起合作搭建大型玩具。但合作进行中轩轩有些摇摆不定，开始一个人搭建玩具，其他三位小朋友对轩轩说："你的玩具和我们的放在一起吧。"轩轩不同意。一位小朋友说："这是我们四个人的，是大家的。"轩轩仍然不领情。瑞瑞说："这样吧，我们三个的都给你，把所有的积木放在一起。"轩轩同意了。当四个孩子把积木拼成一个大的成品时，教师鼓励孩子们："哇，你们拼的玩具好大呀！"

轩轩的合作意识不太稳定，但瑞瑞充分发挥了小领袖的作用，教师时刻观察着小朋友的合作情况，当孩子能自主地解决冲突时教师只是安静地等待。在孩子们感受到成功合作的喜悦时，教师的鼓励强化了他们的合作意识。

（资料来源：李林烛．大班幼儿游戏活动中同伴合作策略的研究[D]．重庆：西南大学，2016.）

**绘本推荐**

《蚂蚁和西瓜》

图 5-6 《蚂蚁和西瓜》封面

蚂蚁们在草地上发现了一块被遗落在地上的西瓜，可是西瓜太大了，它们没办法直接搬回洞里。聪明的蚂蚁们想到了好办法，先齐心协力挖下西瓜肉运回洞里，然后一起吃个痛快，最后还把西瓜皮拉回家，做成了超级滑滑梯！

孩子在遇到难题时，也常如同小蚂蚁遇到比自己大很多很多倍的西瓜。这个极富趣味性的故事，栩栩如生描绘了智慧与力量的矛盾冲突与解决，不仅让孩子们体会到同伴间团结合作的重要性，而且激发孩子们独立思考的能力。

## 四、学前儿童分享能力的培养

### （一）分享行为的定义

《纲要》明确指出："分享"是幼儿心理健康的重要组成部分，分享意识与能力的培养，有助于人与人之间形成和维持良好的人际关系，对幼儿健康心理的形成具有重大意义。

分享行为是典型的亲社会行为，是指个人拿出自己拥有的物品让他人使用，从而使他人受益的行为，如把自己的零食分给小朋友们吃，和小朋友们一起玩自己喜欢的玩具等。分享行为的形成不仅能够减少幼儿的自我中心行为，帮助幼儿建立良好的伙伴关系，促进幼儿社会化，而且有利于幼儿健全人格的发展和形成。

12 个月的儿童已经能够表现出指向动作的分享行为，如把物体放在他人的手上玩要，研究者解释这是儿童通过分享物品来保持与他人的积极联系。1～2 岁的儿

童已经能理解简单的因果关系，所以表现出一些典型的分享行为，如能够在别人痛苦时哭喊，甚至触摸或轻轻拍打受伤者。

### （二）分享行为的发展与儿童的物权期

分享行为的发展与物权意识的发展有关。当儿童能够分清某一物品的归属权时，他就能够分清是否与他人分享。

孩子并不是一出生就具备分享品质的，分享是儿童社会性发展到一定水平的产物。一岁左右的孩子开始形成“自我意识”，在他们眼中“什么都是我的”，对自己的东西特别在意，不允许别人碰。让孩子在三岁以前建立分享的概念为时过早，这一年龄阶段的孩子如果不愿意与他人分享自己的物品，成人应尊重孩子的决定，而不能强行要求孩子做出分享的行为，儿童都是先懂得“独占”才会“分享”，先懂得“利己”才会“利他”的。

“我的东西谁也不能碰”——这是物权意识在萌芽。物权期是每个孩子都要经历的阶段，可能有些孩子表现得强烈些，而有些孩子表现得温和些。父母对孩子的这一表现要采取接纳的态度，避免给孩子贴上“小气”“自私”的标签。只有孩子拥有了物权安全感，才能获得良好的自尊，进而才能更好地分享。相反，没有物权安全感的孩子，则会度过更长的物权期。

3～4岁，学前儿童会逐渐认识到一些物品是共有的，必须要通过协调的方式才能获得。培养孩子的“物权”观念，能够让孩子学会区分自己与他人的界限，逐渐拥有自尊自主的意识，懂得珍惜自己的物品，维护自己的权利，尊重别人的物品，对孩子顺利步入社会，在交往中受到欢迎有着积极的意义。

**案例 5-5**

同为一岁多的小丽和豆豆成长在同一个小区，他们的妈妈经常带着孩子们聚在一起。有天聚会，小丽妈妈从小丽包里拿出两袋饼干，打算分给一人一袋。小丽看到了伸手抢过两包饼干，表示都要给自己。小丽妈妈看到了很尴尬，数落小丽：“你怎么这么小气！”然后一把夺过了饼干塞到豆豆手里，接着小丽便号啕大哭起来。

在1岁半以前，婴儿将所有与己有关的物体都归为“我的”，他通过这种控制行为来建立最初的自我概念。这并非自私的表现，而是发展使然，这

个阶段成人若不能维护儿童的主我意识，如要求儿童要大方分享，则破坏了儿童自我概念的建立，使儿童内心感到匮乏。

在案例 5－5 中，小丽妈妈为了给对方留个好印象，擅自做主将小丽的物品分发给他人，当小丽妈妈无情地负面评价了小丽后，小丽会平添对分享事件的排斥情绪，并会在日后很长时间内表现出不愿分享的行为。如果小丽妈妈能够尊重孩子的决定，即使她不愿意分享也能接受，并获得豆豆的理解，则小丽会顺利度过这一阶段，日后容易出现分享行为。因此，此阶段的儿童物权意识中的自我概念应该得到保护，并指导尊重他人的物品。

### （三）幼儿分享能力的培养

1. 利用一日生活树立“分享”意识

社会领域的教育本身就具有潜移默化的特点，幼儿分享行为的培养应渗透在一日活动的各个环节中。例如，在美术活动中，让一组幼儿共同使用同一盒蜡笔，有意培养幼儿轮流使用、询问交流的能力；在传球游戏中，面对面坐着的两名幼儿必须共同使用一个皮球，只有轮流推动皮球，游戏才能得以继续等。这也凸显了社会教育的“渗透性原则”。

2. 组织开展各种分享活动

分享食物。可开展食物分享日等相关活动，增进孩子之间的情感，增强幼儿的社会交往能力。

分享玩具。从小对儿童进行分享教育，可以让儿童学会分享和体验分享后的快乐，为形成健康的心理品质打下良好的基础。

分享快乐。利用运动会、生日庆祝会等，鼓励儿童参与表演节目、分享蛋糕、点蜡烛、送自制的礼物等。这些活动促进了同伴之间关系的融洽，使儿童更加关心同伴，热爱集体。

案例 5-6

**飞机与大厦**

王老师帮助幼儿做好知识准备后，中班结构游戏活动开始了。本次结构游戏围绕着飞机与大厦展开。幼儿自由分组，搭建大厦、建造飞机。在活动

区的一角聚集了两组幼儿，暂且分为甲、乙两组。甲组幼儿在紧张地搭建大厦，他们打算在大厦前边建一个飞机场。乙组幼儿在离他们挺近的地方建造着飞机。当两组都要接近尾声时，却发现场地不够了。但哪一组也不想让出地方，因为搭建的东西太大了，没法挪动。这时王老师发现了幼儿游戏的问题。

王老师说："小朋友们的作品真棒，都是大型的飞机和大厦，可是场地不够了怎么办呢？"

幼儿甲说："我们还没开始建大厦呢，他们抢我们的地方。"

幼儿乙说："谁说的，我们先过来的，你们让开。"

两组幼儿互不相让，王老师接着说："我有个办法，咱们把马上搭好的飞机和大厦放在一起，然后再去旁边玩，这次没有搭过大厦的一组搭大厦，没有建造飞机的一组建飞机，我们共同分享场地，怎么样？"幼儿纷纷表示同意，高兴地继续游戏了。

在结构游戏中，幼儿往往会争抢材料或者场地。此案例呈现出了在结构游戏中常见的分享问题。王老师依据她丰富的经验，首先看出了幼儿游戏的问题，以指导者的身份参与幼儿游戏后对幼儿启发引导。她在这次引导的过程中使用了启发和建议的方式引导幼儿共同分享游戏场地。在游戏中教师首先是游戏环境的提供者，在面对幼儿因为条件限制而导致游戏困难的时候应该先想办法解决客观环境带来的难题。教师指导观念的转变很重要。

3. 在社会交往中加强分享的体验，树立学习榜样，营造分享氛围

小孩子的分享往往停留在口头上，经常出现言行不一致的现象，所以我们不仅要告诉孩子为什么要分享，还要帮助他们体验由分享带来的愉悦感，激发其分享的内在动机。一旦孩子拥有了美好的体验，今后更容易自觉地做出分享行为，形成良好的社会行为和道德品质。

例如，针对平时喜欢独占东西的幼儿，在一些活动中与人分享，这时教师及时对其进行正面强化，当众表扬他，使其分享行为能够延续下去。也激发其他的幼儿向其学习的动机，待其体到分享带来的乐趣后，他便会自觉的产生分享的行为。

在家庭方面，家长一定要规范自己的言行，让幼儿在生活的点点滴滴中学习成长，懂得分享。幼儿园方面，教师是幼儿心目中的权威，是幼儿模仿的重要对象，

其一言一行都会给幼儿深刻的印象。所以，要善于抓住一切机会和细节为幼儿做好行为、语言的指导和示范。

4. 尊重幼儿的物权意识，在日常生活中建立物权安全感

在日常生活中告诉孩子，他的衣服、玩具、图书等都属于自己，自己要管理他们，并有权决定是否分享。只有体会到自己的所有权之后，才能了解别人的所有权。这样做有利于培养起正确的物权意识，对年幼儿童今后分享意识的发展非常重要。

5. 借助绘本故事开展教育

图 5-7 《五个小怪物》封面

绘本《五个小怪物》中，五个小怪物每天都会跳出雕像看世界。有一天他们决定要抱走他们喜欢的东西，一个卷走了大地，一个拿走了太阳，一个抱走大海，还有一个捉走了月亮，美美地欣赏着。但是，没有了大地就找不到天空，没有了大海，土地也会干枯。后来他们把东西都还原了，世界又变美丽了。这告诉我们无论什么时候，我们只有懂得和别人一起分享，才会感到真正的快乐！

图 5-8 《彩虹色的花》封面

绘本《彩虹色的花》讲述的是一朵彩虹色的花，将自己的花瓣都用来帮助有困难的小动物了，最后，自己却被覆盖在白雪下面，可是，它的希望和梦想还在继续，当春天来到时，新的花朵又在阳光下绽放开来的故事。绘本的主题是帮助别人的乐趣。但对彩虹色的花来说，最重要的不是花瓣的完好，而是帮助别人的意义和价值。

图 5-9 《全都是我的！》封面

绘本《全都是我的！》中，“花袜子”有个坏习惯，一看见好东西就想占为己有 。虽然朋友们已经很小心了，可只要一不留神，自己的宝贝就会跑到乌鸦窝里去。不管是玩具熊、溜冰鞋，还是八音盒，小乌鸦总能想出五花八门的招数把它们弄到手。为了护住骗来的宝贝，花袜子再也没法自在地玩耍，只能一个人在窝里无聊。可是，好东西一定要紧紧攥在手心吗？《全都是我的！》

的故事告诉我们：朋友一起来分享，自己才会更快乐！

此外，建立平等、民主、尊重、自由、合作、和谐的伙伴型师生关系，家园合作强化儿童分享性行为等，都有利于儿童分享行为的强化和分享能力的提升。

### 分享行为的培养策略

●情境讨论策略

情境讨论是指老师创设一定的情境，幼儿在教师的引导下讨论，从而获得正确分享观念的方法。采用情境讨论法培养幼儿的分享行为主要是帮助幼儿获得分享观念。当幼儿理解并接受了情境中的分享行为就能够将情境中的分享观念内化到自身的观念中，从而在游戏中表现出分享行为。

●角色扮演策略

角色扮演是指角色承担者按照规定表现出角色所要求的行为。在分享行为的培养方面，让幼儿亲身扮演一些角色，使他们站在所扮演角色的角度去思考角色做出分享行为的处境和动机，从而帮助幼儿理解和内化分享的观念。因此，角色扮演法是一种有效地帮助幼儿习得分享观念与行为的方法。

●观察学习策略

观察学习法主要是依据班杜拉的社会学习理论提出的一种塑造幼儿道德行为的方法。观察学习是一种积极认知的学习过程，既有情绪的感染作用，又有抽象的思维活动，这既缩短了学习的时间，又避免了尝试错误带来的惩罚，因而对于中班幼儿分享行为的发展是行之有效的。这里的观察学习比较片面，主要指幼儿观察周围的榜样行为而习得的行为，因此，为幼儿树立榜样是培养幼儿分享行为的有效策略。

●移情训练策略

移情训练法即培养幼儿理解和认识他人的情绪情感，并引导幼儿产生与别人情感、状态相一致的情感共鸣的教育训练。让幼儿学会站在他人的角度理解他人情绪，在此基础上再教他们具体分享的方法、规则等，效果就会比较好。

## 活动设计 5-1

### 1. 合作垒高（大班）

【设计意图】

这学期开始，幼儿园为每个大班提供了一套实心积木，孩子们非常喜欢玩。但是我们发现，他们都是自己玩自己的，有的幼儿边玩边抢同伴的积木，有的甚至把别人垒好的积木推倒，可见幼儿的合作意识、团队意识都非常差。针对此种情况，我们设计了“合作垒高”这一活动。

【活动目标】

1. 探索以小组为单位进行分工合作，提高合作交往能力。

2. 体验与同伴合作帮助小动物的快乐。

【活动准备】

1. 知识经验：幼儿有初步的测量和记录能力；幼儿对搭积木兴趣浓厚。

2. 物质材料：积木、尺子、纪录板、笔、音乐磁带、长颈鹿头饰、标志卡。

【活动过程】

1. 故事导入，激发幼儿用搭积木的方式帮助小动物的愿望。

(1) 教师有感情地讲故事。

(2) 提问：小动物们无家可归了，我们怎么办呢？

2. 幼儿小组合作搭房子，体验游戏的快乐。

(1) 教师交代搭房子的要求：三人合作搭一栋房子。

(2) 幼儿合作搭积木。

(3) 集体讨论，教师将幼儿合作的情况记在记录板上。

3. 小组分工，记录房子的高度。

(1) 小组协商分工方法。

(2) 小组成员履行职责，合作完成任务。

4. 幼儿搭高楼。

(1) 出示长颈鹿头饰，激发幼儿想搭建高楼的兴趣。

(2) 幼儿小组操作，按时完成合作任务。

(3) 讨论分工合作情况，体验合作帮助他人的快乐。

5. 活动结束。

幼儿拿着记录板跳着快乐舞，表达合作成功的快乐。

【活动评析】

本节活动将幼儿的发展目标寓于活动的过程中，根据活动中的角色分工和任务搭配，潜移默化地引导幼儿进行合作。在活动中，选择的材料受到幼儿的欢迎，营造了一个以幼儿为主体、发挥幼儿自主性的氛围，使得幼儿在游戏中不知不觉地尝试小组合作、协商，通过小组之间的对比，幼儿也能观察到其他小组的活动，努力完成自己的任务，懂得了合作的意义，并在合作中体验到了快乐。

（资料来源：伍香平 . 幼儿园优秀社会活动方案设计 65 例［M］. 北京：中国轻工业出版社，2013.）

### 2. 认识新朋友（中班）

【设计意图】

小班幼儿经过一年的幼儿园生活，掌握了简单的交朋友的方法，升入中班后，随着年龄的增长和交往范围的扩大，幼儿渴望认识更多的新朋友，但仍然缺乏结交新朋友的方法和技能，他们不知道如何与同伴交往，更难体会到交往的乐趣。因此我设计了中班社会领域活动“认识新朋友”，试着让同年龄段不同班级的幼儿在游戏中交流、习得交朋友的方法和交往技能，在体验式的游戏旅程中感受与新同伴交流、互助的快乐，增进同伴间的情感。

【活动目标】

1. 在玩玩、说说中学习交朋友的方法，并运用方法结交新朋友。

2. 在游戏情境中体验朋友多的快乐，增进同伴间的情感。

活动重点：探索、运用交朋友的好方法。

活动难点： 能大胆地与同伴交往和游戏，感受交朋友的快乐。

【活动准备】

1. 红色和绿色爱心贴纸若干张（两个中班平行班的幼儿各一半，同班级贴上相同的颜色）

2.“交朋友的方法” 图谱四张、游乐场转转杯 PPT。

3. 音乐《找朋友》、雷雨声、大小不同的树叶 5 片。

4. 场地准备：两两前后错开坐。

【活动过程】

1. 自由找朋友。

（1）游戏导入。

教师：小朋友们，听，这是什么音乐啊？我们一起来玩找朋友游戏吧！

（以已有经验为基础，找出自己熟悉的朋友，并让幼儿体验与朋友一起游戏的快乐）

（2）引导幼儿观察爱心贴纸的颜色，并找到一个爱心颜色不一样的幼儿做新朋友。

教师：刚才小朋友找的都是自己班上认识的朋友，你们看看，每个人的爱心有什么不一样呢？（有红心、有绿心）对呀，我们是来自不同的班级，那想不想找个新朋友呢？可是你不认识新朋友，也不知道他叫什么名字，怎样让别人愿意和你交朋友呢？动脑筋想一想，和旁边的小朋友商量一下你有什么好办法。

（给幼儿充分思考的时间，鼓励他们大胆思考交新朋友的方法）

（3）教师：那我们来试试看这些办法是否有用，能不能帮助我们找到新朋友吧。小朋友要记住，要找一个和自己的爱心颜色不一样的新朋友呦。

（用自己的办法找一个新朋友）

2. 探索学习好方法。

（1）请幼儿说一说“你用什么方法交到了新朋友”，并示范。

（亲身体验后的分享交流利于帮助他们回顾交朋友的好方法，同伴的榜样让没有找到好朋友的幼儿更好地理解交朋友的方法）

教师随机出示图谱（图 5－10），用儿歌的形式帮助幼儿梳理交朋友的方法。

（a）见面微笑招招手　　（b）大声介绍我自己

（c）问问别人愿不愿意做朋友

（d）找到朋友抱一抱

图 5-10　认识新朋友的方法

教师小结：想要认识新朋友，我们要学会微微笑、招手，要大声地介绍自己，问一问别人愿不愿意做朋友，然后送给新朋友一个大大的拥抱。

（2）教师：小朋友们开动脑筋想到了这么多好方法，真棒！那我们再来挑战自己，再找一个新朋友，别忘了用上交朋友的方法呦！

（在游戏中再次实践交朋友的方法，鼓励幼儿大声地表达交朋友的愿望，让第一次没能找到新朋友的幼儿感受到交到新朋友的快乐，同时也让第一次找到新朋友的幼儿巩固交朋友的方法）

教师小结：这些方法很神奇呦！用了这些方法就能找到好朋友。

3. 尝试多交几个朋友

（1）教师：认识了新朋友，你们开心吗？我们一块去玩玩吧！

（2）通过玩转转杯的游戏，鼓励幼儿运用交朋友的方法多交几个朋友。

（两个朋友变成了四个朋友，巩固学到的方法）

教师小结：好朋友越多，快乐就越多。这些神奇的方法，帮助我们找到了好朋友，真是太棒了！听，转转杯发出好听的音乐，开始旋转啦！

（一起玩游戏，感受朋友多的乐趣）

4. 朋友之间要互助

（1）引导幼儿互相帮助，共同在“大树叶”下躲雨。

（情境中体验“关爱朋友、相互帮助”的快乐与温馨）

（2）教师：雨越下越大，和好朋友手牵手，一起回家吧！

【活动延伸】

1. 幼儿园可开展同年龄段的混班区域活动。

2. 家长可多带幼儿与同龄伙伴进行交往。

【活动评析】

（1）活动素材精心选择。交往能力的培养、同伴意识的建立可让幼儿更好、更快地在集体生活中成长，因此，在时间有限的集体教学活动中让幼儿充分体会交朋友的快乐。

（2）活动环节清晰明了。活动通过四个环节循序渐进地引导幼儿探索、学习、体验交朋友的方法，帮助幼儿习得同伴交往的经验，巧妙地解决活动的重难点。

（3）游戏设计简单合理。《指南》中明确指出："幼儿的社会性主要是在日常生活和游戏中通过观察和模仿潜移默化地发展起来的。"因此，活动中的游戏设计正是帮助幼儿交流、习得交朋友的方法和交往技能，在体验式的游戏旅程中感受到与同伴交流和互助的快乐，增进爱同伴的情感。

（资料来源：裘指挥，王燕．幼儿园活动设计与经典案例分析［M］．天津：南开大学出版社，2017.）

知识链接

### 什么才是真分享

真正的分享行为至少应具备三个特征：一是主动自愿；二是与他人共享；三是内心产生愉悦的情感体验。缺少了任何一方面，都不能称之为分享。这种分享既可以是物质上的，也可以是精神上的。对年龄较小的孩子而言，分享的对象主要是玩具、食物等物品，而精神上的分享则相对较少。但是，孩子们可以通过对物质的分享来实现共情。分享过程中主动分享的一方，能体验到自己是有能力的，赢得他人的赞许和同伴的友善，从而获得更多的交往机会；而接受分享的一方，可以感受到被爱，获得物质资源，对别人所提供的帮助产生积极的回应。任何一个参与分享的孩子都能从中获得真正的满足，他们会明显表现出喜悦和兴奋的情绪。

让我们用具体案例来分析一下"分享"行为：

有一对表姐妹从小一起长大，感情很好。小伙伴之间流行一种小发卡，价格偏贵，表姐多次央求母亲，终于得到一包。因为来之不易，所以姐姐格外珍惜，平时总也舍不得戴。表妹见到后很喜欢姐姐的发卡，小表姐虽然不舍得送给妹妹，但愿

意借给妹妹戴一会儿。正当姐姐往妹妹的头上夹发卡的时候，姐姐的妈妈看到了，于是要求自己的孩子把发卡送给妹妹，孩子不愿意，大人就强行做了分配。结果，姐姐大哭大闹，而姐姐的妈妈觉得在亲戚们面前很丢人，便严厉呵斥孩子不懂事“不像姐姐样儿”；妹妹见此情景愣在一旁，面带慌张和内疚，妹妹的妈妈也连忙责怪起自己的孩子，一时间场面好不热闹。

1. 分享不是奉献

就像这个例子中姐姐的妈妈一样，有时成人在促使幼儿学会分享时过于急躁了。只要别的孩子想要，成人就会让孩子放弃他们还没用完的东西，而没有认识到孩子为解决问题所做的努力。姐姐愿意借给妹妹戴一会儿，恰恰符合我们上面所说的“分享”的内涵——自愿共享。而妈妈强迫孩子把心爱之物送给妹妹，实质上是物品所有权或使用权的完全让渡，本质上并不具有分享的意义，更多属于“奉献”或“牺牲”。这种情况在生活中十分常见，即便孩子做出分享行为，也并非出于自愿，而是迫于成人的权威和压力。成人过于刻意追求分享行为本身，忽视了孩子的心理需求、个人权利和内心体验，就有可能伤害孩子的情感，影响孩子的身心健康。长此以往，分享变成了一件痛苦的事情，孩子会更加在意自己的需要，而不愿从“自我”的世界里走出来。

2. 分享不等于均有

面对孩子间的争抢，有时成人会单方面规定绝对公平的方式（比如平均分配、强制轮流等）来让孩子分享。这种想法虽是出于好心，想借此回避孩子之间的冲突，但却是对分享行为的误解。

分享不是表面上的“你有我也有”，分享在乎的是实质上的共有。这意味着参与分享的人是一个整体，为了共同的目标、兴趣而努力，共享物质，彼此体谅。显然，单纯的物质均有或机会均等与分享的初衷是相违背的。正如例子中姐姐的妈妈强行将成套的发卡各分一半，不仅不是分享，反而会引发更多的问题，姐姐可能会由此怨恨妹妹，而妹妹可能会理所当然地认为自己可以拥有姐姐的任何东西。

分享也不是一个静态的结果，而是一个积极互动、动态平衡的过程。在这个过程中，每个孩子都要小心地调整自己以适应他人，他们会争执吵闹，也会妥协让步，但最终是相互成就、皆大欢喜。就像姐姐将发卡借给妹妹戴，至于何时收回，则需要孩子们继续协商。

3. 分享不应功利化

幼儿为了得到父母和教师的赞许和认可，常常努力表现出他们期待的言行。表扬本身是一种好的教育手段，但需要指出的是，当这种外在的表扬和奖励使用过度以后，外部奖赏的刺激会超过行为本身所带来的愉悦体验，如分享行为可能会从“我分享我快乐”变成了“有表扬才快乐”，分享被功利化了。所以，有些幼儿在父母和教师在场时会更容易表现出分享行为，分享变成了取悦他人、利益交换的工具，难以形成稳定自律的人格。

更有甚者，采用对比或竞争的方式来激发孩子的分享，例如“你看谁谁谁，多么大方，你就应该像他一样”，或是像例子中姐姐的妈妈说“不像姐姐样儿”。这些令人不快的对比，会使幼儿产生逆反心理，更加不愿去分享，而且还会催生出孩子不健康的好胜心和虚荣心，在其驱使下做出虚假的分享行为。

综上，孩子做不到任何时候、任何东西都可以分享，“不要自私”不等于“不爱自己”，我们要引导幼儿在尊重自己权益和情感的前提下，掌握一些必要的分享技巧，真正感受到分享带来的快乐。

（资料来源：王亚珺．正确看待孩子的分享行为[J].早期教育(家庭教育)，2019(1)：5-7.）

1. 案例评析。

宽宽其实很喜欢和别的小朋友一起玩耍，可是从来不敢主动去邀请别人。他常常一个人默默地站在角落里，眼巴巴地看着其他孩子开心地游戏，既羡慕又期待，希望哪个热心的孩子能够发现他，并主动邀请他参加游戏。

（1）假如你是他的老师，你会怎么引导他？

在建构游戏中，小刚认为红色的三角积木应该放在顶端做屋顶，但是亮亮认为这块积木应该放在道路上做吊桥。小刚不断重复："做屋顶更好看！"亮亮则不断重复说："做屋顶不好，做吊桥好！"他们在这个环节上争执不下。

（2）假如你是小刚和亮亮的老师，你会怎么样来处理这个冲突？又如何在处理的过程中传授给他们有效的方法呢？

2. 在中班的区域活动或者游戏活动中，观察孩子的交往水平、交往方式，分析交往中存在的问题，找出解决问题的策略和方法。

3. 试论述亲子活动与同伴交往的含义及其现实意义。

4. 简述学前儿童助人能力与分享能力的培养途径及训练方法。

## 思维导图

**学前儿童社会交往与教育活动**

- 学前儿童社会交往的内涵及意义
  - 学前儿童社会交往的含义
  - 学前儿童社会交往的类型
  - 学前儿童社会交往的意义
- 学前儿童亲子交往
  - 亲子交往的概念
  - 亲子交往的特点
  - 亲子交往的作用
- 学前儿童同伴交往的发展与特点
  - 同伴关系的含义
  - 3～6岁儿童同伴关系的发展特点
  - 学前儿童同伴关系的基本类型
  - 学前儿童同伴交往的影响因素
- 学前儿童社会交往教育活动的目标、途径与方法
  - 学前儿童社会交往的年龄阶段目标
  - 学前儿童社会交往教育活动的途径与方法
- 学前儿童人际交往教育与亲社会行为培养
  - 亲社会行为
  - 学前儿童助人能力的培养
  - 学前儿童合作能力的培养
  - 学前儿童分享能力的培养

# 项目六　学前儿童性别角色发展与教育

## 学习目标

1. 了解性别角色和性别行为的概念及发生发展。
2. 理解学前儿童性别角色社会化的影响因素与相关理论。
3. 掌握学前儿童性别角色教育的途径与方法。
4. 能结合所学知识进行学前儿童性别角色教育活动的设计。

## 情境导入

幼儿园的“医院”区角内，孩子们兴高采烈地商量着如何分配角色，明明说：“我要当护士，我想给别人打针。”可没想到莎莎立刻就反驳说：“医院里的护士阿姨都是女的，男孩是不可以当护士的。”周围的小朋友也开始声讨明明：“就是嘛，医院里根本没有男护士，你不能当。”“你要当的话我们就不跟你玩了。”明明的小脸黯淡了下来，终因寡不敌众，乖乖地选了大家都认可的“医生”角色，大家也都选了适合自己的角色，游戏开始了。

**思考：**

1. 莎莎为什么反对明明当护士？这反映了幼儿时期性别认知发展的什么特点？

2. 请从社会化的角度想想莎莎和周围的小朋友为什么会有这样的观念。

3. 如果你是老师，听到孩子们这样争论，你会怎么做？

# 模块一　学前儿童性别角色的发展

## 一、学前儿童的性别角色

我们通常所说的“男性”和“女性”是根据生物学特征对人类群体进行界定的性别。然而，性别除了具有生物学上的特点之外，还蕴含了社会文化方面的意义，这就是性别角色。

性别角色是被社会认可的男性或女性在社会上的一种表现，是社会对男性或女性在行为和态度上的期望总称。每个社会对男性或女性都会提出不同的要求，小到服饰、言谈举止、兴趣爱好、性格特征，大到家庭分工、社会分工。

儿童的性别行为是男女儿童通过对同性别长者的模仿而形成的自己这一性别所特有的行为方式。

性别角色的形成是一个渐进和复杂的过程，在该过程中个体逐渐认同自己的性别角色，并将其表现在自己的日常行为模式中。幼儿期是性别角色社会化的关键期，如果幼儿在此关键期没有得到正确的引导与发展，在以后的生活中会出现一定程度的性别角色认同障碍，从而不利于身心健康发展，甚至影响到一生的幸福。学前儿童的性别角色是其社会化的重要组成部分。

### 知识链接

**生理性别与社会性别**

所谓“性别”即男女有别，它是根据男女两性之间的差异所做出的区分，个体从出生之刻开始，便被纳入了两个性别范畴中。在现实生活中，性别有“生理性别”（sex）和“社会性别”（gender）之分。前者指男女两性在生理上的分化，具体表现为生理结构和生理机能两方面的差别；后者指男女两性在社会文化的建构下形成的性别特征和差异，即由社会文化形成的对男女差异的理解，以及在社会文化中形成的属于男性或女性的群体特征和行为方式。

**性别偏好**

性别偏好指对与性别角色相联系的活动和态度的个人偏好。幼儿性别概念的掌

握和性别角色观的形成使得幼儿在性别角色行为方面得到相应的发展，他们喜爱按照社会期待他们的性别从事活动和扮演角色，并表现出与此相符的行为。这种喜爱的态度倾向和行为就是性别偏好。

**性别教育与性教育**

性别教育是教育的一个分支，它是以特定社会背景中的性别观念为基础，通过有形和无形的方式渗透到教育的各个环节，让受教育者发展性别认知、形成性别观念、产生性别行为的社会化教育过程。与性教育的重点聚焦于性知识、性行为和性道德等内容不同，性别教育特指教育者基于男女性别差异特点，依据一定的社会文化规范，对受教育者的性别认知、性别观念以及性别行为施加社会化影响，期望两性发展并扮演特定的性别角色的活动。性教育强调性生理与性心理知识的传授，而性别教育更加注重对青少年开展性别角色和社会行为的教育。

## 二、学前儿童性别角色教育的意义

学龄前阶段是儿童性别角色培养和发展的重要时期，在此阶段开展性别角色教育具有重要的意义。

首先，儿童的性别平等意识与正确的性别观念不是天生的，不是自然形成的，而是在后天社会环境中形成的。幼儿园是儿童成长的重要场所，在幼儿园教育中引入社会性别视角，把社会性别分析方法运用到幼儿园教育中，它有助于儿童形成正确的性别认知、科学的性别观念与适宜的性别行为，增强自我保护意识，并帮助儿童形成健康的人格，为未来两性交往奠定坚实的基础。

其次，有助于家长与教师更好地了解自己的孩子，掌握学前儿童性别角色的特点，从而树立起现代科学的性别角色观念。

最后，在幼儿园开展性别角色教育，会进一步拓宽幼儿园教育的范围，丰富幼儿园性别教育的研究内容。

性别教育既是教育领域研究的范畴，又是社会领域关注讨论的问题。因为性别教育关乎儿童性别认知、性别观念、性别行为等发展问题，同时与性别平等、社会性别意识等人权、社会公平问题相关，需要引起足够的重视。

## 三、学前儿童的性别差异

讨论性别角色发展问题，不可能绕开性别差异的问题。越来越多的研究发现，成人对儿童刻意地回避性别问题会引发儿童巨大的性好奇，这诱导他们以不合适的方式来探索自己和他人的身体及行为，会深刻影响他们的社会生活。我们将主要从生理、认知、社会性发展等三个方面阐述性别差异的问题。

### （一）生理方面的差异

男女两性在生理上的差异，首先是由染色体的差别决定的。在性激素的作用下，男女发展出了有区别的身体结构，并且对个人的行为也产生了不同程度的影响。幼儿期间对两性生理方面的差异会产生极大的好奇心，尤其是男女性器官的差异。

例如，我们会听到四五岁的小男孩问："妈妈，为什么我有小鸡鸡，幼儿园的××没有？""为什么男孩子是站着尿，女孩子就不能站着尿？""为什么爸爸的胸是平的，妈妈的是鼓的？"……

幼儿开始发现男女生理器官的差异，甚至对自己身体器官的探索也表现出明显的好奇，这在幼儿期是非常常见的。例如，幼儿在如厕的时候会进行言语交流和讨论，很容易就会发现有的孩子是蹲着如厕的，有些孩子是站着如厕的。这也是儿童性别角色差异发展的必经过程。

### （二）认知方面的差异

在言语能力方面，女孩比男孩通常有更好的表现。1 岁以前的女孩比同龄男孩更愿意发出咿咿呀呀的声音，女孩学会说话的时间普遍比男孩早。女孩能够掌握更多表达言语的词汇，在幼儿园里女孩更愿意用言语表达自己的想法，发生冲突的时候，女孩也更愿意选择通过言语解决问题。

在视觉空间能力方面，男性的空间判断能力比女性更快、更熟练。一般情况下，男孩在逻辑推理、空间判断等问题的处理上普遍优于女孩。

在性别化的发展过程中，男孩和女孩存在发展速率、发展程度等方面的差异。男孩和女孩对同性同伴的偏好出现的时间不同，女孩一般在 2 岁发生，男孩则要到 3 岁。这与男女儿童的性别认知发展速率和发展程度有着密切关系。

### （三）社会性方面的差异

男女性别差异在社会角色的分工中有明显体现。性别角色更多的是作为一种社

会文化的产物，最早可追溯到人类早期的劳动分工，它在一定程度上造就了男女间体力和其他生理能力的差异。在原始社会时期，男性负责狩猎、安全防卫工作，容易形成攻击性、独立性等心理品质；而女性主要是负责采集食物、养育幼儿，发展了依赖性、亲和性、合群性等心理品质。儿童早在 2 岁时，就表现出性别化行为，开始选择符合自己性别角色的游戏和玩具，例如，男孩喜欢玩玩具枪、玩具卡车等力量型玩具，女孩喜欢洋娃娃之类的柔软型玩具。发展到学前期，儿童依然表现出性别化行为，男孩玩竞技类游戏，伴有追逐打闹等活动，女孩喜欢静态的游戏，如做手工、扮家家等。他们对成人在社会中所从事的活动和所扮演的角色有了基本的了解，喜爱社会期待的性别角色，并表现出与其相符的行为。这也与传统的教养方式有关。

### 知识链接

在国外，关于性别差异最广泛的研究是由麦克比和杰克林进行的。1974 年，他们分析了 2000 多个相关研究，并把这些研究发现按领域归纳成三类：一是实验或调查证据并不支持有差异的领域；二是证明确实存在真正的性别差异的领域；三是被认为有性别差异的领域，存在疑问或证据不足而不能确证。如表 6-1 所示。

表 6-1　性别差异研究结论

| 研究不支持的观点 | 真正存在的性别差异 | 模棱两可或证据不足的领域 |
|---|---|---|
| 1. 女孩比男孩“社会性更强”；<br>2. 女孩比男孩更容易“受暗示”；<br>3. 女孩的自我评价更低；<br>4. 女孩在角色学习和简单重复任务上表现更好，男孩则在需要高水平的认知加工和摈弃以前习得的反应上更好；<br>5. 男孩善于分析；<br>6. 女孩更容易受遗传影响，男孩更容易受环境影响；<br>7. 女孩缺乏成就动机；<br>8. 女孩是听觉的，男孩是视觉的。 | 1. 女孩的言语能力比男孩强；<br>2. 男孩的空间视觉能力更强；<br>3. 男孩的数学能力更强；<br>4. 男孩更富有攻击性。 | 1. 触觉感受性；<br>2. 活动水平；<br>3. 恐惧、怯懦与焦虑；<br>4. 竞争性；<br>5. 支配；<br>6. 服从；<br>7. 抚养与“母性”的行为。 |

资料来源：张晗 . 幼儿性别概念及性别偏好研究 [D]. 济南：山东师范大学，2007.

对于麦克比和杰克林的研究结论有的心理学家做了补充，认为：（1）女孩可能在言语表达的清晰性、流畅性、情感性方面优于男孩，而在言语表达的逻辑性、缜密性上，可能比男孩差；（2）男孩具有更高的打破思维定式的能力；（3）个性与社会性方面也存在着性别差异。男女对玩具有不同的偏好，男孩喜欢枪、汽车等玩具，女孩偏好洋娃娃及其他的软体动物等，在游戏和玩伴的选择中也存在性别差异。

20 世纪 80 年代之后，大量研究发现，性别差异总体呈下降的趋势，社会在性别角色上的容忍度增加，特别是“双性化”教育理念的兴起，更增进了这种趋势的发展；最近两性行为差异的研究集中在所发现差异的重要性上。实际上，男女两性性别差异更多来自社会而非自身，两性之间的差异也小于个体间的差异。

## 四、学前儿童性别角色的发生和发展过程

学前儿童在对性别概念正确认知的基础上，逐渐形成较为稳定的性别角色行为，从而符合社会对其性别的期望。所以能否正确认识性别角色是非常重要的。谢弗将它的发展分为基本性别意识阶段、性别认同阶段、性别稳定性阶段和性别恒常性阶段四个阶段。

### （一）基本的性别意识阶段

性别角色发展的第一阶段始于儿童出生之际，父母根据新生儿的生殖器来判断性别，并给他选择相应的名字，在语言上也会带性别倾向，如“美丽的女孩”“强壮的男孩”。0 ～ 18 个月的儿童会把成人频繁的性别描述当成对自己认识的标签，尽管他们还无法顺利地表达，但是他们能明白这些谈话指向他们。

### （二）性别认同阶段

性别概念主要包含三个因素：性别认同、性别稳定性和性别恒常性。一般认为，性别认同出现的年龄最早，大概 2 ～ 3 岁；然后是性别稳定性，大概 3 ～ 4 岁；最后出现的是性别恒常性，大概 6 ～ 7 岁。

性别认同是对自己和他人性别的正确标定，知道自己的性别并初步认知性别角色。汤姆逊认为，2 岁儿童性别认同发展水平还很低，这时他们已经开始能够理解“男人”和“女人”这类词的含义，开始知道一些活动同男性相联系，如开车的司机一般是男人，另一些同女性相联系，如医院的护士一般是女性。但他们还不知道

自己与其他人属于同一性别类型。

在2岁半以后，绝大多数儿童能准确说出自己的性别，还能区分其他人的性别，也知道自己与同性别的人更相似。

在3岁时儿童对性别角色的知识有了初步理解，对不同性别物品归属问题的理解进一步加深，如能够将口红归入“妈妈的东西”，而将领带归入“爸爸的东西”，但他们还不能根据性别标签挑选与自己性别相适宜的物体。这时的儿童也能根据社会传统观念的性别期望，对不同性别的行为模式形成初步的认识和理解。例如，女孩应该玩洋娃娃、穿裙子、长头发、使用红色；男孩则应玩玩具卡车、穿裤子、使用蓝色。在性别认同线索的选择上，儿童与成人存在差异，成人首先会根据生殖器官来判断性别之后才会根据身体轮廓或者服饰等特点来判断。而此时的儿童区分性别的线索多为头发的长度和服饰的特点，还不能理解生殖器官及身体轮廓这些区分线索。

### （三）性别稳定性阶段

性别稳定性是指儿童对自己的性别认识不随年龄、情境等变化而改变。该阶段的主要任务是认识到人的性别在一生中都是稳定不变的，男孩长大以后仍是男性，女孩长大以后仍是女性。到4岁能够正确回答如“当你长大后你是当妈妈还是当爸爸”“当你还是婴儿的时候，你是男孩还是女孩”等问题。儿童对自己性别不变的稳定性的认识要早于对别的孩子性别稳定性的认识，他们较早知道，不管怎么样，他们不可能变为相反性别的人。

### （四）性别恒常性阶段

性别恒常性是指儿童对一个人不管外表发生什么变化，而其性别保持不变的认识。性别恒常性是儿童性别认知发展中的一个重要的里程碑，儿童一般到了6～7岁才能获得性别恒常性的认识。该阶段儿童的主要任务是认识到两性不会随服饰、发型、活动的变化而改变。

5～7岁的儿童对男孩和女孩的行为区分越来越清晰，也开始认识到一些与性别有关的心理因素，如男孩要勇敢、女孩要温柔等，但对性别的认识也表现出刻板性，他们认为违反性别角色的一切行为都是错误的，如一个男孩玩娃娃或一个女孩玩汽车会遭到同性别儿童的反对。5～7岁的儿童逐渐从心理特征上去认识和理解性别行为模式，再往后，随着抽象思维的萌芽和发展，对性别角色的认识和理解也会逐渐摆脱具体表象，开始灵活思考，接受多元文化下的性别角色，如性别的双性化，即能够理解女孩子也可以学会打篮球，参加竞技类体育游戏；男孩也可以帮助母亲很细致地做家务等。

知识链接

### 儿童性别概念的核心问题是性别恒常性的发展

有些 2 岁的儿童就能很好地区别图片上人物的性别，即使女孩留短发或穿男式长裤也能分辨，这时儿童往往对自己的性别恒常性还不十分确定；到 2.5–3 岁，绝大多数儿童都能准确说出自己是男孩还是女孩，尽管这时儿童也还没有建立性别恒常性；3 ～ 5 岁的儿童中，也常认为男孩可以成为妈妈，女孩可以当爸爸，如果一个人的发型和服装外表变化了，他或她就成了另外一个性别的人。儿童通常在 5 ～ 7 岁期间开始建立性别守恒，这是儿童对事物的物理特性认知开始守恒的年龄。5 ～ 7 岁儿童首先对自己的认识产生了性别恒常性，然后才能应用到别人身上。

在儿童性别概念的发展中，对性别标志的识别起着重要作用。儿童通常根据衣服、头发、胡须、称呼等认清自己或他人的性别。例如：幼儿从父母对她说“你是女孩，要穿花衣服”等知道自己是女孩；而有胡须的是男人，根据年龄不同可以分别称呼“爷爷”“叔叔”“哥哥”。如果孩子把自己或他人的性别搞错，人家就会笑话他，使他的认识得到纠正。例如，一个小男孩玩游戏的时候，老师要求小女孩先到场地里，他也跟着下去了，这时候其他小朋友会取笑他，他会很不好意思，下次再让女孩做某事时他就知道不去做了，而是和其他男孩在一起。

# 模块二　学前儿童性别角色社会化的影响因素与相关理论

## 一、学前儿童性别角色社会化的影响因素

学前儿童性别角色社会化的影响因素包含了家庭、同伴、学校、文化、大众传媒以及儿童自身等很多方面。

### （一）早期家庭教育对儿童性别角色发展的奠基作用

父母对儿童早期的重要影响主要是在家庭环境中以潜移默化的形式实现的。孩子出生的第一天，儿童的性别角色社会化就开始了。

父母总是根据性别在护理、服饰、名字、玩具、活动等各个方面对孩子区别对待。在生活中，家长以不同的方式对待男女儿童。在婴儿很小、不具备表达他们喜好的能力时，他们已经被一些带有典型性别标签的东西包围了。家长希望女孩是听话和逗人喜爱的，对她们比较宽容，并进行较多的保护。而对男孩子则给予较严厉的约束和管制。正如勒诺·韦茨里所指出的：“从微不足道的一个刚诞生的女婴被包在一条粉红色的毛毯里和她的兄弟被包在一条蓝色毛毯里开始。两个（性别的）婴儿就受了不同的对待。”这种不同的对待方式就是性别角色教育的开始。

父母总是鼓励男孩玩一些要求肌肉大运动的活动，如扔球、开车等，而鼓励女孩玩布娃娃、过家家、跳舞、剪纸等精细活动。男女儿童活动的性别倾向出现之后，父母会继续通过各种方式予以强化。他们会对孩子做出的符合性别角色的行为报以微笑、赞许和鼓励，而对他们认为不符合性别角色的行为则会加以阻拦和制止，这样，儿童活动的性别倾向越加明显。由此可见，儿童从一来到人世间就有可能受到父母不同的待遇，获得了不同的早期经验，而这些最初的经验又会以先验的方式对以后的认识和行为产生影响，促使他们朝着各自的性别角色行为方面发展，并越来越固定化。

所以，早期家庭教育在儿童的性别定向和性别角色行为的形成发展过程中起着非常重要的奠基作用。

### （二）同伴互动交往过程中儿童性别角色社会化的强化

一方面，同伴在心理发展水平上相同或相近，他们对成人或社会给予的性别角色规范的理解也相同或相近，这就使得同伴们大致站在一个基点上去学习和相互模仿有关的性别角色。如一个小女孩会因为拥有一件和别的小朋友一样的花裙子而非常开心，甚至穿脏了也不愿意脱下来。

另一方面，同伴不仅是有关性别角色的相互模仿者，而且还是性别角色社会化过程肯定与否定的重要执行者。例如在男孩的游戏中，一个勇敢者往往受到同伴们的信服和尊重；在女孩的游戏中，过分顽皮者往往受到同伴们的排斥。同伴们的行为使儿童个体看到了某些角色行为的后果，对儿童性别角色社会化起到了强化作用。

知识链接

哈里斯认为家庭对儿童性别角色的影响并不大，性别角色发展中起重要作用的是同伴群体。一项研究证明女孩单独玩球时很有竞争性，当男孩加入后，就显得害羞和缺乏竞争性。而且当男孩和女孩之间发生争执时，通常是以女孩的忍让和服从而告终。说明当另一性别不在场时，性别分化的行为减少。另有研究发现，不管是小班的幼儿还是中大班的幼儿，在其结成的同伴关系中经常是以同性为主的，幼儿到了7岁以后，这种趋势就更加明显。在幼儿时期，同伴们就很清楚对性别适宜和不适宜的行为和语言该如何反映，更强调惩罚性别不一致行为，同时接受性别一致行为。马丁等的研究显示，儿童与同性同伴一起游戏的时间越长，他们表现出性别刻板行为的频率越高；同性同伴之间的互动加强了儿童与同伴群体性别类型期望一致的趋势。另外，父母为促进儿童的性别认同，也鼓励孩子加入以性别区分的同龄人团体，这进一步强化了同伴群体效应。

### （三）学校教育对儿童性别角色发展的主导作用

儿童进入学校，意味着他们开始接受正规的学校教育。由于学校教育具有特殊的权威性，随着个体受教育年限的增加，学校教育对儿童性别角色发展的主导作用逐渐显现。学校教材、教师行为、课程设置、伙伴组织、环境布置等都对幼儿获得性别角色行为发生影响。

首先，教师的角色期望对儿童性别角色发展有重要影响。心理学家荣格在论及儿童的发展和教育时，非常重视教师的作用。他认为，儿童在上学之前，他们仅仅是父母精神的产物，入学以后，学校则起着极为重要的作用。因此，教师的言行成

了儿童学习的榜样，尤其是教师对待不同性别儿童所采取的不同互动方式，在极大程度上对儿童的性别角色发展产生了不同的影响。

案例 6–1

**中班“娃娃家”游戏**

“娃娃家”角色游戏活动中，其中有一个女孩 A 扮演“妈妈”，并没有按老师对她设计好的妈妈形象进行活动，而是坐到椅子上，把它当车在教室里开来开去。女孩 B 到幼儿教师那儿告状：“老师老师，她不像妈妈。”老师对着 A 和 B 说：“妈妈应该在家里做些什么？” B 说：“妈妈不应该开着车到处乱跑，应该做饭。”老师说：“对了，妈妈应该做饭、收拾屋子、给宝宝讲故事、在家洗衣服，你看你家多乱，快别开车乱跑了。”A 低下头，按老师的要求去收拾屋子做饭了。

**中班“餐馆”游戏**

幼儿教师为服务员准备的是鲜艳的花头巾，为厨师准备的是白帽子，当三个幼儿（一女两男）走进这个区角后，两个人都拿起厨师帽戴在了头上。二人你望望我，我望望你，似乎想起了什么。一个男孩说：“没服务员呢！”并叫女孩：“你去当服务员！我们戴那个花头巾又不好看！”女孩很自然地接受了，并把花头巾戴上。老师看到后，对三个幼儿说：“宝贝，并不是只有男孩才能做厨师，也并不是女孩才能当服务员的。一会儿咱们让女孩做厨师、一个男孩做服务员，换下角色好吗？”

（资料来源：宫亚男 . 学前儿童性别角色教育特点研究[D]. 长春：东北师范大学，2008.）

案例 6–1 的两个角色游戏中，教师对儿童的游戏指导中都包含着性别角色教育。

在第一个“娃娃家”的游戏里，教师给儿童传递的性别观念是传统而刻板的，“妈妈应该做家务活而不应该开车”。而在第二个“餐馆”的游戏里，幼儿教师指导男女儿童尝试不同的角色体验，有力避免了幼儿形成传统的刻板角色观念。儿童生来虽有性别之分，但性别意识和性别平等观念却并非天生，需要通过教育手段来培养儿童。可以说，幼儿教师在教育活动过程中通过对幼儿游戏活动的指导传递着自己的性别角色观念，这种传递的过程是渗透性的，并在潜移默化中完成。

由此我们可以看出，学前儿童性别角色教育蕴含于幼儿园教育活动的细节之中，蕴含于幼儿教师对幼儿的游戏指导以及教师日常语言之中。

其次，教育材料对儿童性别角色发展也有重要影响。学校为儿童准备的教材、教师为儿童准备的玩具乃至园所的布置都可能潜移默化地影响儿童对性别角色的认识。

以幼儿读物为例，幼儿教师使用的教材和幼儿翻阅的读物是幼儿性别认知的主要来源之一。读物中所体现出的性别角色期待潜移默化地影响着幼儿性别角色观念的形成。在幼儿园的读物和教材中，幼儿阅读到的还是传统的性别角色期待。幼儿读物所表现出来的男性和女性的优缺点，已经明显体现了传统的性别观念。童话中与孩子相伴的永远是母亲（如《小蝌蚪找妈妈》《小红帽》《小兔子乖乖》等），需要被勇敢执着的男性拯救的永远是柔弱的女孩（如《灰姑娘》《白雪公主》《睡美人》等）。男性优点多表现为聪明能干、诚实勇敢、有责任心、独立性强等；女性多表现为勤劳、温顺、心地善良、听话等；男性缺点多表现为不遵守纪律、调皮、霸道、贪玩等；女性多表现为爱哭、软弱、需要保护等。这将使得儿童的性别刻板印象进一步形成，不利于其性别角色健康发展。

#### （四）大众传媒对儿童性别角色发展的导向作用

在当今高速信息化的社会背景下，电视、电影、网络等媒体是对个体产生重要影响的社会因素之一，幼儿时期是孩子模仿力最强、最善于模仿的时期，很容易从大众传媒中接受相关性别观念；同时，不同的社会有着不同的性别角色标准，并且会随社会本身的变革和发展而发生变化，社会文化因素也在更大程度上决定着两性的性别角色规范。

#### （五）儿童自身的性别角色内化

无论家庭、幼儿园还是同伴、媒体，对于儿童的性别社会化发展而言都是外因，外在因素不能脱离儿童自身对性别角色的内化而单独发挥作用。

首先，在儿童性别角色社会化过程中，社会学习的开展必须建立在儿童一定阶段的认知发展水平上，没有这个条件，儿童便不可能获得性别角色。

其次，社会对儿童施加的影响必须通过儿童积极的自我选择和内化才能得以实现。在特定社会背景下，社会对同一群人传递的信息是相同的，但由于认知系统以及需要动机的差别，人们接受的东西、表现出的特征却是不同的。例如，同一家庭中的姐姐和妹妹在对性别角色的理解上可能会有很大的差异。

郑新蓉在《性别与教育》一书中提出性别角色形成的模式。如图 6－1 所示，在学前儿童性别角色形成过程中，生理性别是形成性别角色观念与行为的基础。学前儿童在生理性别，所受的教养方式以及榜样的影响作用和社会文化传递出的角色规范要求的三重作用下，加上自身认知发展水平，最终形成了性别角色。同时学前儿童形成的性别角色观念与行为也影响着自身发展水平（包括认知水平）和将来对待自己的子女的教养方式，形成了一个循环模式。

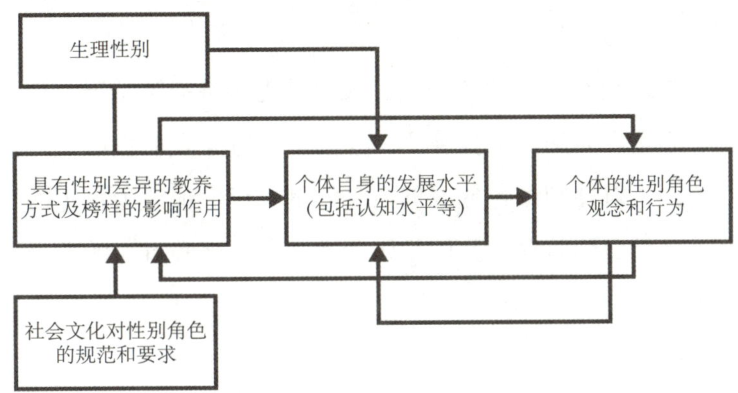


图 6-1　性别角色形成的模式

资料来源：董雪婷．学前教育性别教育实施中存在的问题及对策研究：以 Z 市为例 [D]. 镇江：江苏大学，2018.

综上所述，社会影响与认知发展相伴而行，交织于儿童性别社会化的过程中。

## 二、学前儿童性别角色社会化的相关理论

关于性别角色发展的理论存在着诸多争论，不同的研究者和理论学派对性别角色发展及其影响因素提出了不同的观点，主要有精神分析学派的理论、社会学习理论、认知发展理论、生物学理论等。

发展心理学家对儿童性别角色发展提出了多种理论解释，我们这里主要从社会学习理论、认知发展理论、整合的观点和双性化理论等角度阐述儿童性别角色发展的规律。

### （一）精神分析理论

1. 弗洛伊德的理论

弗洛伊德是第一个全面的、发展的社会化理论的提出者，他认为性别角色的获

得发生在对同性父母的认同过程中，是解决恋母或恋父情结的结果，通过对同性父母的认同，男孩和女孩分别以父亲或母亲为榜样，学习同性父母的行为模式和特点，最终成为男人或女人。弗洛伊德认为主要的性别认同发生在幼儿期。他还认为，由于父母或多或少代表着社会大多数成员认可的价值观，通过对父母的认同，儿童和青少年学会了社会期望的规则和行为模式。因此对父母的认同就成了性别角色发展的关键。

2. 埃里克森的理论

埃里克森基本接受弗洛伊德的观点，又对其理论进行了发展。他认为，性别角色获得是幼儿期心理发展的两大任务之一（另一任务是发展良心）。同时，埃里克森认为生物学的因素对性别角色的发展有一定的作用。他认为行为的性别差异根源在于两性之间解剖学上的差异，具体是指两性之间人格和行为的差异反映了他们生殖器官结构上的差异。

（二）社会学习理论

班杜拉的社会学习理论认为，儿童获得性别角色可以通过两种方式，直接教导和观察学习。

一方面，大多数的父母、教师通过直接教导的方式有意或者无意地赞赏、支持、鼓励儿童符合其性别特征的行为，而那些与自身性别特征不一致的行为则不被鼓励甚至受到阻止或惩罚。同其他社会行为一样，男孩、女孩的行为由强化或惩罚而形成。女孩子跳舞、打扮自己、向父母撒娇、请求帮助、玩洋娃娃之类的活动会受到父母的持续强化，而她们拆装物品、跑跳、攀爬之类的活动经常受到阻止。与此相反，男孩们玩洋娃娃、寻求帮助等女性化的行为常常会遭到斥责，他们玩一些男性化的需要较多肌肉活动的游戏则会受到鼓励。

另一方面，儿童通过观察与模仿各种各样的同性别榜样，如父母、教师、哥哥姐姐、同伴等，获得性别角色知识和行为。成人是儿童性别角色发展的直接教导者和同性别榜样，成人的性别角色观会在明确的意识层面以及自身无法察觉的潜意识层面，有意或者无意地作用于儿童，对儿童建立积极的双性化性别角色有着非常重要的作用。儿童会学习那些被称赞的行为，抑制那些被惩罚的行为。例如：一个小男孩看到别的小男孩抱洋娃娃受到父母的呵斥和同伴的嘲弄，那么他也会拒绝玩洋娃娃；与之相反，看到别的小男孩玩玩具手枪得到父母的鼓励，他也会学着玩玩具手枪。

### （三）认知发展理论

科尔伯格的认知发展理论与社会学习理论不同。他认为，儿童首先建立起一种稳定的性别认同，然后再积极地寻找同性别榜样，从而学会让自己像一个男孩或是女孩。科尔伯格的性别角色发展理论有两个基本理论观点：①性别角色发展取决于认知的发展，特别是儿童对性别及其对自我意义的理解；②儿童积极地使自己社会化，而不只是被动地接受社会的影响。

根据社会学习理论的观点，儿童在父母的鼓励下学会做男孩或是女孩该做的事情，之后他们会习惯性地模仿同性别榜样，获得稳定的性别认同，如同“人们像对待一个男孩一样对待我，所以我必须成为一个男孩”。与此相反，科尔伯格认为，儿童首先建立起一种稳定的性别认同，然后积极地寻找同性别榜样，从而学会让自己像一个男孩或女孩，如同“嘿，我是个男孩，所以我必须尽我所能来努力成为一个男子汉”。

### （四）整合的观点

整合的观点认为，社会学习理论和认知发展理论从不同的角度增进了人们对性别差异和性别角色发展的理解，一方面我们是社会的产物，另一方面我们又是自己的主动构建者。年龄越小，个体越是主要通过成人的鼓励和示范，学习符合社会期待的性别角色行为。当3岁获得了性别认同后，幼儿便开始成为积极的自我社会化者，他们会尽一切努力获得自己所认为的与其自我形象相一致的男性化或女性化特征。

### （五）双性化理论

多年来，心理学家认为男性化和女性化是单一维度的两极。如果一个人具有高度的男性化特征，他必定不具有任何女性的特点；而高度女性化也就意味着缺乏男子气。然而，贝姆对这一假设提出了挑战。她认为，任何性别的个体都可以用心理双性化来描述，即一个人可以兼具男性化特征和女性化特征，例如，一个男性或女性既具有坚定、善于分析、强有力、独立的特点，也具有富有爱心、富有同情心、温和、善解人意的特点。

贝姆认为，具有双性化特征的男性和女性会比那些传统化的个体做事更为灵活，心理健康水平也更高。这种双性文化理论强调，应该从儿童早期就开始进行无性别歧视的儿童教育，而不过分强调性别差异。

**知识链接**

为了“帮助那些局限于严格性别角色刻板印象桎梏中的人们得到个性解放，形成一个不受文化中关于男性化和女性化定义影响的心理健康概念”，贝姆提出了新的性别角色模型。传统的性别角色模式认为男性化与女性化处于单一维度的两个极端，一个人如果具备高度的男性化特质，他必然不具备任何女性化特质，而高度女性化的个体则必然不具备任何男性特质。

贝姆认为可以用心理双性化来描述每一个个体，即对典型的男性化特质（勇敢、坚强、果断、有能力等）和典型的女性化特质（温柔、善解人意、有同情心等）的平衡和综合。贝姆的性别角色模型假设男性特质和女性特质是人格的两个相互独立的维度，由此可分为四种性别角色倾向的个体：典型的男性化、典型的女性化、未分化和双性化（如图 6－2 所示）。一个具有很多男性特质和很少女性特质的男性或女性是典型的男性化者，一个有着较多女性特质和较少男性特质的个体是典型的女性化者，双性化的个体同时拥有典型的男性特质和典型的女性特质，而未分化的个体在两类特质上都比较缺少。

| 男性化 \ 女性化 | 高 | 低 |
|---|---|---|
| 高 | 双性化 | 典型男性化 |
| 低 | 典型女性化 | 未分化 |

**图 6-2　男女双性化性别角色模型**

需要特别强调的是，双性化不同于中性化，双性化是高度男性化和高度女性化的综合和平衡，是在保持自身性别优秀特征的基础上，表现出自身鲜明性别气质的同时吸收异性身上优秀的性别特征，完善自身的人格，为自我的发展提供更加自由的空间，顺应人性的自然发展。而中性化在男性化和女性化上都处于低水平，属于未分化类型。

# 模块三　学前儿童性别角色教育的实施

## 一、选择适宜的内容和形式

### （一）选择合理恰当的性别教育内容

要依据儿童的身心发展特点和个体的差异选择合理且恰当的性别教育内容。维果斯基的“最近发展区理论”提出了儿童的身心发展特点的重要性，在重视幼儿身心发展的基础上开展学前教育能发挥极大促进作用。不同年龄层次的儿童性别平等意识教育和性别角色教育处于不同的发展阶段，在开展幼儿园性别教育时要考虑这方面的影响。

在班级的布置上就可体现出不同年级的差异性。如：小班可以布置一些诸如“娃娃家”“小厨房”等社会性别角色不太明显的情境；中班、大班可以布置一些诸如“医院”“超市”“美容店”等社会性别角色较为明显的情境。在游戏与活动中，由儿童自由选择在其中扮演的角色，教师不必刻意强化儿童扮演角色的性别，以便促进儿童性别角色的自然发展。

### （二）合理的性别教育形式的选择

我国家庭对幼儿性别教育涉及较少，甚至有些家庭“谈性色变”，很多家长羞于与儿童进行关于性别认知问题的讨论。而儿童对于自己是怎么来的、自己的身体与其他儿童有什么差异会产生疑惑，并且在好奇心的驱使下，儿童会通过不同的渠道去认识男女性别的差异，如果不进行正确的性别教育引导，儿童很可能会获得错误或者扭曲的信息，以致出现不适宜的行为。

例如，生命来源的过程是幼儿感兴趣的话题，很多家长都会接到类似这样的问题：“妈妈，我是从哪里来的？”“为什么我是女（男）孩子？”很多家长会不知所措，有的家长选择回避，有的家长会给幼儿编造五花八门的答案，随便说一个出处，如你是从市场上捡的、垃圾桶里发现的、山洞里捡来的等，让幼儿陷入忐忑不安的猜测中。

因此，首先，成人应正面迎接幼儿的问题。成人应在幼儿提问之前做好准备工作，了解胎儿孕育、生产等过程的专业知识，如精子和卵子相互结合成了受精卵，即未来胎儿生长的基础。虽然这时的幼儿未必能够理解这些专业术语，但他们仍然还是非常感兴趣的，当成人被问到这类问题时，不需要紧张和隐瞒，而是可以有选择地将生命起源的过程大致介绍给幼儿。

知识链接

许世彤和区英琦等人在《性科学与性教育》一书中提及，幼儿性教育的最初有两个重要内容：首先是使幼儿形成性别认同和表现正确的性别角色；其次是使幼儿形成正确的性观念，打消性的神秘感，让幼儿能够有健康的性态度。

其次，可以选择合适的科学读物作为教育素材。幼儿理解事物需要借助具体形象的素材，家长和教师可以充分利用含有性别角色教育题材的绘本，给儿童讲故事，学知识，全面帮助儿童建构丰富的精神世界；通过绘本形象的图片、浅显的文字，让儿童获得性别知识，习得性别角色意识与性别平等意识。家长平时多注意利用家庭环境对儿童有意识地进行性别角色教育，多陪伴儿童，也有助于提升儿童性别角色教育的效果。教师还可以利用教室的多媒体设备，给儿童呈现适宜的、直观的关于性别角色教育的图画、视频等资料，增加儿童性别角色教育的学习兴趣，加深其对性别角色知识的理解性。

例如，绘本《小鸡鸡的故事》中包含了丰富的内容：男女生理结构的不同、生命的诞生、生殖器的清洁、保护自己不要受到性侵害等，表达出“每个孩子都是宝贵的生命”的美好情感。与此相应还有《乳房的故事》，这两本书在阅读对象上是不分男女的，《乳房的故事》侧重于生命的诞生，《小鸡鸡的故事》侧重于性别的区别和自我性别认同与保护，您可以自然平静地告诉孩子想知道的事情。其实，在孩子的眼睛里，生殖器和眼睛、鼻子、耳朵一样，是他们身体的一部分，他们希望了解这个器官并由衷地赞美它，就像赞美自己身体的任何一个部位。再如，绘本《奥利弗是个娘娘腔》是从心理认同的角度来阐述的，而《小威向前冲》的故事以童趣的方式生动形象地描绘了生命的来历，并让儿童认识到自己与父母在身体上的传承关系，很易于幼儿理解。

再如，两性在身体外表特征上的差异是幼儿感兴趣的另一个话题，成人在回答这类问题的时候，主要可以从以下几个方面进行。

第一，从生物科学的角度提供操作探索的材料。幼儿教师可以利用自然生物馆所陈列的资源，带幼儿去参观男女人体构造，并给儿童建立更加科学的概念。在幼儿园中，可以在班级科学区或科学活动功能室中投放不同性别的塑料人体模型，并开展相应的科学探索活动，供幼儿观察和游戏。

第二，幼儿园可以开展融合性课程或者主题性课程，将性别教育内容与艺术、音乐等内容相互结合，让幼儿在游戏中获得对身体的感知。

第三，幼儿性教育不同于家庭教育，作为一个教育机构，幼儿园配备专业的幼儿教师和科学的教学教具，还有完善的教学设施和系统的教学安排计划。幼儿园性教育与青春期的性教育不同，并不是向幼儿传授高深的性学问，而是将粗浅、科学的基础性知识教给幼儿，帮助幼儿了解生命的来源，树立正确的性别角色观，了解如何清洁护理性器官及防止性侵的方法，为日后形成科学正确的性态度打好基础。

## 二、营造男女平等的环境

虽然儿童在很小的时候就表现出了性别角色的意识，但在教育实践中，家长和教师应该尽可能淡化性别的刻板印象。例如，在开展一些活动或提供玩具时应该给儿童更多自由选择的机会，而不要把自己的主观期待或愿望强加给儿童。幼儿期正是儿童身体与认知发展的重要阶段，家长和教师应该给他们的身心发展提供更多的机会而不是约束。毕竟，儿童未来成为什么样的人并不是完全由他们的生理性别所决定的。在不否认生理上性别差异的情况下，幼儿园教师应该为幼儿提供有利于男女儿童平等发展的教育环境。这包含两个层次：第一层，接纳两性差异，承认男女两性在社会生活中有着不可替代的独特价值；第二层，男女共进，取长补短。将两者整合而来的健康的性别心理应该是个体既具有男女的共性，也具有男女的个性，既可以摆脱性别角色标志的束缚，又不失自己的性别本色。

例如，一名男童在踢足球进球时既能够表现出男性的勇敢、果断和奔放，又能在输球时表现出如女性一般的对同伴的安慰、体谅和照顾；一名女童在调解同伴的争吵时既能表现出女性的谦逊、细腻和温柔，又能体现出男性解决问题的勇气和自信。

因此，幼儿教师应给幼儿提供一个宽松的发展空间，对孩子表现出来的各种气质应给予宽容理解的态度。

在家庭生活中，父母要意识到自己所扮演的性别角色，尽量避免极端男性化倾向和极端女性化倾向。例如：父亲应该参与到家务活动和养育幼儿的活动中；鼓励男孩做些力所能及的家务，鼓励女孩多进行体育锻炼；为幼儿购买玩具时尽量避免所谓“适宜”女孩或男孩的玩具的观念；创建两性平等与和谐的家庭氛围。

同时要认识到独立、自信、有同情心、善良是对所有人都有价值的特质，不是男孩或女孩所特有的。

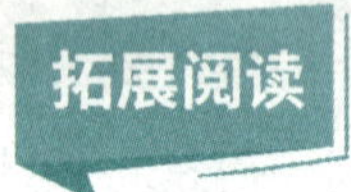


**如何在绘本阅读中创设良好环境，进行性别角色教育**

1. 创设双性化的教育环境，精心挑选促进儿童双性化教育的优秀绘本

绘本中蕴含着的丰富的社会价值是儿童积极主动地建构社会认知的重要载体。绘本为儿童树立观察学习的性别角色榜样，可以有效促进幼儿心理双性化的形成。成人在为儿童挑选绘本时，应将其蕴含的性别角色内涵作为标准之一，具体可从以下方面进行挑选。第一，尽量挑选不包含性别角色刻板印象内容的绘本，以免绘本中的性别角色刻板印象成为儿童观察和学习的对象。第二，挑选那些兼具典型的男性特征和女性特征人物形象的绘本，例如纸袋公主的勇敢、独立，威廉的柔和、顾家等，用双性化的榜样人物影响、教育发展中的幼儿。第三，给儿童呈现的绘本中，以男性为主角和以女性为主角的绘本数量应基本相当。第四，挑选那些提高女性社会地位和家庭角色多元化的绘本，特别是在职业角色上，使绘本呈现出多样化的女性职业，而非某种性别的固定职业。

2. 共读中给家长的教育建议

（1）在亲子共读中对男女性别角色进行多元解读。亲子共读是家长和幼儿一起阅读绘本的游戏性活动，幼儿在轻松、愉悦的氛围中体验故事的乐趣，凭借已有的知识经验理解绘本故事的内涵，建构自己的认知。

在每天固定的亲子共读活动中，对绘本故事中主人公的兴趣爱好、性格特征、职业角色、在家庭中的分工等性别角色内容，家长根据幼儿的具体情况提出针对性的问题，启发幼儿思考、讨论，让幼儿在积极的思维过程中逐步学到：在进行玩具选择、家庭分工以及职业选择时，最需要考虑的应该是个人的兴趣和学习意愿，与

性别无关。通过认知干预打破幼儿思维上的局限性，给幼儿更广泛的发展空间和更自由的选择。

（2）鼓励父亲参与儿童的教育和阅读活动，以实际行动促进儿童双性化性别角色的形成。有研究证明，在儿童性别角色刻板印象的态度和行为的干预研究中，当主试为男性时，实验组的干预效果更为有效。因为在实际生活中，通常男性比女性更为固守性别角色刻板印象，所以当男性成为推进性别角色刻板印象改变的因素时，儿童会认为那些跨性别的游戏活动和认知是真正可以被接受的。

在我国传统的家庭生活中，对子女的家庭教育主要是母亲的职责，父亲仅承担辅助责任，在有些家庭中，父亲甚至不参与教育子女的活动。在坚持每晚亲子阅读的家庭里，大部分都是由母亲陪伴儿童进行亲子共读。因此，应呼吁、鼓励父亲积极参与儿童的教育和阅读活动，例如照看儿童、参与家务劳动、陪伴儿童游戏、陪伴儿童亲子共读、共同讨论绘本中的人物形象和多元化的性别角色内涵、鼓励儿童参与跨性别的游戏和行为等，通过亲身行动为儿童树立观察学习的性别角色榜样，和母亲一起共同为儿童创造两性平等的双性化性别角色的家庭氛围，形成教育合力，促进儿童双性化的形成。

（资料来源：梁薇.基于绘本阅读的幼儿性别角色教育［J］.陕西学前师范学院学报，2019，35（9）：45-48.）

## 三、以游戏为切入点

在幼儿园的日常生活中，游戏是儿童主要的活动形式。儿童的性别角色意识几乎都是在与同伴进行的游戏活动中实现的。在游戏活动的安排上应尽量使游戏的内容和形式更加全面。如：在玩“过家家”的游戏中，妈妈要每天上班，爸爸也可以做家务；还有女司机开车，男教师上课等。在技能技巧课上，如制作精细工艺品、缝扣子等活动，也要鼓励男孩子参加，以培养他们的耐性和韧性。在体育活动课上，选择的内容要刺激、惊险、富有挑战性，一些具有“危险性”的活动，只要不伤害身体，就可以鼓励女孩子尝试参加。教师只要注意及时强化与表扬，就可以使女孩子意志力增强。此外，运动时间要稍微长一些，运动密度要大一些。当然这里的“长”和“大”都是在允许范围之内的。教师应将这一理念渗透到幼儿一日生活中去。

知识链接

## 以角色游戏为载体实施性别双向化教育

角色游戏是幼儿以模仿和想象，通过角色扮演创造性地反映现实生活的一种游戏。游戏中，儿童模仿和想象的原型来自现实生活，来自社会性别文化所建构的男女两性的行为标准、性别特征；幼儿体验着现实角色的感受，进而内化为自己的体验，加深了对现实角色的理解，进一步加强了自身的性别角色行为意识。可见，角色游戏是幼儿形成正确的性别角色，发展良好品质的重要途径。但怎样才能通过角色游戏促进幼儿性别角色认同的发展呢？

1. 设置多样化游戏区角、丰富游戏材料

随着年龄的增长，幼儿对角色游戏的选择往往以自己的性别角色选择为标准，倾向于选择与自己性别相适应的内容，如男孩子更多会去“警察局”，女孩子更多选择“娃娃家”。教师在保证这种具有典型性别特征的游戏区角的同时，应设计更多的适合男女幼儿一起玩、没有明显性别差异的游戏区角，如“画室”“银行”“奥运会场”等，让更多的孩子参与其中，发挥自己的优势，满足不同的需要。另外，通常儿童对自己扮演的角色所承担的任务认识有限，容易导致任务单一化、刻板化。教师可以引导孩子们讨论每种职业都需要做什么工作，是不是可以在游戏中表现出来，来加深对角色的了解。如在“娃娃家”中，妈妈除了照顾孩子还要去上班，这时爸爸如果有时间就可以帮忙照顾宝宝或收拾一下屋子，并不一定必须出去工作或买东西；警察要指挥交通，维持秩序，有时候也应该去照顾需要帮助的老人和孩子等。这种任务多样化的角色对幼儿来讲会更有趣，也更加有益于他们性别角色的发展。

其次，教师在选择游戏材料时，常常不自觉地把自己的性别意识包含在行动中，按照自己的喜好进行环境创设，按传统的性别角色价值观选择游戏材料，进一步强化了幼儿的性别意识。因此，教师在教室区域环境的创设、游戏材料的选择中，要尽量克服自己的性别刻板印象，淡化性别差异，为幼儿提供更多的中性化游戏材料，减少隐含在材料中的性别倾向意识，更应该注意那些已经被刻板化的角色所需材料的投放。如餐厅“服务员”不一定必须戴花头巾，可以改成更加中性的胸牌来表示。丰富且不刻板的游戏材料使幼儿可以有平等的机会去尝试更多的角色。

2. 鼓励幼儿游戏中的性别角色互换

角色游戏是深受幼儿喜爱的游戏，在游戏中幼儿无拘无束地扮演他们眼中的成

人世界。然而要想使游戏起到教育的作用，还是离不开教师的指导，游戏的设计、角色的指导均离不开教师的身影。如果教师无意识地把自己的性别刻板印象带入幼儿的游戏中，将对幼儿性别角色的形成产生不利的影响。因此，要求教师转变传统社会性别文化中的性别角色观念，让幼儿有平等的体验不同角色的机会，给幼儿因性别差异带来的性格缺陷以补偿。游戏中男孩子倾向于选择要求体能的剧烈运动型游戏，他们更喜欢消防员、警察、司机、爸爸等角色；而女孩子则喜欢选择妈妈、护士等安静的、照料型的角色。如果这种情况是固定不变的，甚至已经模式化了，就会对幼儿的性别角色社会化产生不利影响；同时，如果有人不按照这种规则进行游戏时，容易受到别的幼儿的指责和排斥。这时，就要求教师发挥自己在游戏中的指导作用，适当对幼儿的游戏角色进行分配，有意识地鼓励幼儿进行一些角色互换，以丰富他们的角色体验。如在“娃娃家”中，可以让男孩当“妈妈”做家务，女孩也可以上班；在“警察与小偷”游戏中，可以让女孩做“警察”，让幼儿扮演异性角色。通常幼儿为了扮演好自己的角色，都会尽量使自己的行为符合角色的规范，以角色的标准来要求自己，从而可以充分得到不同的性别角色所拥有的性别行为和情感体验。这样幼儿就会体会到某些职业角色并非固定性别的人才能担当，增加他们对各性别角色的认同，从而减轻对性别角色的刻板印象。研究者观察到中一班的秦老师在指导幼儿游戏角色分配时摈弃了传统的性别刻板印象，“医院”里的“护士”有男孩和女孩，“餐馆”里“服务员”有男孩和女孩，让不同性别的幼儿都能体验不同的性别角色。

3. 注意游戏分享中的语言强化

游戏过程的分享活动是教师和幼儿交流的重要环节，在与幼儿的交流中教师应避免无意识中强化幼儿的性别刻板印象。如教师可以说“不要怕”，“不要调皮”，但不要说成“男孩子不要这么胆小”，“女孩子不能这么调皮”。此外，还要有意识地利用言语强化来弱化幼儿对角色的性别刻板印象。在讲到“女警察”时可以说：“某某今天表现得真勇敢，真果断，太棒了！”讲到“男服务员”时可以说：“因为某某的服务热情周到，今天餐厅的客人好多呢！”这样就可以增加孩子们对反刻板类型角色的兴趣，同时降低彼此之间的偏见。

4. 鼓励幼儿进行异性之间的合作

由于受成人教育和社会文化的影响，幼儿往往倾向于结成同性的群体活动关系。

其实，幼儿之间的共性多于差异性，教师应告诉幼儿不存在专门属于男孩或女孩的活动，帮助他们建立不同性别的同伴群体，鼓励他们之间的合作，在游戏中引导幼儿互相观察，学习对方优秀的人格特质，尽可能消除男女性别角色刻板印象的不良影响，习得性别双向化人格。

（资料来源：盖秀灵．角色游戏中幼儿性别角色认同和教师介入的研究[D]．开封：河南大学，2012．）

## 四、树立正确的性别观念

教师的性别角色教育意识是做好性别角色教育的前提与基础。教师作为学前儿童性别角色教育的实施者、组织者与指导者，其科学的性别角色教育观对学前儿童性别角色教育的开展具有重要的示范性，对儿童具有潜移默化的作用。

性别对于幼儿的社会性发展非常重要，性别意识是可教育的，性别角色的模式也是可选择、可教育的。如果教师在儿童性别关键期加以引导，可以帮助幼儿发展双性化人格，获得更好的气质类型，甚至萌发最初的性别平等意识。但如何达到性别教育的教育目标，这对教师的要求非常高，要求教师可以针对幼儿园里的多种活动进行性别教育，使用丰富的教法进行有效的教育，等等。一则针对幼儿教师性别角色教育的调研访谈发现：少部分教师表明在校期间接受过性别教育课程的学习，是学过学前儿童生理上的一些卫生学知识。但是几乎所有的教师都表明，没有接受过任何学前儿童性别教育相关的入职培训，职后也没有开展过专门的讲座一类的提升课程。对于学前儿童性别教育方面的知识完全靠教师自己的主动性，自己买书或者通过网络去寻找，或者与同事之间的交流。

调研者对 24 名幼儿园教师进行了面对面访谈，以深入了解他们的性别角色意识，访谈结果如表 6－2 所示。

表 6-2　对教师的访谈结果

| 序号 | 项目 | 是 | 否 |
|---|---|---|---|
| 1 | 您认为幼儿对游戏类型及角色的选择是否有性别差异？ | 22 | 2 |
| 2 | 您认为游戏中的角色是否应该存在性别差异？如“护士”是女的，“警察”是男的？ | 20 | 4 |

续表

| 序号 | 项目 | 是 | 否 |
|---|---|---|---|
| 3 | 您在指导幼儿角色分配时，是否考虑过性别角色互换？如让男孩扮演“护士”或“妈妈”角色。 | 2 | 22 |
| 4 | 在游戏环境的创设方面，您是否考虑过性别角色问题？ | 3 | 21 |

资料来源：盖秀灵．角色游戏中幼儿性别角色认同和教师介入的研究[D]．开封：河南大学，2012.

从表 6－2 中可以看出，24 位教师中有 22 位认识到幼儿对游戏类型及角色的选择有偏爱，例如，大班教师表示“男孩子爱打打杀杀的，警察、消防员啊这类游戏他们经常玩，也爱扮演这些角色；女孩则相对安静很多，在娃娃家给孩喂奶、在商店卖货的比较多”。有 20 位教师认为游戏中的角色应该存在性别差异。而只有 2 位教师在指导幼儿角色游戏时考虑过性别角色互换，3 位教师在游戏环境创设方面考虑过性别角色问题。通过对教师的访谈可以看出，多数教师受传统性别文化的影响较为深刻，他们的性别意识更符合社会性别角色期待。

正是因为多数教师的性别意识受传统性别文化的影响，所以对幼儿在游戏中扮演角色的指导往往因儿童性别的不同而区别对待，特别是对那些自己还没有确定游戏角色的儿童，教师通常会无意识地按照自己对性别角色的认知进行指导。例如：指导男孩扮演“警察”“医生”等与传统男性身份一致的角色；指导女孩扮演“护士”“服务员”等与传统女性身份相适应的角色。

**案例 6-2**

中班坤坤和琪琪蹲在修理箱旁争着拿里面的工具，两人嘴里还喊着：“我要当修理工，我先跑到这儿的。”“是我先跑到这儿的，这个锤子是我的。”虽然箱子里还有其他的工具，但两人好像都对这个锤子很感兴趣，一人抓着一头不放手。琪琪眼看抢不过坤坤，就腾出一只手打坤坤，坤坤也还手，琪琪挨了打就哭了起来。小赵老师看到这种情况就跑过来了，哄着琪琪说：“你是女孩子，你去‘娃娃家’或者‘美容院’玩吧，修理工是男孩子玩的。”听了老师的话，琪琪无奈地去了“美容院”。

案例 6－2 说明，教师在游戏指导行为中往往会无意识地表现出一定的性别刻板印象，从而影响幼儿的性别角色认同。从之前的案例 6－1 中也可以看出，教师的指导完全是基于传统社会性别文化对两性的刻板印象，忽视了幼儿在游戏中的需求。在成人的逻辑里，“妈妈”似乎应当从事家庭领域的活动，幼儿在教师的权威下放弃了自己的兴趣爱好，认同了带有社会性别刻板印象的“妈妈”角色。

因此，需要加强对学前儿童教师培训，提升其关于学前儿童性别角色教育的意识。幼儿期是儿童性别角色形成的关键期，幼儿园是除家庭之外对幼儿性别角色社会化产生影响的最重要场所。教师要树立正确的性别观念，消除固有的性别刻板意识，才能在行动上把性别双向化教育理念应用于日常教学和游戏指导中，培养具有性别双向化品质的幼儿。

## 五、重视家庭教养

家长可以把男女身体不同构造的教育融于生活中，让儿童认识到性别差异是正常的，并从中找到自己的性别榜样。

重视家庭父母的教养方式，加强幼儿的性别教育，促进幼儿性别概念及性别偏好的发展。父母要重视自己的一言一行，注意对子女教养的态度和方式，加快幼儿性别概念及性别偏好的发展。同时，转变传统的性别观念和性别教育观念，正确对待幼儿性别偏好，给幼儿更大的社会容许度。许多研究已经证明，“双性化”的人格具有最好的社会适应及成功的可能，能最大程度地发挥人的潜能。家长和教师在幼儿性别教育中，既要“扬长”——发展幼儿在传统上认为的各自性别的优点，形成正确的性别认知和良好的性别认同，又要“取长”——培养幼儿传统上认为是异性所有的性别优点。这样既使幼儿正确认识和接纳自己的性别，又能兼有两性的优点，培养“双性化”的人格，为幼儿的发展提供更为广阔的发展空间，顺应人性的自由发展。

## 活动设计 6－1

### 我从哪里来（大班）

【活动目标】

1. 了解生命是由精子和卵子结合发育而成的，感知生命的孕育过程。

2. 初步学习正确评价自己的能力，会用简单的词语描述自己。

3. 体验亲情的重要性，感恩父母。

【活动准备】

绘本《小威向前冲》PPT，班级幼儿的全家福照片。

【活动过程】

一、活动导入

直接导入，让幼儿观察 PPT 封面，引出绘本《小威向前冲》。

教师："书名是什么？看到书名，你会猜到小威是一位怎样的朋友呢？"

教师："向前冲是什么意思？让我们来学学小威向前冲的样子。"（教师用肢体动作表示冲刺的样子）

教师："小威向前冲要冲到哪里去呢？让我们一起来听听这个故事，看看这本书吧。"

二、活动展开

1. 学习绘本故事。

（1）利用课件，分段讲述绘本前半部分的故事内容，点击 PPT，一边引导幼儿观察画面一边有感情地讲述故事内容，引导幼儿正确评价自己的能力。

教师："小威住在哪里？他什么不太好？他是什么高手？这一点像谁？你们认为小威是个棒小孩吗？你认为自己是一个棒小孩吗？你在哪些方面是高手？"

教师小结：虽然小威有缺点，但是他有厉害的地方，他是一个棒小孩！我们大家也是，虽然有缺点，但个个都很棒。

（2）继续播放课件并讲述故事内容至地图页面，让幼儿集体观察地图。

教师："这是比赛的起点，这里是终点，小威要看清楚路线，才能成功。你认为小威该怎么走？要经过什么地方？"

（3）点击 PPT，两颗撞击的爱心，讲述故事。

（4）点击 PPT，继续讲故事，培养幼儿不轻易放弃的精神。

教师：“游了一会儿，好朋友小布赶上来了，小威好紧张啊！现在，小威该怎么办呢？”

教师小结：遇到团难只有努力向前冲才能获得胜利。

2. 演示生命形成的过程。

通过视频，欣赏生命孕育全过程，理解绘本的后半部分内容。

（1）播放视频让幼儿欣赏。

（2）继续看 PPT、图画，教师讲述故事。

教师：“你猜小威长大以后长得像谁呢？”（点击课件）

教师小结：小威的本领像爸爸，样子也像爸爸。这就是遗传。

3. 感知自己和爸爸妈妈长得很像，体验亲情

（1）引到幼儿自身。

教师：“小娜长得像爸爸，你们长得像谁呢？哪里很像？”

教师小结：你们都是爸爸妈妈的孩子，都长得像自己的爸爸妈妈。

（2）展示班上小朋友和他们爸爸妈妈的合影照片，体验亲情。

三、活动延伸：对幼儿进行热爱生命的教育

教师小结：爸爸妈妈孕育了你们的生命，你在妈妈的肚子里生长 10 个月才能出来。妈妈怀孕期间很辛苦，小朋友们渐渐长大，爸爸妈妈也付出了很多，大家要热爱自己的爸爸妈妈，珍惜自己的生命。

【总体评价】

绘本《小威向前冲》用童话般的语言讲述了成人最难以启齿的性教育问题，帮助教师找到了一种以幼儿思维方式来回应幼儿问题的方法。这是一本适合幼儿的优质教材，值得一同学习探讨。由于绘本画面较小，难以开展集体教学，利用课件展示绘本内容，发挥了绘本教学的趣味性和有效性。本活动设计了积极、有意义的探索过程，用幼儿喜闻乐见的形式——观察地图、观看动画，让幼儿欣赏生命孕育的过程，了解生命的产生，体验亲情，对幼儿进行热爱生命的教育。在活动中注意了幼儿认知能力、意志力等良好个性品质的培养。整个活动设计合理，也达到了教学目的。

（资料来源：陈芝蓉 . 学前儿童社会教育活动设计与指导 [M]. 北京：机械工业出版社，2017：150-151. ）

## 思考与实训

1. 案例评析。

案例一：中班“娃娃家”区角内，一个女孩在做饭，另一个女孩在插花，一个男孩手里握着水杯，坐在椅子上不停地扭来扭去。老师过去询问：“阳阳，你干吗呢？”男孩说：“我是爸爸，等着妈妈给我倒酒吃饭呢。”

案例二：大班“娃娃家”区角内，老师给定的游戏场景是“家里来了客人”，老师先把幼儿分组，并为每组指派一个组长，具体角色分工由组长和幼儿商量着进行。观察者发现，有几个组的幼儿游戏进行得井然有序，如明明这一组，主人爸爸和客人爸爸吸着烟在聊天，孩子们在玩游戏，主人妈妈为爸爸们送茶水，然后和客人妈妈一起做饭。爸爸说：“什么时候有空，咱们一起出去吃饭。”客人爸爸说：“好的，明天吧。我明天穿黑色西服，戴着墨镜。你穿什么？”主人爸爸说：“我明天穿斑马裤也戴墨镜。”主人妈妈说：“孩子们，饿的话你们就先吃点东西，我给你们做个蛋糕。”

案例三：学前班“消防”区角内，两个男孩蹲着摆弄消防器材，一个男孩站着手里拿着水管对着墙壁来回摇晃，并且嘴里发出“刺刺”的声音。正在“餐馆”区角内玩的一个女孩跑过来也想加入，但被蹲着的两个男孩拒绝，其中一个说：“消防员都是男的，你是女的，你不能玩。”女孩想从站立的那个男孩手里抢过水管，但失败了。站着的男孩说：“你要想玩的话，要不你家失火了，你喊救命，我去扑火，救你吧？”女孩迟疑了一下说：“不行，我家没失火。”扭头走了。

请对以上案例进行分析，说说幼儿在角色游戏中的性别角色认同带有明显的刻板印象是如何形成的？教师应该如何介入？

2. 当一个 5 岁儿童说：“我是女孩，将来长大了要当妈妈。”她的性别概念发展到了什么程度？儿童的性别角色发展经历了怎样的过程？

3. 结合实际，说说学前儿童性别角色教育的意义？

## 思维导图

- 学前儿童性别角色发展与教育
  - 学前儿童性别角色的发展
    - 学前儿童的性别角色
    - 学前儿童性别角色教育的意义
    - 学前儿童的性别差异
    - 学前儿童性别角色的发生与发展过程
  - 学前儿童性别角色社会化的影响因素与相关理论
    - 学前儿童性别角色社会化的影响因素
    - 学前儿童性别角色社会化的相关理论
  - 学前儿童性别角色教育的实施
    - 选择适宜的内容和形式
    - 营造男女平等的环境
    - 以游戏为切入点
    - 树立正确的性别观念
    - 重视家庭教养

# 项目七　学前儿童问题行为干预与矫正

## 学习目标

1. 了解学前儿童常见问题行为的含义。
2. 理解学前儿童常见问题行为形成的原因。
3. 掌握学前儿童常见问题行为的分类和表现。
4. 能够初步应用相关方法进行学前儿童常见问题行为的分析与干预。

## 情境导入

放学了，妈妈准备把天天接回家。看到一群孩子正在幼儿园的室外玩耍区玩游戏，妈妈就对天天说："天天，你也去和小朋友一起玩一会儿吧，然后我们再回家。"但是天天躲到妈妈的身后，一直拽着妈妈的手说："妈妈，我们回家吧！"不论妈妈怎么鼓励，天天一直没有离开妈妈的身后，哭喊着要回家。

原来，天天一直很孤僻，从来不喜欢和别的小朋友一起玩，5 岁多了，都没有一个"志同道合"的好朋友。天天的家人十分担心，长此以往，一定会给孩子带来更大的交往困难。

**思考：**

我们如何理解天天的行为？如果你是老师，你有什么建议？

# 模块一 学前儿童问题行为概述

## 一、学前儿童问题行为的含义

问题行为（problem behavior）是儿童及青少年最为普遍且持久的适应不良形式之一，也是衡量其身心健康和社会功能发展的重要指标。问题行为有时也称作行为问题。学术界从不同的角度对问题行为作出了不同的定义。本书将学前儿童问题行为界定为幼儿成长过程中由于生理发育状况、自身气质、心理冲突，及家庭、幼儿园或社会等因素导致的不恰当或异常行为。

近些年，我国儿童的问题行为呈现出低龄化的趋势，由于幼儿期是个体身心迅速发展的时期，该时期的幼儿开始由家庭进入学校，面对外在环境的巨大改变，加之身心的快速发展，幼儿很容易出现问题行为。问题行为的出现直接影响幼儿知识和技能方面的学习，并且幼儿期的问题行为如果不加干预将延续到青少年时期，有可能导致青春期甚至成年期物质滥用等不良行为的发生概率增加。例如，研究发现3岁时幼儿的退缩、焦虑问题行为可以预测其11岁时的退缩、焦虑问题行为。可见，儿童早期的问题行为对个体的成长具有较大的影响。因此，探讨学前儿童问题行为的影响因素十分必要。

## 二、学前儿童问题行为的识别与表现

### （一）问题行为的判断标准

问题行为是相对于幼儿的正常行为而言的，两者处于一个连续体的两端。评估幼儿的行为是否正常的标准主要有以下几个方面：

（1）行为必须与年龄相符，也就是说，幼儿所表现的行为与大多数同龄儿童是一致的或相似的；

（2）幼儿的行为必须与当地的社会文化相适应；

（3）幼儿通过学习能掌握并使用所处社会的语言等，参与社会生活和人际交往；

（4）在日常生活、学习中，能够逐步学会遵守纪律，懂得奖与罚的意义，并能遵守有关的法则；

（5）能够正确处理同伴关系以及与同伴之间发生的冲突；

（6）逐渐学会控制自己的情绪，其情绪表现与环境相一致。

问题行为通常是指在严重程度和持续时间上都超过相应年龄所允许的正常范围的异常行为。也就是说，这些幼儿的行为通常和他们同等发展或成熟的儿童所遵守的标准相冲突，发生社会适应的困难，无法从事学习活动和接受正常教育。

### （二）学前儿童问题行为一般特征

从总体上看，学前儿童问题行为发生不存在显著的性别差异，但表现出显著的年级差异，即小班幼儿的问题行为明显多于中班和大班幼儿。有问题行为的儿童占儿童总体的 10% 以上，他们更多地表现为心理和情绪的冲突。一般具有以下特征：

首先，幼儿的社会适应有持久性困难。这是从某一特殊行为持续的时间来说的。如果幼儿的某种特殊行为（如胆小、易怒等）长期存在，就需要特别关注。

其次，幼儿的社会行为不受普通方法的限制。这是从对该行为的教育实施方面来说的。如果老师在组织开展集体教育的过程中，发现应对某一幼儿的行为有难度，这种行为可能就是问题行为的表现。

最后，对周围环境和社会现实不理会。这是针对幼儿易发生问题行为的情境来说的。如，在正常情形下有不恰当的愤怒、莫名的紧张，不能和周围人建立人际关系等，都表明幼儿行为可能有一定的问题。

### （三）学前儿童问题行为的表现

学前儿童常见问题行为通常有三种表现：行为不足、行为过度和不恰当的行为。

行为不足指的是人们所期望的行为在幼儿身上很少发生或从不发生，如幼儿很少讲话或者不愿与别人交往，不喜欢参与集体活动，智力可能比较迟滞，生活难以自理等。

行为过度指某一类行为发生次数太多或持续时间过长，反应过于强烈。例如：在上课时经常思想不集中，小动作不断，随便走动；常常为一点小事就大喊大叫，吵闹不休；经常咬指甲等。另外，有些正常行为如果发生太多也会成为问题行为，例如：幼儿一天到晚反复地洗手。

不恰当行为则是指人们所期望的行为在不适宜的情境中发生或者在适宜的情境中出现不适宜的行为。例如，幼儿在遇到老师、家里来客人时不愿意打招呼，但是在独处时却反复地说“你好”“请坐”“再见”

幼儿常见问题行为是相对于极少数幼儿或被称作问题儿童的幼儿身上表现出的严重问题行为提出的。这里讲的问题行为不等同于问题儿童。问题儿童都是由于其常见问题行为得不到有效矫正演变而来的。这里讲的问题行为指向所有幼儿，关注点是他们身上或多或少都会表现出来的，在教师和家长充分开展合作的基础上，能够予以矫正的偏差行为。幼儿园教师和家长对幼儿成长中的问题行为应给予充分正确的认识，防止其发展成为严重的问题行为或导致幼儿成为问题儿童。

## 三、学前儿童问题行为的分类

一般来说，从问题行为的内容着手，可以将学前儿童问题行为分为四类。

### （一）发育过程中的问题行为

发育过程中的问题行为和学前儿童的生理发育成熟程度有关，有可能随着时间的推移，生理发育成熟后加上适当的教育得到缓解、改善或消失，如吸吮手指、咬指甲、无意说谎等。这类行为一般是暂时性的。

### （二）心理发育障碍性问题行为

心理发育障碍性问题行为是指由儿童某方面的心理障碍而引发的问题行为，一般需要专业的教育训练和指导才能够改善，如多动症、言语障碍、学习困难等。

### （三）心理性问题行为

心理性问题行为是指由心理问题而造成的问题行为。例如：由矛盾心理原因引起的神经性行为，表现为强迫行为、歇斯底里行为、神经性厌食等；由不良情绪引发的问题行为，表现为过度敏感引起的神经症、多疑、依赖、敌对情绪等；由性格方面引发的问题行为，表现为偏执、胆怯、退缩等。

### （四）品德性问题行为

品德性问题行为指的是由于接受不良教育而造成的问题行为，这类问题行为需要长期的教育指导才能得以改善，如有意说谎、偷窃、说脏话、攻击性行为等。

## 四、学前儿童常见问题行为形成的原因

近年来，许多学者针对学前儿童问题行为的影响因素进行研究，结果发现引起

学前儿童问题行为的因素很多，包括生物因素、家庭因素、环境因素等，是多种因素综合作用的结果。

（一）生物因素

生物因素包括生理发育状况和气质特点两个方面。母亲妊娠时的健康状况、围产期安全、遗传、脑损伤、营养不良问题等，都是幼儿产生问题行为的先天条件。有学者对学龄前儿童问题行为发生的情况及影响因素进行研究，结果发现母亲孕期以及围产期的情况，是学前儿童问题行为产生的重要因素之一。幼儿发展的成熟度也是影响其问题行为产生的因素之一。研究表明，年龄小的幼儿比年龄大的孩子问题行为更多一些。此外，幼儿不同的气质类型对幼儿行为也会有一定的影响。例如：胆汁质的孩子热情好动、生气勃勃，但容易粗暴、发脾气；黏液质的孩子安静稳重，但可能反应慢。

（二）家庭因素

家庭是影响幼儿产生问题行为的环境因素之一。在家庭里，幼儿逐步学会最初的社会生活技能、道德规范和行为准则等。家长的教养方式、家庭的环境，包括物质环境、精神环境的创设都可能成为导致幼儿产生问题行为的原因。研究表明，学龄前出现问题行为要比青春期出现问题行为更易导致成年时的反社会行为，而且青春期及成年期的问题行为与学龄前问题行为密切相关。

1. 家庭教养方式

幼儿在成长过程中，父母不良的教养态度和方式会影响到他们问题行为的形成，如父母的教养技能缺失、父母角色能力不足、父母不良的人格特征和行为模式等。此外，父母抑郁、酗酒等不良性格特质以及夫妻关系紧张，也会导致孩子问题行为的产生。例如：父母的情感支持行为可以减轻儿童的社交退缩、违纪、攻击性行为和强迫行为；而父母的拒绝、过度保护或溺爱则与儿童的问题行为呈正相关。

案例 7-1

涛涛是一位男孩，独生子，家庭条件比较优越。孩子出生起就成为家里的焦点，家里人都希望他长大后能有一番成就，能够扬名立万，为家族争光。这个孩子一年级入学的第一天，就是爷爷奶奶送到学校，再送到班级。爷爷背书包，奶奶拿着早餐奶，到了教室后，这个孩子还是要爷爷奶奶陪护。孩子什么也不做，不和其他孩子说话和玩耍；就是孩子发的作业本，也是奶奶帮他收拾好。一个星期了，每天上午奶奶都在教室门口守候，否则孩子下午便不再来上课。

2. 家庭的环境

美国心理学家尤·布朗芬布伦纳提出，家庭是人类发展生态学理论中的微观系统，微系统中的家庭是一个复杂的整体，家庭内部各成员之间的互动过程和关系质量对儿童早期发展至关重要。其中父母与幼儿的互动及亲子关系被认为是影响幼儿发展的关键因素，亲子互动质量及亲子关系质量能够预测幼儿的问题行为。如有研究显示，亲子互动与儿童的攻击性、社交抑制和退缩以及社会责任感倾向等密切相关。父母与幼儿的互动质量越高、亲子关系越好，幼儿发生问题行为越少；反之，父母与幼儿亲子关系疏离，缺乏互动，亲子关系越差，幼儿越容易表现出多种心理和身体的问题行为。因此，增强亲子互动的质量，有助于改善亲子关系，减少幼儿的问题行为，促进幼儿健康的成长。

除精神环境之外，家庭的物质环境对幼儿的行为发展也同样重要，这是因为物质环境是幼儿得以成长的基石，能够满足幼儿生存的基本需要。当前一些地方居室住房条件差、幼儿活动空间小以及“电视保姆”等现象的存在，使得幼儿交往的伙伴减少，交流对象单一。这不仅不利于良好人际关系的建立，还限制了幼儿户外活动的自由，不可避免地给幼儿的身心和谐发展带来负面效应，影响幼儿的社会化发展。

还有家庭变故——当幼儿熟悉的日常生活发生改变，而且他们不能完全理解这些改变时，幼儿也可能会表现出一些问题行为。例如父母离婚，家庭出现重大经济困难，小弟弟或者小妹妹出生了，等等。总之，家庭在幼儿社会化过程中起着关键作用。

**案例 7-2**

天天是班上一个比较调皮、个性倔强的小男孩。刚进入小班时，他经常在犯了错误以后不肯认错，需要老师长时间耐心地教育引导。在小班下学期时他已经有了明显进步，喜欢幼儿园，喜欢和小朋友一起玩耍，也很喜欢老师，愿意听老师的话。他的自理能力较强，吃饭、穿衣都能自己独立完成，还学会了把自己的衣服和被子叠整齐。可进入中班下学期后，天天突然变了，在幼儿园里不再喜欢参加各种活动，小朋友们在做游戏时，他总是说："这个我不喜欢玩。"运动时他会说："我累了。"然后自己一个人在旁边坐着，做一个旁观者。吃午饭的速度突然慢了下来，还会把饭粒撒得到处都是，衣服和被子也不肯叠了。犯了错误以后，老师找到他谈话，他会第一时间认错，但转过头去却不见他有任何改正错误的行动。之前在幼儿园里，不论是见到自己班级里的老师和阿姨，还是学校的保健老师、保教主任，只要来到我们班，他都会主动迎上去，一把抱住老师的腰，半天不肯松开。现在以前脸上开心的笑容不见了，取而代之的是一脸严肃的小大人模样。

经过幼儿园老师的了解才知道，原来天天妈妈刚生了弟弟，天天有"失宠"的感觉，想要父母像过去那样关注自己，但又不知如何表达，所以出现了退化行为。

（资料来源：张璐 . 家庭教育指导案例：让二胎家庭的大宝重获快乐 [J]. 教学与研究，2020，54（20）.）

### （三）社会环境因素

社会环境包括儿童居住地区的社会风气和学习环境。良好的社会环境可以使儿童的行为向好的方面发展，有助于减少儿童行为问题的发生；反之，则会增加儿童行为问题，如品行障碍的发生。这里介绍的社会环境，包括幼儿园环境以及其中的同伴关系和师幼关系，同时还包括社会大环境即大众传媒。幼儿园是幼儿除家庭之外接触较多的环境，为幼儿拓宽交往范围提供了一个平台。师幼关系是幼儿园教育过程中最基本最重要的人际关系，教师对幼儿不恰当的批评、提问等都能引起或加剧幼儿焦虑或恐惧，教师对孩子的漠视或过度反应也会加剧幼儿的问题行为。同伴关系是幼儿人际关系的重要组成部分，在幼儿社会化和身心全面发展过程中起着成人无法替代的作用，若同伴交往困难将影响幼儿以后的社会适应或加重幼儿的问题行为产生。家庭和幼儿园的有效配合是预防与矫正幼儿常见问题行为发生的关键因素。

# 模块二 学前儿童常见问题行为的干预策略

学前儿童早期的问题行为对个体的成长具有较大的影响。近年来，针对学前儿童常见问题行为干预策略的相关研究很多，学者们提出了不同的方法，每种方法都有其优劣和适用范围，需要教育者根据实际情况选择适合的干预策略。这里将重点介绍强化法、惩罚法和代币法。

## 一、强化法

### （一）强化法的含义

强化法是行为矫正法中的常见方法之一，也是教师常用的一种干预技术。强化包括正强化和负强化。正强化也称阳性强化法或积极强化法，是指当某一操作性行为，在某种情境或刺激下出现后，即得到一种正强化物，如果这种正强化物能够满足行为者的需要，则以后在那种情境或刺激下，这一特定的操作性行为的出现概率会升高。负强化是指幼儿出现目标行为之后，免除某样幼儿不喜欢的待遇或厌恶刺激（或称负强化物），则使幼儿以后在同样情境下目标行为的出现率提高。

正强化和负强化是一对既有区别又紧密联系的干预方法。两者都是为了加强某种所期待的正常行为，但它们使用的方法不同，正强化是用愉快刺激的方式，负强化是用厌恶刺激的方式。两种方法在一定情况下可以相互补充。例如，当正强化中的刺激物对儿童无效时，可以采用厌恶刺激的方式，这也能达到同样的效果。

### （二）强化法的使用要点

1. 明确强化行为

不管是正强化还是负强化，教师首先要明确需要强化的儿童行为，并尽可能地将其具体化，使其可观察、可控制和可评价，这样才能更有效地实施强化。如果选择的强化行为过于宽泛和一般化，则会使强化的针对性不强，也无法考证强化的效果。

2. 恰当选择强化刺激物

强化刺激物在强化过程中起着关键的作用，恰当的强化物可以有效地引发所期待的行为。

正强化物的类型有很多：能满足儿童生理需要的消费性强化物，如糖果、食品和饮料等；能满足儿童活动本能需要的活动性强化物，如外出游玩、看电视、做游戏等；能满足儿童对心爱物品享用需要的拥有性刺激物，如赠送玩具、漫画书等；能满足儿童社会交往需要的社会性刺激物，如拥抱、赞赏的眼神和表扬的语言等。教师要根据儿童的需要，选择他最喜爱的事物作为刺激物。对儿童来说，同一刺激物如果长时间反复使用，可能会失去吸引力，尤其是消费性强化物。此外，为了使儿童施发行为的动机由外部转向心理内部，解除儿童对外部刺激的依赖，刺激物的选择要注意随儿童的心理特征变换——小年龄儿童可能对物质性刺激更感兴趣，而大年龄儿童则更喜欢满足社会性需要的刺激物。

负强化物是能够使儿童产生消极情绪体验的事物，例如语言警告、自由受束缚、各种强烈的感觉刺激或心理惩罚。它首先应该是学校教育和社会道德以及儿童身心健康发展所允许范围内的事物，同时能使儿童产生一定的消极情绪体验，否则很难起到相应的效果，甚至产生负效应。例如，老师发现有一个孩子上课总是不停地讲话，就把他叫到孩子们面前站着。结果，这个孩子并没有觉得害羞，反而认为这是一件很得意的事情——老师终于注意到他了，效果就可想而知了。

3. 协助儿童明确强化物和强化行为的关系

教师在使用强化物时，一定要帮助儿童明确期望行为和强化物出现或消失之间的关系，这样可以更快地帮助他修正行为。比如有的儿童总是喜欢把别人的东西拿回家，在家长的教育下，他拿的次数少了，你就可以奖励他最喜欢吃的巧克力。但在吃之前，你要明确告诉他：他之所以有巧克力吃，是因为他今天没拿别人的东西，而不是其他。撤销厌恶刺激物时也是如此。这样，儿童才能更明确行为的方向。这里要提醒注意：正强化物的出现和负强化物的消失一定要及时。

4. 避免强化法误用

运用强化法改善儿童的问题行为简单易行，只要运用恰当，效果会十分显著。但是，在日常生活中，人们往往对它错误理解或误用。以下两种误用是比较突出的：一种是有意或无意地正强化问题行为。儿童的许多问题行为在形成之初，可能是出于无意或者好奇。如果成人不加以重视，不及时进行教育，反而对它进行肯定的话，会令儿童的问题行为形成得更快更顽固。例如，在成人没有教给儿童正确的社会交往方式之前，儿童会自发地使用自己的交往方式和别人相处，而有些方式往往不符

合社会规则，如抓人打人、破坏玩具、抢东西等。儿童的这些行为如果不能及时得到纠正，其实在儿童看来，就是对它们的肯定。

另一种是期望行为未出现便撤销厌恶刺激。明明不喜欢上幼儿园，每天早上，她会想各种各样的方法来逃避，装病、哀求、撒娇、死缠烂打、赖床等，家人每天都要经历一场不亚于“战争”的过程，才能把她送进幼儿园。有时候，奶奶觉得孩子很可怜，就和明明妈妈说：“干脆别去了，你看她多不想去啊！”拗不过奶奶，妈妈一气之下就上班去了，奶奶就在家带着孩子玩。奶奶在孩子没有出现正确行为之前，就帮她消除了厌恶刺激，可以想象，以后让她去幼儿园会更加艰难。因为她已经知道即使不做出正确的行为，也可以有愉快的体验。

此外，父母对于已经定下的强化必须执行，不可以“出尔反尔”，否则以后此类强化就将失去效用。明明的妈妈在为 4 岁的明明设立规则时，经常变换方法。有时候喊明明吃饭，明明不听，妈妈使用物质诱导：“乖宝宝，快来吃饭，吃饱了妈妈给你买变形金刚。”这下，明明高高兴兴地去吃饭了。可事后明明妈妈总以“叫你吃饭是为了你好”为由，经常不兑现诺言。最后明明不再相信妈妈了。所以，父母要说话算话，已经定下的强化必须执行。

总体而言，强化法是一种易操作且行之有效的儿童问题行为干预技术，但它也有不足之处。例如强化行为只限于操作性行为，是借助外在力量来改变儿童的内部问题，以及在改变行为上更注重量而不是质。因此，我们在使用时要明确它的使用范围和价值，不能盲目滥用，以免造成不良后果。

## 二、惩罚法

惩罚法是学前儿童社会教育中常用的一种方法。此方法不管对幼儿教师还是家长来说，都是一种使用频率很高的方法。究其原因，人们似乎认为它是一种不需要专业学习就可以掌握的方法，而且具有立竿见影的效果。

案例 7-3

## 错误的惩罚

场景一：吃早餐

吃早餐时，孩子们都很安静。这时，进来一名叫元元的小男孩。带班的李老师马上安排他吃早餐。元元乖巧温顺，端着碗走到最后一排桌子边坐下来。没过一会儿，教室就传来刺耳的尖叫声，原来是元元将自己碗里的面条全倒在对面的小女孩菲菲的碗里了。菲菲哭叫着奔向老师。李老师十分气恼，将元元拉过来，大声吼道："你不吃，你就坐在老师身边，老师看着你，看你再敢倒面条。"说完，就拉着元元坐在自己身旁。元元坦然地坐在老师旁边大口地吃起面条来。让人奇怪的是，他丝毫没有因老师的批评而觉得不安……

教室里又恢复了平静。

场景二：东东打架

早餐后，孩子们都搬起自己的小板凳到教室外的走廊围坐在一起。当他们在兴致勃勃地交流对奥特曼的看法时，一名叫东东的小男孩也出来了。但没有人愿意和他坐一起，他只好坐在走廊中间的位置上。

东东坐下来后，马上用双手拼命地拉旁边小朋友的椅子，企图和他的椅子靠在一起。很快，小男孩们都起身离去了。他站起来，挥舞着奥特曼的招牌动作，将拳头砸向另一个小男孩。小男孩哭了。老师走过来安抚他："老师不是说过了，叫你们不要和东东玩嘛。"很快，另一位老师过来对东东说："走，东东，和老师一起出去，免得你又打别人。"说完，就牵着东东的手离开了。东东脸上流露出得意的表情，在小朋友羡慕的注视下与老师一起离开了，一直到午餐时间才回来。

从两个场景来看，很显然，在老师看来，将元元安排在自己身旁，不让他与其他小朋友一起吃早餐是一种轻微的惩罚，从而减轻或消除元元的错误行为；而将东东带离教室环境，不让他与其他小朋友玩，也是对他的错误行为的惩罚。但是，从元元与东东的行为表现和其他小朋友的神情来看，教师的惩罚似乎没有起到预期的作用。

从元元的表现来看，他似乎非常乐意坐在老师的身旁吃饭，对他来说，与老师的近距离接触是一种特权，别的小朋友就没有享受到这种特权；而东东的攻击行为的结果就是被老师领着离开教室，可以跟随老师自由地活动，这同样也不是所有小朋友都能享受到的待遇。因此，两位老师给予的惩罚实质上起到了强化幼儿错误行为的作用。

（资料来源：江建华．个案分析：是惩罚还是特权[J].学前课程研究，2009（9）：42-43.）

### （一）惩罚法的含义

惩罚法是指幼儿在一定情境或刺激下，产生某一不良行为后，及时使之承受厌恶刺激（又称惩罚物）或损失正在享用的正强化物。

惩罚是指当行为者出现不良行为后会承受不愉快刺激，或者取消他正在享用的愉悦刺激，从而达到遏止不良行为出现的目的。例如，一个两岁半的幼儿，他不管走到哪里，不管在干什么，嘴里都要叼着自己的奶瓶，否则就抗拒从事任何活动。这是过度依恋某种特定事物。为克服这一问题行为，成人可以在奶嘴上涂些辣椒，或者他吃奶嘴的时候不允许他玩喜欢的玩具，让孩子意识到继续吃奶嘴的痛苦和要付出的代价，从而考虑放弃这一行为。这就是惩罚。显而易见，惩罚包括两个过程，给予不良刺激和剥夺愉悦刺激。

惩罚不同于强化。就实际操作而言，在上面的例子中，如果儿童能够放下奶瓶一会儿，就奖励他一块糖果，这是正强化；如果他不能忍受放弃心爱的玩具，丢下了奶瓶，成人就取消对他原来的约束，这是负强化。

综上所述，惩罚主要是为了减少或遏止不良行为再次出现，如果想要完全消除问题行为，或者建立新的行为，尚需借助多种方法才能实现。

### （二）惩罚的方式

按照惩罚对儿童的作用方式，可以将惩罚大致分为三类：责备、剥夺和暂时隔离。使用惩罚法干预儿童的问题行为，往往是以责备开头，提醒行为施发者。它可以是具体的语言、责备的眼神，或严厉的面部表情，这对于管制较轻的问题行为有一定的效果。但大多数情况下，还要采取更为深刻的方式——剥夺正在拥有的享受，可以是具体的物品、活动或权利，这种方式对大年龄段孩子效果较好，因为它要求孩子能够尽快地控制自己的情绪，理性地思考自己的行为造成的后果，从而有效地控制行为。对于年幼的儿童，暂时的隔离可能是更好的方式。它阻断了外界刺激的干扰，留下一个发泄情绪和反思的空间给儿童，符合年幼儿童控制情绪能力弱的特点。

### （三）惩罚法的运用

1. 意见一致地贯彻执行

首先，成人应该将儿童问题行为具体化于不同的情境中，归类整理儿童问题行为的各种表现，为有针对性的干预做好准备。例如攻击性行为，儿童在什么时候、什么条件下会有攻击行为发生，有哪些具体表现，发生的强度和频率如何。对待这些问题行为，家庭和幼儿园要意见一致，认真地通过惩罚法来教育儿童，避免因不一致而影响教育效果。

2. 正确选择惩罚方式

就性质而言，惩罚给儿童带来的是一种负面刺激和不良反应。所以，我们要尽可能根据儿童的年龄和问题性质，选择轻微且有效的惩罚方式实施。例如，对年龄稍大的儿童，可先进行语言警告，严肃认真地向他讲道理，就事论事，不粗暴、讽刺。如果发现抵触情绪比较明显时，再采用较严厉的惩罚方式。通常情况下，惩罚法要与强化、模仿等其他方式配合使用，才能收到最好的效果。

3．避免可以诱发问题行为的情境

幼儿的自我控制能力差，在有诱发因素的情境中容易出现问题行为。因此，在干预儿童本身的同时，要为儿童创设一个有益于行为矫正的生存空间。例如：对于拿别人东西的孩子，要尽量避免他独处一室；对于攻击性行为儿童，一开始要尽量避免他和其他孩子有发生摩擦的机会。

4. 避免惩罚法误用

在幼儿教育实践中，存在惩罚法误用的情况。例如：把讽刺、责骂等同于语言警告，而儿童并不明确自己错在哪里，以及如何改正；或把责备作为宣泄愤怒的渠道，责备无效时就妥协；或滥用惩罚法；等等。这些使用误区不仅没有起到应有的作用，很多时候还深深伤害了儿童的自尊，或激起他们的逆反。因此，一定要避免误用惩罚法。

5. 正确认识惩罚法的价值

正确使用惩罚法，可以从一定程度上减轻或遏止儿童的问题行为，而且往往显效很快。与此同时，我们应该认识到，惩罚法的使用毕竟伴随着儿童的消极情绪，

经常使用可能会给儿童带来一定的伤害，而且可能引发儿童的效仿，造成更严重的后果。所以，在有其他方法可用的时候，要尽量避免采用惩罚法。

## 三、代币法

### （一）代币法的含义

代币法是一种综合的问题行为矫正技术。它是在儿童出现目标行为时，立即给予一种代币或“标记”加以强化，然后再将累积的一定数量的代币或“标记”用来换取其他奖赏的方法。例如：教师借助了一个重要的介质——小红花，来代替儿童在做出期望行为以后可以获得的奖励。行为主义把这种介质称为“条件强化物”，即原本不具有强化作用的事物，一旦和强化刺激物结合起来，就具备了强化的功用。

以代币替代直接的强化物，有很多优点。第一，代币的数量和儿童行为的改进直接相关，儿童可以清楚地看到自己的进步，会继续努力；第二，代币使用简便，不会因为外在因素如成人的情绪发生改变，对儿童更具说服力；第三，代币可以代表许多强化物，这样可以避免单一刺激长期作用导致儿童厌烦，从而失去强化的功效；第四，要注意强化物在儿童期望行为发出以后尽快发放，以更加有效。这样就限制了强化物的选择范围，而代币不受此限制，只要儿童合理、实际的需要，都可以作为代币的内容。

### （二）代币的使用流程

1. 确定目标行为

同其他干预技术一样，实施代币制的第一步是明确成人所期望的行为在日常生活各个环节的具体目标是什么。例如，改变儿童的社会性退缩行为，预期发展目标具体表现为在老师、同学面前不胆怯，能主动发表自己的观点，喜欢和小伙伴一起游戏等，而不是笼统地讲要合群或积极主动。第二步是评定儿童目前在这一行为上的具体状况如何，从现状到目标行为之间的差距有多大，具体进展的节奏和步伐多大合适等，一开始就要尽可能地具体化。有必要的话，也可以制定行为矫正的阶段目标，这样可以使干预更具有针对性。

2. 选择代币

代币是具有象征意义的事物，直接代表刺激物。因此，要根据儿童的年龄来调整它和真实刺激物之间的可获得距离。比如，两者之间的数量应该是系数关系，儿童可以通过代币计算自己可以获得的刺激物。应当注意，代币的获得和携带要方便，儿童不能自行复制。

3．选定支持强化物

所谓支持强化物，是指代币所代表的刺激物。儿童在取得了代币以后，第一个思考的问题就是“我可以用它换取什么好处”。支持强化物应当是儿童最感兴趣、最需要的东西，同强化法中的正强化物类似。在这里，需要注意的是，提供的支持强化物类别要多样，一开始最好是很快就消耗完的事物，如消费性刺激物，这样可以不断激发儿童要改善行为的动力。随着儿童控制能力的提高，可提供一些比较昂贵、需要多个代币才能替换的事物，为儿童摆脱外在督促做准备。

4. 制定代币交换系统

要制定代币和逆向强化物之间的兑换，包括兑换比率、时间和地点。儿童某个具体的改进行为可获得几个代币，多少个代币可以兑换一个强化物，不同强化物之间的币值差应该是多少，都是本环节应该完成的任务，如表 7－1 和表 7－2。具体可以由成人依据儿童行为本身对预期行为的价值、儿童对刺激物的渴望程度来定，也可以跟儿童一起来制定。需要注意的是，代币要在行为发出以后及时支付。

表 7-1　行为代币价值表（制定规则）

<table>
<tr><th>我的表现</th><th>获得代币</th><th>备注</th></tr>
<tr><td>放学按时回家</td><td>1 颗</td><td rowspan="3">每天晚上 8：00 交换代币：<br>2 颗蓝星换 1 颗黄星，<br>2 颗黄星换 1 颗绿星，<br>3 颗绿星换 1 颗红星，<br>5 颗红星换 1 朵红花。</td></tr>
<tr><td>在家长回家前开始做作业</td><td>1 颗</td></tr>
<tr><td>认真上课，不做小动作</td><td>1 颗</td></tr>
</table>

表 7-2　代币兑现选择表（奖励措施）

<table>
<tr><th>我选择的活动</th><th>所需代币</th><th>备注（监督和执行行为契约）</th></tr>
<tr><td>看 15 分钟动画片</td><td>1 颗蓝星</td><td rowspan="5">（1）实施时间：4 月 2 日～4 月 30 日<br>（2）执行代币制期间，避免发生打骂现象<br>（3）我和妈妈同意代币制表中的内容<br>签名：________（儿子或女儿）<br>________（家长）</td></tr>
<tr><td>看半小时动画片</td><td>1 颗黄星</td></tr>
<tr><td>玩喜爱的玩具</td><td>1 颗绿星</td></tr>
<tr><td>周末可以踢球或玩公园</td><td>1 颗红星</td></tr>
<tr><td>去外婆家玩</td><td>1 朵红花</td></tr>
</table>

5. 严格认真执行奖励要求和交换规定

前期准备做好以后，就是严格执行代币制。一开始，可能会因为教师或儿童不熟练代币系统，出现操作混乱的局面。如教师手忙脚乱地给儿童发代币，没有得到的儿童会想捣乱，强行问老师要；或者不明确代币和强化物之间的关系，随意选择刺激物，甚至可能出现儿童毁坏或私造代币的情况。对此，教师要有心理准备，必须严格按照原有规定发放代币和兑换刺激物，否则将前功尽弃。

6. 逐步消除代币系统

使用代币的最终目标不是让儿童获得尽可能多的代币，而是能够慢慢消除外在动机，使正确行为成为一种自然自发的状态。所以，当儿童慢慢养成正确的行为习惯时，就可以把代币和刺激物之间的比值扩大，比如原来是3个代币换一次看动画片，现在是 10 个代币换一次周末参观动物园，直至代币消失。

# 模块三　学前儿童社会退缩行为及其干预

## 一、社会退缩行为概述

### （一）社会退缩行为的含义

幼儿社会退缩是指幼儿在社会情境中或有同伴的情境下所表现出的跨时间情境的独处行为。

幼儿的退缩倾向往往表现出以下四个特点：

第一，在陌生或熟悉的社会情境中表现出孤独、害怕、胆小、一人独处、不愿与其他幼儿交往等心理和行为障碍。

第二，持续出现，具有跨时间、跨情境的一致性。就是说在任何时段、任何陌生环境中均会出现该问题行为。

第三，这是一种内化的问题行为，具有内隐性，不易被察觉。因为这种问题发生在个体内部，所以常常被老师和家长忽视。

第四，在不同个体身上有不同的表现和心理机制，并会随着年龄的增长和环境的变化而发生变化。例如：小班幼儿往往表现为对陌生环境、陌生人感到害怕、胆怯；中班幼儿表现为对新事物、新活动不敢尝试，缺乏自信；大班幼儿则表现为对自己能力的担心、焦虑，担心自己做不好。

### （二）社会退缩行为的分类

幼儿社会退缩行为分为不同的类型。我们根据社会退缩行为产生的动机，将其分为安静退缩、焦虑退缩和活跃退缩三种类型。

安静退缩型幼儿喜欢单独进行安静的探索或建构性游戏，他们不太热衷于社交活动，并非因为缺乏社交能力，而是因为其兴趣点在物不在人。

焦虑退缩型幼儿有交往的愿望，却因害羞胆怯等，不敢加入同伴的互动活动，此类幼儿通常在团体游戏中表现得无所事事、旁观等待、矛盾徘徊等。

活跃退缩型幼儿具有活跃冲动、不理智的特征，其发起的互动行为常常伴有攻击性和破坏性，严重干扰正常儿童的活动。这类退缩行为往往伴随攻击性行为出现，因受到同伴的疏离而退缩。

## 二、社会退缩行为对幼儿的影响

### （一）社会退缩行为影响幼儿社会性的发展

人具备社会性，才能适应周围环境。儿童的社会性是指儿童在其生物特性的基础上与社会生活环境相互作用，逐渐掌握社会规范、学习社会技能、形成社会角色、获得社会价值、培养社会态度和发展社会行为，由自然人发展为社会人的过程中所形成的那些独特的心理特征，如社会认知、社会情感、社会行为技能等。社会退缩行为会对幼儿社会性发展造成显著的负面影响。

1. 因退缩而失去发展社交能力的契机

社会性是在人际交往和社会实践活动中发展起来的。而有社会退缩行为的幼儿由于其主动或被动回避社交活动，就使其较同龄孩子失去了许多锻炼社交能力的契机。他们不愿参加集体活动，害怕接触自己不熟悉的人，回避做自己没有把握的尝试，把自己封锁在狭小的交际圈子里，难以习得社交策略、发展社交能力。

2. 易被同伴忽视、排斥

无论哪种类型的社会退缩幼儿都容易被群体忽视甚至排斥。安静退缩型和焦虑退缩型幼儿，均有主动回避社交的特性，他们胆小害羞、沉默寡言、表情淡漠，在教学和游戏活动中缺乏表现力，难以给同伴留下深刻印象，易被同伴忽视甚至引来同伴的偏见。活跃退缩型幼儿，因其常有攻击性、破坏性行为，会导致同伴的惧怕、厌恶和疏离。所以社交退缩幼儿往往游离于群体之外，自己无法融入群体，群体也不欢迎他们，形成恶性循环。当然，这也并不意味着，社会退缩幼儿没有固定的友谊，他们也有自己的好友，但往往数量较少。学者周宗奎研究发现，社交退缩儿童的友谊伙伴往往具有统一性，即其友谊伙伴可能也具有社会退缩性质，这在一定程度上可能会强化幼儿的退缩行为。

3. 易导致负面自我评价

社交退缩幼儿由于自身的胆怯、同伴的疏离、教师和家长的无意评价等，易导致自我评价过低。如教师或家长将“害羞、胆小”等词语运用于幼儿身上，强化了幼儿对自身退缩特点的认同感，甚至导致他们认为自己无能而怀疑自身的价值，产生低自尊的负面体验。

4. 易导致社会适应能力低下

有社会退缩行为的幼儿在面临新环境、新群体时，难以融入其中，胆小、怯懦等特点导致的低参与性和自我表露意愿，又使得他被新群体忽略，无法在集体中产生凝聚感和归属感。部分社会退缩幼儿还会在集体活动中表现出无视集体规则和老师要求的现象，无法从自己的世界中抽离出来与集体同步，使得自己成了一个“与众不同”的人，因而社会适应能力低下。

### （二）社会退缩行为可能成为引发异常心理的危险因素

幼儿期是个体生理和心理全面发展的关键期，这一时期幼儿对孤独的偏好，可能给幼儿带来一系列发展性的心理和行为问题，如挫折感、疑惑、孤僻、烦恼、不爱与人沟通等，为其终身发展埋下隐患。勒默等人的报告指出，3～5 岁儿童出现频率最高的行为是退缩。特别是女孩，在学前期退缩行为达到中等程度以上的儿童，11 年后发展成为心理障碍的可能性是其他孩子的两倍。滑铁卢纵向追踪研究结果发现，早期儿童的社会退缩可以预测以后的内隐行为问题，与儿童的负面自我评价、害羞和焦虑相关。退缩性对触觉过分防御及情绪不稳具有较高的预测作用，两者存在着极其显著的相关。

## 三、幼儿社会退缩行为成因分析

幼儿出现社会退缩行为，与幼儿自身因素、家庭因素、同伴关系、师幼关系等多种因素有关，是多方面因素共同作用的结果。

### （一）幼儿自身因素

许多研究者认为，儿童的社会退缩行为与其抑制性气质紧密相关，其产生是有其生理基础的。对抑制性气质生理基础的研究始于凯根。在其关于气质的研究中认为，抑制性儿童在神经系统的幻想水平和调节功能上与其他儿童具有明显差异。之后，许多研究者对社会退缩儿童生理基础进行了更为深入和广泛的探讨，结果发现：有社会退缩行为的幼儿有明显的抑制性气质基础，其神经节律表现出稳定的高心率、易紧张而不易控制的特点；情绪调节能力不佳，容易处于压力和紧张之中，不自觉地用逃避、畏惧等应激方式来应对陌生环境，且具有相对的稳定性。可见，社会退缩行为确实存在一定的生理基础。

## （二）家庭因素

家庭是儿童的第一所学校，父母是儿童的第一任老师。儿童从出生到入园前的生活都是在家庭中度过的，家庭的影响深深地印刻在每个孩子身上，每个孩子都从自己的家庭中获得了一些属于自己的不同于别人的内容。亲子关系、家长的教养方式、家长自身的性格特点等，对孩子的认知特点、性格特征、生活习惯、待人处事的方式等都具有显著影响。

1. 婴儿时期的亲子依恋关系

儿童与母亲（或代替母亲角色的其他监护人）之间建立的依恋关系将成为儿童与其他个体建立关系的内部模式，并对儿童与其他个体之间关系的特质起着决定性作用。研究表明安全型依恋能引发儿童积极的同伴互动和社会探究行为，而反抗型依恋则促使儿童认为周围环境是无法预测、不安全和没有反馈的，他们容易烦躁、脆弱、社会抑制、缺乏自信、优柔寡断，在与他人交往过程中易退缩，缺少对周围环境的探索行为。有研究发现，反抗型依恋与行为退缩有关，且能对行为退缩进行预测。

2. 家庭教养方式

残缺型和夫妻关系恶劣的家庭，或即使结构完整、夫妻关系正常但对孩子采取专制型、溺爱型和忽视型教养方式的家庭，其子女易形成焦虑、恐惧、难以适应新环境、遇事遇缩、缺乏动力的行为模式，都可能导致孩子产生社会退缩行为。

3. 父母自身性格特点

生活中，父母自身就是内向畏缩、胆小怕事、易于紧张焦虑等的性格特点，其子女也有可能从父母身上习得这些特点，而发展为社会退缩。

4. 家庭结构的影响

有些家庭，父母工作繁忙、无暇顾及孩子，孩子主要由爷爷奶奶或姥姥姥爷照顾。由于老人年龄大行动不便、教育观念落后等，老人平时与孩子交流较少，在孩子入园前也很少带其与同龄伙伴玩，导致了幼儿人际交往能力缺乏，社会适应性差，出现孤僻、胆小等社会退缩倾向。

除以上因素，父母有意无意的语言评价也会强化幼儿的退缩倾向。如孩子在场的情况下，家长多对别人说自己的孩子内向、害羞、安静，不爱说话，不喜欢和小朋友玩等，就会强化幼儿对自己这些特点的认同，从而使退缩行为加剧。

### （三）同伴关系

同伴在儿童发展中担任重要角色，与同伴的玩耍、合作、互动有助于推动幼儿的认知和社会性发展。有社会退缩行为的孩子，在同伴关系上会陷入恶性循环，他们较少参与同伴之间的交往活动，从而导致被同伴忽视和拒绝，而被同伴拒绝又成了加剧幼儿社会退缩的危险因素。近年来一些研究表明，那些在幼儿园被同伴排斥的害羞、焦虑的儿童，其害羞、焦虑的表现到小学 4 年级都非常稳定，且抑郁的症状加重。还有研究发现，5 ~ 6 年级的儿童在高排斥的同伴环境中，其焦虑孤独得以延续和恶化，而在低同伴排斥的环境中，其焦虑孤独的行为会降低，交往趋近动机和能力提高。同伴关系中还存在一种异常关系，即同伴欺侮，其中被欺的一方，易发生社会退缩行为。

### （四）师幼关系

幼儿园教师是孩子离开家庭步入社会的重要他人，良好的师幼关系有助于孩子健全人格的形成。然而，有些教师由于各种因素，对部分正常幼儿忽视或拒绝，导致这些幼儿与教师之间缺乏积极的情感交流，对班级活动和同伴也缺乏兴趣，从而产生退缩行为。对于有退缩行为问题的幼儿来讲，由于需要教师提供额外的支持和帮助，师幼关系就显得更加重要。但是具有退缩行为的幼儿不易引起教师的重视和信任，易被教师忽视，而这种忽视又会加剧幼儿的社会退缩倾向。

## 四、家园合作中幼儿社会退缩行为的矫正

针对幼儿的社会退缩行为，教师与家长不仅要注意端正幼儿的外显行为，还要重视幼儿心理健康，帮助幼儿转变观念、建立自信，习得适应环境的有效策略。

### （一）幼儿园教师层面

1. 包容接纳，给予有社会退缩行为的幼儿积极关注

教师不可忽视有退缩行为的幼儿，应通过关爱的眼神、关心的话语及轻拍抚摸等肢体语言，与之保持亲密关系，让其体会到教师对他的重视，同时也让其他幼儿感受到教师对该幼儿的关注，从而产生与之交朋友的愿望。

2. 利用绘本，转变有社会退缩行为的幼儿不当观念

教师应针对幼儿的社会退缩行为特点，精心选择绘本主题。通过绘本将故事中

的角色关系、互动交流、矛盾冲突等呈现给幼儿，使幼儿在理解故事内容的基础上，逐步积累自身的社会交往知识，进而形成自己的观点和行为方式。在欣赏故事内容的同时，还要通过问题引导幼儿主动参与讨论，踊跃发表观点，思考故事的内涵，以获得人际交往方面的启发。

3. 利用游戏，让有社会退缩行为的幼儿体验与人交往的乐趣

在幼儿园中，老师可运用集体游戏，让社会退缩幼儿在真实的生活和社会关系中体会和大家一起玩的乐趣，与同伴加深了解，学会合作，并从想象和模仿中逐渐克服自我中心思维，形成正确的自我概念，学会关心他人，从而克服孤僻胆小，逐渐融入集体。当然游戏内容和形式的选择要有较强的针对性，教师对幼儿在游戏中的表现不可急于求成，在游戏中为幼儿创设的社会交往情境的难度，要随着游戏技能的发展而逐渐深入，从而给幼儿的心理缓冲提供时间，使幼儿逐渐体会到与同伴交往的乐趣。

4. 积极评价、加以强化，帮助有社会退缩行为幼儿建立自信

教师要尽可能发现有社会退缩行为幼儿身上的闪光点，多给予其客观公正的正面评价，及时强化并通过评价向幼儿提出合理的发展目标，使幼儿不断提升进步。

5. 提供锻炼机会，提高有社会退缩行为的幼儿在同伴心中的地位

在一日生活中，教师应多为社会退缩幼儿提供发展自我能力和为集体服务的机会，如担任小值日生、小组长等。

### （二）家园合作层面

在家园合作过程中，首先，教师要引导家长认识社会退缩行为及其危害，向家长普及幼儿社会退缩行为的基本知识，引起家长对孩子问题行为的重视。其次，要引导家长对孩子进行行为观察，从而对幼儿退缩行为的表现和程度做初步了解。最后，要帮助家长转变教育方式，引导家长尽可能为幼儿提供完整的家庭结构，创造和谐、民主、温馨、和睦的家庭气氛，在家保持和幼儿园一致的教育原则和方法。同时还要给予家长一些方法策略方面的指导，使家长易于理解、便于操作。

# 模块四　学前儿童攻击性行为及其干预

## 一、攻击性行为概述

### （一）攻击性行为的含义

攻击性行为，也称侵犯性行为，指有意伤害他人身体与精神的行为。可能表现为身体上的攻击，如拍、抓、踢、吐、咬，毁坏和破坏等；也可能表现为言语上的攻击，如辱骂、说闲话等。在儿童时期，攻击性行为是反社会行为中最具代表性、最突出的一种行为。

### （二）幼儿攻击性行为的类型

弗莱什巴赫根据攻击的形式和功能，将攻击性行为分为直接攻击和间接攻击。直接攻击包括通过打、踢、拧、推、抓、咬等方式对他人进行的身体攻击和通过骂、造谣、恐吓等方式进行的言语攻击。间接攻击是借助第三方实施的攻击，如向其他幼儿说一名幼儿的坏话，让其他幼儿都不喜欢这名幼儿，不跟他玩，从而将这名幼儿排斥在集体之外，使之受到冷落，或者教唆其他幼儿打这名幼儿。

美国心理学家哈吐普等人根据攻击的目的和性质，将攻击性行为分为工具性攻击和敌意性攻击。[①] 工具性攻击是指儿童为了争夺物体、领土或权力而发生在身体上的冲突行为，这类攻击的实施者只是想保护那些他自认为属于自己的东西或得到他想要的东西。这里的东西可能是某种玩具，可能是某个空间的使用权，可能是群体中的某一种权利，也可能是看到某些幼儿违反规则想要伸张正义等。这类攻击行为虽然给被攻击者带来了伤害，但其目的并不是对其造成身心伤害。只是为了达到伤害以外的其他目的而采用的一种手段。

敌意性攻击则不同，这类攻击是有目的的，行为的实施者就是为了打击和伤害他人。具体而言，可能是为了报复先前他人给自己的侮辱或伤害，也可能只是做他们想做的事，而使别人受到伤害。当他们看到别人身体或心理受到伤害后，会体验到满足感。

### （三）幼儿攻击性行为的发展特点

不同年龄段的儿童，由于其社会性发展水平不同，其攻击性行为也会表现出不

---

① 杜莹．中班幼儿对同伴攻击性行为的归因及应对策略研究［D］．武汉：华中师范大学，2021.

同的特点和类型。从攻击性行为的起因来看，婴儿和幼儿早期的攻击性行为主要是由于争夺物品或空间使用权而引起的，随着年龄的增长到幼儿中期和晚期，由具有社会意义的事件而引起的攻击性行为逐渐增多。

从攻击性行为的类型来看，婴儿和幼儿早期的孩子主要采用工具性攻击，目的是争夺玩具和其他物品。随着年龄增长，幼儿中期和晚期的孩子主要采用敌意性攻击，攻击性行为主要由行为规范等社会性问题引起。

从攻击性行为的表现方式来看，婴儿更多使用身体上的攻击，幼儿期身体攻击逐渐减少，言语攻击所占比重逐渐加大。

## 二、攻击性行为对幼儿的影响

### （一）影响人格的健康发展

幼年时期的攻击性行为若未得到及时纠正，可能发展成为幼儿顽固的行为习惯，甚至逐渐形成攻击性人格，为日后的人际交往和社会适应留下隐患，成为幼儿社会化失败的重要指标。更有甚者，可能会走上犯罪的道路。研究表明：成人期的犯罪与幼儿期的攻击性行为有密切的关系。心理学家韦斯特经过 14 年的追踪研究发现，70%的少年犯在 13 岁就被认定具有攻击性行为，48%的少年犯在 9 岁就被认定具有攻击性行为，而且幼儿期攻击性水平越高，犯罪的可能性也越高。

### （二）影响幼儿的人际交往、学习和生活

大量研究表明，有攻击性行为的幼儿，同伴关系一般较差。因为他们总是使用令人厌恶甚至恐惧的打人、骂人等方式来对待同伴，使得大多数同龄幼儿对他们谈之色变，避而远之。甚至有些家长知道了班里有攻击性行为的幼儿，也会专门嘱咐自己的孩子离他们远些，不要去“招惹”他们，免得“惹祸上身”。如此，有攻击性行为的幼儿在同伴群体中其实是被孤立的个体，他们内心孤独，渴望与同伴交往，又不知如何才能获得同伴的接纳，这对其人际交往能力的发展、学习和生活均带来了连锁性的负面影响。

### （三）扰乱班级正常的教育工作秩序

有攻击性行为的幼儿常常在班里“惹是生非”，教师不得不花费大量的时间和精力来解决由此产生的各种矛盾，扰乱甚至破坏了班级正常的活动秩序。一些被攻

击、受欺负的幼儿，常常会产生恐惧心理，甚至因此而不愿来幼儿园，这又为教师的工作增加了诸多难题。

## 三、幼儿攻击性行为的成因分析

### （一）个体生理因素

儿童攻击性行为的产生有一定的生物学因素。可以说，个体生理因素为攻击性行为的产生提供了物质前提。

1. 攻击性行为产生有一定的神经心理学基础

我国学者张倩对有攻击性行为儿童大脑两半球的认知活动特点进行研究后发现，与普通儿童相比，攻击性行为儿童大脑两半球的均衡性较低，大脑左半球抗干扰能力较差，右半球完形认知能力较弱。

2. 攻击性行为产生可能与激素水平及染色体异常有关

研究表明，攻击性行为倾向与雄性激素密切相关，男女儿童之间攻击性行为的明显差异就是受到了性激素水平的影响。此外，荷兰和美国科学家研究发现，人类的攻击性行为倾向可能是由于遗传中某种微小的基因缺陷而引起。如，XYY 染色体的人，多余的 Y 染色体可刺激肾上腺分泌大量肾上腺素，并导致男性荷尔蒙过高，表现为性欲强烈、性格暴躁、难以自制、具有攻击性。

3. 幼儿期攻击性行为的产生可能与神经系统发育不完善有关

幼儿身心发展还很不完善，大脑皮层的神经细胞兴奋强于抑制，所以控制能力较差。加之其性情活泼、好奇心强，易出现攻击性行为。

### （二）家庭影响因素

家庭中，父母对孩子消极的教养态度和抚养方式可能导致幼儿的攻击性行为。在四种典型的家庭教养方式中，专制型、溺爱型和忽视型教养方式均与幼儿的攻击行为有关。

在专制型教养方式下，父母过分控制幼儿的自主性，教育方法简单、粗暴，强行压服，幼儿的基本需要无法得到满足，幼儿会朝着两个极端发展，可能会变得胆小、怯懦、退缩，还可能产生强烈逆反心理及与父母对抗的倾向。对于产生对抗倾向的幼儿，父母的惩罚、打骂行为无疑是给了孩子一定的心理暗示：“当别人让你

不满意的时候，你可以这样对待他。”所以，常常靠体罚和责骂来约束孩子的父母，他们的孩子在家庭之外要么退缩胆小，要么具有攻击性和强侵犯性。

在溺爱型教养方式下，父母对孩子无原则地迁就，完全放弃对孩子的限制，可能会使幼儿因依赖性强、独立性差而产生退缩行为，也可能会使其利己排他行为滋长，任性霸道，一旦他们的某种需要受到限制，就会大哭大闹，以反抗甚至攻击来达到目的。

在忽视型教养方式下，父母对孩子漠不关心，忽视孩子的心理及物质需求，对孩子的言行、人际交往等缺少管理和监控，这些孩子容易在懵懂的少年时期因交友不慎使得自己的攻击性人格遇到合适的土壤而走上违法犯罪的道路。通过对少年犯的家庭背景调查发现，他们的父母对孩子平日的行踪、与什么人交往、在做些什么事情等一无所知且漠不关心，这是导致孩子监管失控的主要原因。

此外，家长在幼儿人际交往策略方面的一些不当引导，也可能导致攻击性行为的产生。例如，有的家长害怕自己的孩子在幼儿园“吃亏”，就教育孩子：“在班里，谁敢欺负你，你就打他。”幼儿误以为打骂别人是理所应当的，便总是选择使用攻击的方式来解决同伴间的矛盾与冲突。

### （三）个体心理发展水平因素

1. 自我中心倾向

处于幼儿期的孩子，社会性快速发展，他们渴望与同伴交往和游戏，同伴间的互动交流十分频繁。同时，其认知能力又处于自我中心阶段，常常从自己的角度出发来认识问题，而不能站在别人的立场上考虑问题，更难以做到移情。如此，交往中就不免会产生许多矛盾。加之社交经验和技能的缺乏，导致这类幼儿在面对矛盾时往往采用不合理的方式解决。自我中心倾向越严重、移情水平越低的幼儿，越容易曲解他人的意图，也越容易出现攻击性行为。

2. 敌意归因

归因是人们对他人或自己行为原因的推论过程。敌意归因是指人们将对方行为的意图视为不怀好意。国内外研究表明，人的社会认知，特别是对他人行为意图的认知，对人攻击性行为的产生具有决定性作用。幼儿如果把自己所面临的消极后果归因为同伴有意造成的，他一般就会倾向于对同伴做出报复性的攻击行为；反之，如果他认为同伴是由于意外或出于善意的动机而给他造成的消极后果，他一般倾向于不采取攻击性行为。

3. 情绪控制能力较差

幼儿在情绪方面的发展具有易外露、不稳定、易受感染等特点，行为受情绪影响较大，易冲动、发怒，自我控制能力较差，这些因素也容易导致幼儿因难以控制愤怒情绪而产生攻击性行为。

### （四）幼儿园教师因素

1. 教师的教育观念和教育行为

教师在班级管理中的错误教育观念和不当教育言行，都会引发幼儿的攻击性行为。例如：有的教师在安排教育活动和游戏活动时，没有预先向幼儿提出明确的活动要求和规则，导致幼儿之间因规则不清产生矛盾，进而出现攻击性行为；有的教师对班里幼儿的攻击性行为过分关注，而较少关注或没有及时鼓励幼儿的合作、谦让等亲社会行为，会使幼儿错误地认为只有做出攻击性行为，才能获得老师的关注，这就使得幼儿的攻击性行为得到了负强化；有的教师给有攻击性行为的幼儿贴上了“爱打人”“坏孩子”的标签，其他幼儿在与这名幼儿的交往中也往往带着“他是个坏孩子”的偏见，使得这名幼儿常常感受到来自教师和同伴的敌意，而不是温和的接纳，由此带来的消极情绪易引发和助长他更多的攻击性行为。

2. 不合理的空间密度和材料配置

活动室的空间密度是指幼儿人均占有的活动室面积，是表示室内拥挤程度的指标。20 世纪 80 年代，史密斯和科纳利的研究发现，人均空间密度在 2.32 ～ 7.0 平方米之间时，幼儿会表现出良好的游戏行为。若小于 2.32 平方米，则室内过于拥挤，幼儿间易发生打架、破坏玩具等攻击性行为，若大于 7.0 平方米，则室内过于空旷，幼儿之间的合作行为会逐渐减少，粗大动作有所增加。①

此外，幼儿对活动材料和玩具表现出极强的占有欲，如果在区域活动或户外活动中，活动材料和玩具数量较少或玩具种类搭配不合理，极易导致幼儿间因争抢玩具而发生矛盾与冲突。

### （五）大众传媒因素

大众传媒中的争斗、暴力内容，给幼儿提供了攻击性行为的样板。20 世纪 60 年

① 刘海燕，王艳 . 幼儿攻击性行为的成因与应对策略［J］. 济南职业学院学报，2022，10（5）：69–71，74.

代，美国心理学家班杜拉等人对电视中的暴力镜头对儿童行为的影响做了研究。研究表明，儿童对暴力镜头的模仿具有极大的倾向性，通过观看电影或电视上的暴力行为，即使年幼的儿童也会习得攻击他人的种种方式。在现代社会，随着电视、电脑普遍进入家庭，这些传播媒介成为人们获取信息的重要渠道，也成了儿童观察和学习社会的重要课堂，儿童从大众传媒中所感知到的一切都将以直接或间接的方式转化为他们的日常言行。然而，在这些媒体中，打斗、凶杀等成人节目不断地影响着幼儿，即使是专门为幼儿设计的动画片和游戏，也常常带有浓厚的暴力色彩，不合时宜地宣扬着武力、战争、称霸宇宙等观念。很多幼儿观看后在家庭及班里模仿做出各种打斗动作，并且幼儿在真实的矛盾情境中，模仿使用暴力的方式去解决问题，也大大增强了攻击性。

## 四、家园合作中幼儿攻击性行为的矫正

### （一）幼儿园教师层面

1. 创设良好的物质环境

教师应为幼儿提供足够大的活动空间，以减少因空间狭小带来的各种摩擦。提供数量充足的玩具，避免因争抢玩具而引发冲突。此外提供的玩具材料要避免带有攻击性质，如玩具枪件等，因这些材料本身就容易催生出幼儿的攻击性行为。

2. 通过游戏帮助幼儿提高移情能力，掌握解决人际冲突的策略

游戏是幼儿的基本活动，集体游戏为幼儿提供了同伴间交往交流的机会，有助于幼儿在交往中学会与人协作、正确竞争、适当忍让等交往策略。

在各类游戏中教师可重点使用装扮游戏，将移情训练和榜样示范相结合，蕴含于装扮游戏中，让幼儿在感同身受和模仿学习中矫正攻击性行为。例如，教师让有攻击性行为的幼儿扮演被小猴子欺负的小白兔，扮演小猴子的幼儿根据游戏内容做出各种攻击性行为表现，扮演小白兔的幼儿要表现出受欺负时的难过以及最后的宽容。在这样的游戏中，扮演小白兔的原来有攻击性行为的幼儿，会体会到被攻击时的感受，达到了移情训练的效果，也学习了正确处理矛盾的方式，发挥榜样学习的作用。此方法中扮演游戏情节的选择和设计尤为关键，教师要选择适合幼儿年龄特点和认知水平的故事情节，并将移情训练和榜样学习融于一体。

3. 忽视攻击性行为并鼓励幼儿的亲社会行为

有些幼儿将攻击性行为作为引起教师注意的手段，对于这类幼儿，教师要做的就是对其攻击性行为不予理睬，使之意识到这种方法是达不到目的的。同时要对其出现的亲社会行为，如礼貌待人、友好合作等马上予以积极关注，并给予表扬甚至奖励。这样幼儿的攻击性行为会逐渐减少，亲社会行为会逐渐增加。

4. 重视教学活动中的“人际交往”主题

教师可在教学活动当中，通过图片、视频、讲述的方式，呈现交往故事或幼儿之间真实的交往案例，引导幼儿自己总结出交往技能。待幼儿了解交往技能后，可采用角色扮演法设计一些需要运用交往技巧的情境，让幼儿分组扮演，从而达到巩固所学技能的目的。

5. 引导幼儿合理宣泄攻击性情绪

针对有攻击性行为的幼儿，教师应教会他们一些宣泄自己不良情绪的合理方法。例如：学会倾诉，引导幼儿学会向家长、老师和小朋友倾诉自己内心的感受和想法，使消极情绪得以宣泄；学会转移，即给愤怒情绪找一个合适的转移和发泄途径，如打沙袋、搭好积木后全部推倒、绘画等。

（二）在家园合作中矫正幼儿攻击性行为

首先，要引导家长转变教养方式。父母应先检讨自己的言行举止，转变教养思路，采用民主型教养方式，尊重孩子的人格尊严，加强与孩子的心灵沟通。如在发现孩子的攻击性行为时，要保持冷静，耐心倾听孩子的解释，了解孩子的真实想法，让孩子感受到来自父母的接纳和尊重，在此基础上给予孩子适当引导。

其次，引导家长通过游戏矫正幼儿的行为。如与孩子一同玩装扮游戏，培养孩子的移情能力；引导孩子多玩控制类游戏，如搭积木、拼图、多米诺骨牌、走独木桥等，培养孩子的自我控制能力。

最后，使家长有意识地干预大众传媒对幼儿产生的影响作用。对于幼儿接触的电视节目和网络游戏等，家长一定要勤审查严把关，不能把电视或手机当作保姆。家长要及时了解孩子当前喜爱的媒体主题，多与孩子就其中的内容开展交谈，洞察孩子的思想动态，并用自己的思想和观点去引导孩子，以强化大众传媒的正面影响，减少负面影响。

# 模块五　学前儿童说谎行为及其干预

## 一、说谎行为概述

说谎，就是故意说假话，故意隐瞒事实的一种外显活动。幼儿说谎行为可分为两大类，无意说谎和有意说谎。

无意说谎是幼儿期出现的一种独特行为，是一种不存在说谎的主动动机，没有觉察到自身说谎的说谎行为。有意说谎是指幼儿为了达到个人的某种愿望，有意地欺骗成人、隐瞒事实或嫁祸于人的举动。

幼儿说谎是一种较为普遍的现象，是幼儿心理发展过程中的一个特殊阶段，几乎每个幼儿都有说谎的经历，但并不是所有的说谎行为都说明幼儿存在严重的问题。如德国教育学家施鲁克教授认为，幼儿第一次有意义的说假话，标志着幼儿有了想象力，表明他们在用开创性的行为和周围环境打交道，是成长过程中的一个重大进步。瑞士心理学家皮亚杰则认为说谎和认知发展水平有关。说谎是儿童认知水平发展到一定阶段后表现出来的行为特点，成人不必惊慌失措，但也不能听之任之，因为若不加引导确实有可能发展为严重的问题行为。

一般而言，3 岁幼儿已有说谎的经验，但三四岁幼儿的说谎行为基本都是无意识的、不自觉的，属于无意说谎，常表现为满足愿望的心理、理解性心理错觉和自信心萌动等。有意说谎，在幼儿 5 岁时开始萌芽，此时成人要注意对幼儿进行教育和引导。

## 二、幼儿说谎行为的影响

### （一）因担心、恐惧而增加心理负担

幼儿有意说谎后，其状态并非心情平静、毫无波澜。他们往往因担心谎言被揭穿而感到惴惴不安，倍感烦闷，这会增加幼儿的心理负担，影响其心理健康。

### （二）对人际关系带来负面影响

幼儿无论是无意说谎还是有意说谎，在谎言被揭穿后，都会受到其他幼儿的怀疑、嘲笑甚至排挤，从而很难融入集体之中，给幼儿的人际关系带来不良影响。而

人际关系不良又会导致幼儿孤僻自卑、自私冷漠等性格特点。

### （三）导致畸形人格

幼儿在一次有意说谎达到目的后，可能会导致一发不可收拾地多次有意说谎、习惯性有意说谎，假如成人不注意教育和引导，有意说谎还可能发展成严重的欺骗行为，这种不良的道德品质将会影响幼儿身心健康。在此种情况下，幼儿说谎行为将不容易被彻底纠正。

其实，儿童在将道德要求转化为道德行为的过程中，确实常常会出现言行不一的现象，但大都是因为认知能力低下、自控能力差而导致的，随着儿童自身的成熟和成人的正面引导，这种情况会逐渐消失。但习惯性说谎的儿童则不同，他们是多次故意进行口头上的认可和行为上的否定，使得说谎成了种习惯，将导致畸形的人格发展。

此外，部分学者研究发现，说谎与多数问题行为具有共发性，幼儿说谎与问题行为的各个维度均呈显著正相关关系，能够正向显著预测除社交退缩以外的其他所有问题行为。幼儿阶段说谎更可能伴随抑郁、违纪、攻击、社交、注意、思维等各种问题行为，不利于儿童的健康发展。

## 三、幼儿说谎行为的成因分析

### （一）无意说谎的成因分析

幼儿的无意说谎现象，多由其认知发展水平和语言能力的限制而引起。

1. 因想象与现实相混淆而说谎

4 岁左右的幼儿常常把想象和现实混淆起来，把想象的内容当作现实中已经发生的事进行描述，把幻想的语句作为对未能实现的愿望的补偿，以克制和掩饰自己失望的心理。当幼儿把这种夸大的并不现实的想象当作真实的东西说出来时，小朋友会听得入迷，而大人听来就成了说谎。

2. 因记忆的精确性较差而说谎

小年龄幼儿记忆不精确，在回忆已经发生的事情时往往出现歪曲事实的现象，由此导致说谎。例如，幼儿园老师请东东把新买的遥控汽车玩具带来给大家看看，东东回家却非要妈妈再给他买一个遥控汽车带到幼儿园，还说是老师说的。其实是

东东对老师的要求记忆不精确，在回忆老师说的话时出现了偏差。

3. 因知识匮乏，认知能力低下而说谎

幼儿因年龄小、知识经验贫乏、认识能力低下，往往对事物缺乏正确的判断力和理解力，也易导致与事实不符的“瞎说”。例如，3 岁的丹丹对妈妈说：“我今天在幼儿园吃了 5 碗米饭。”妈妈大吃一惊。实际上丹丹只吃了两碗，她还未能形成精确的数概念。再如，一位父亲让幼儿跑去厨房看看炉上的水烧开了没有，幼儿回来对爸爸说：“水开了。”可爸爸来到厨房，发现水并没有开。其实该幼儿并非有意说谎，而是不知道水怎样才算开了这一生活常识。

4. 因自信心萌芽而导致说谎

幼儿由于理解问题的简单化和不善于分辨想象与现实，往往不切实际地说“大话”、夸“海口”。例如，在运动会前挑选小运动员时，老师问：“哪个小朋友拍球拍得最多？”全班幼儿都举手说：“我拍得最多！”这是由于幼儿自信心萌动，又无法对自己进行客观评价而导致的说谎。

5. 因成人的暗示而说谎

这类幼儿产生说谎的现象往往由成人的语言暗示引起。如某家长发现孩子从幼儿园回来额头肿了个大包，便询问孩子是怎么回事，孩子说不知道。于是家长问：“是不是老师打的？”孩子居然点了点头。这位妈妈十分生气，想去幼儿园讨要说法。幸好孩子爸爸回来后澄清了事实：孩子额头的包是早上去幼儿园经过小区的灌木丛时被蚊子叮的，不知为何一天了也没消退。

部分成人遇到问题总是把自己的孩子往好处想，不能冷静地、公正客观地从事实出发进行推理和判断，所以容易对发生于幼儿身上的问题做出不正确、过于武断或直觉式的归因。而幼儿由于认知水平有限，道德观念模糊、生活经验匮乏、记忆精确性差等，极易因受到成人的语言暗示而说谎。

### （二）有意说谎的成因分析

幼儿为了达到某种目的而有意说谎，这类说谎与品行有关，反映了幼儿品德发展中存在的问题。具体而言，这类说谎往往由以下原因引起。

1. 因害怕受到批评或惩罚而说谎

幼儿犯了错误将要受到惩罚时，会产生恐惧心理。为了逃避或减轻来自老师、家长的惩罚，他们就通过说谎来为自己开脱责任。这也是幼儿有意说谎中最常见的一种情况。如，一节手工课后，奕奕将剪下的碎纸片从三楼的窗口撒下去，飘到了一楼的植物角里，保育员老师发现后到各班去询问。当问到奕奕的班时，有一个小朋友举报是奕奕扔的，奕奕有些害怕，但在老师再三询问下还是不肯承认错误。奕奕的案例就属于因害怕惩罚而说谎的类型。

这种说谎现象在表现程度上又分为三个层次：（1）为减轻错误分量，只承认一部分错误；（2）全部否认错误；（3）嫁祸于人。其中，嫁祸于人最为严重，不仅不承认是自己做的，还要把责任全推给别人。这种行为说明幼儿的品行已经开始恶化，不过这种情况在幼儿身上非常少见。

其实，幼儿在犯错后选择说谎来逃避惩罚，究其根源还是在于成人不当的教育方法。有些家长或教师，在幼儿做错事承认自己的错误后，对幼儿采取的是粗暴的打骂，并非耐心的说理教育，而幼儿最初偶尔的说谎反而使他免受责罚，蒙混过关，两者对比之下，幼儿选择说谎也是情理之中的事了。

2. 为了获得他人的赞扬或奖励而说谎

有些家长或教师在鼓励幼儿时简单地采用物质奖励手段，过多地看中幼儿获得的称号而忽略其实际表现，就容易导致幼儿为了获得成人的赞扬或奖励而说谎。例如，班里开展“评比好孩子”的活动，凡是被评上的幼儿都可以得到一枚小贴纸作为奖励。辰辰没有拿到贴纸，但回去后却对妈妈说自己被评上了“好孩子”，并要求妈妈兑现给他买奥特曼的承诺。辰辰就是为了得到妈妈的赞扬和奖励而选择了说谎。

3. 为了满足自己的虚荣心而说谎

有些家长因对幼儿教育方法不当，导致幼儿虚荣心强，凡事爱与他人攀比，在实际条件无法与别人相比时就采用骗人的方式来谎造优越感。例如，有的幼儿看到别的幼儿有变形金刚玩具而自己没有，很是羡慕，便说：“我爸爸也给我买变形金刚了，比你这个好多了！”

4. 为了取乐而说谎

有的幼儿通过说谎来捉弄别人以获得快感，并因此自鸣得意。经典故事《狼来了》当中，小男孩的多次有意说谎行为就属于此种类型。

5. 为了达到某种不正当的目的而说谎

有些幼儿为了满足自己的某些欲望或达到某种不正当的目的，故意夸大、歪曲事实，甚至编造事实，就属于这种类型的说谎。例如，龙龙在桌上看到一串玉珠手链，

很喜欢，于是就把它剪断，将小珠子放进自己的口袋，后来丢失手链的老师过来寻找，龙龙就拿出几颗给老师，却谎称是其他幼儿给他的。在有意说谎的几种类型中，这是最为严重、性质最恶劣的一种类型，多发于5岁以上幼儿身上。成人一旦发现幼儿存在此种说谎现象，一定要高度重视，积极引导，切不可忽视。

6. 因模仿成人而说谎

有些家长自己在日常生活中就常常有说谎和欺骗行为，例如：对幼儿说过的话不兑现；带幼儿外出坐公交车为了逃票，让幼儿配合弯着腰；幼儿忘记完成教师布置的任务，家长帮幼儿在教师面前编造谎言等。家长这些说谎或欺骗行为，是造成幼儿说谎的重要原因。某些教师对幼儿说的话不兑现，也给幼儿做出了负面榜样。家长和教师都是幼儿心目中的权威，“权威”都在说谎，就会使幼儿产生“说谎不为错”的错误认识，甚至为自己说谎成功感到得意。

7. 为帮助同伴逃避惩罚而说谎

这类说谎现象往往发生于5岁以上的幼儿身上。5岁以上的幼儿非常重视同伴间的友谊，有的幼儿在好友做了错事时，会主动站出来替好友认错、掩护，说是自己做的，愿意为好友造成的不良后果承担责任，由此而说谎。

## 四、家园合作中幼儿说谎行为的矫正

针对幼儿的说谎行为，教师与家长应先根据动机与原因区分说谎行为的性质，再“对症下药”，采取有针对性的纠正措施。

### （一）针对幼儿无意说谎的矫正措施

幼儿出现无意说谎现象，教师与家长不必惊慌失措，因这类说谎现象是由儿童认知水平较低引起的。随着幼儿年龄的增长，认知水平尤其是记忆、思维能力的提高和生活经验的丰富，这类说谎现象会逐渐自然消失。当然，成人也不能放任不管，听之任之，而应给予幼儿耐心的引导，帮他们顺利度过这一阶段。例如，当孩子信口开河说自己吃了5碗米饭，教师和家长应帮他弄清事实并注意促进其数概念的发展。对于孩子跟老师说妈妈给他烤饼干和蛋糕吃，但这并不是事实，那就应该帮助孩子区分想象和现实。对于把老师让他将新买的玩具汽车带到幼儿园来给小朋友看看，理解为老师让他再另买一辆新的玩具汽车带到幼儿园来的小朋友，教师与家长要坦诚沟通，并帮助孩子提高语言理解和表达能力。

### （二）针对幼儿有意说谎的矫正措施

1. 创设民主和谐的成长环境

在民主和谐的成长环境中，幼儿时时处处感受到的是理解、尊重和关爱，在这种宽松舒适的精神氛围中，幼儿的愿望和要求可以通过亲子之间或师幼之间的良好沟通获得解决，而不必借助说谎去实现。如果犯了错误也会被家长和老师理性地接纳，他们也就无须产生害怕、恐惧情绪，并通过说谎掩饰自己的错误。即使幼儿真的说谎了，成人也会在关心尊重幼儿的基础上倾听幼儿内心的想法，并通过幼儿能够接受的方式，让他们认识到说谎是不对的行为，从而产生良好的引导效果。

2. 以身作则，为幼儿树立良好榜样

我们要求幼儿诚实守信，成人自己首先应该做言而有信的人，对幼儿说真话，做实事，绝不能为了达到某种暂时的目的而对幼儿说谎欺骗他们。例如，有些家长为了不让孩子跟着自己出门，便对孩子说："我下楼倒个垃圾就回来"，或者"我去给你买冰棍"，或者在孩子面前做一些不良的示范。还有对幼儿做出的承诺一定要尽力兑现，若确实因为某些原因无法兑现，也不能不了了之，而应向幼儿说明原因，并真诚道歉，这也是尊重幼儿人格尊严的表现。

3. 从幼儿出现说谎现象反观自身教育问题

当幼儿出现说谎现象时，成人首先要做的不是责怪幼儿，而应认真地反省自己：是不是孩子有合理的要求却不敢直说，是不是平时对孩子的一些合理要求没有给予满足，是不是常常粗暴简单地拒绝孩子那些不合理的要求，而没有耐心解释为什么，等等。如果是，应及时调整自己的教育行为，同时告诉幼儿说谎是不对的，并耐心地和孩子谈谈自己的想法和认识。

4. 帮幼儿认识说谎行为导致的严重后果

教师和家长若发现幼儿说谎，要耐心地给幼儿摆事实、讲道理，让幼儿明白，说谎有时的确能成功地蒙骗别人，达到自己的目的，但如此得到的所谓快乐，只是自欺欺人的短暂快乐，经常说谎的孩子，会失去父母老师和小伙伴的尊重和信任。也可利用故事教学帮助幼儿认识说谎导致的严重后果。在幼儿熟悉故事情节后，教师或家长可结合使用提问法、讨论法、角色扮演法以及训练法等，帮助幼儿深刻理解故事所传达的深意。或者家长和老师可利用电视网络或生活中的相关实例与孩子

展开讨论，让孩子通过这些真实的案例体会说谎、欺骗行为所带来的危害。

5. 适当运用奖励与惩罚

心理学家称，在矫正孩子说谎行为时，奖励诚实行为比惩罚说谎行为更为重要有效，所以教师与家长要善于发现幼儿身上的闪光之处，多关注幼儿的诚实之美，并给予积极的表扬甚至奖励，让幼儿体会诚实比说谎更有好处。如果幼儿犯了错误还说谎，教师和家长应给予严厉的批评，让幼儿认识到每个人都应勇于承担责任，不掩饰自己的错误，才能赢得他人的尊敬。如果幼儿犯了错误勇于承认，成人应首先表扬幼儿主动承认错误，勇于承担责任的品德和胆量，再指出幼儿的错误和改进方向。

## 思考与实训

1. 案例评析。

案例一：

默默小朋友每天早上喜欢赖床不起，上幼儿园经常迟到。奶奶怕默默到幼儿园没饭吃，经常在送他上幼儿园的路上给他带上面包和牛奶。到了幼儿园，奶奶担心老师批评自己的孙子，又会对老师说怨自己起床晚了耽误送孩子了，或是说自己下楼时忘了拿电动车钥匙耽误了时间等各种自己有责任的理由。

（1）请问如果你是默默的老师，你怎样与默默的奶奶沟通？

（2）在家园合作中应采用哪种策略进行管理？

案例二：

泡泡今年 4 岁半了，是一个漂亮的小女孩，生活在一个幸福的五口之家，爸爸妈妈工作比较忙，所以大部分时间由爷爷奶奶照料。在家里，泡泡是个安静、听话的孩子，喜欢一个人静静地玩玩具、发呆或者看动画片。

在幼儿园教学活动时，她总是安静地坐着，极少发言，不愿表现自己，很少抬头看老师，而且经常走神。只有音乐课是泡泡最喜欢的，上音乐课时，她注意力集中的时间更长一些，节奏感也很好，学习歌曲也比较快。

在幼儿园的日常活动中，泡泡更倾向于一个人独处，一般情况下不会主动与其他小朋友接近，即使侵犯到自己的利益时，她也不愿和其他小朋友说话。吃饭时，一张桌子的一边能坐下两个小朋友，由于桌子有限，有时会有三个小朋友挤在一边的情况，两边的小朋友先坐下了，应该坐在中间的泡泡就很难进入自己的座位。她站在小朋友的旁边，无所事事，直到老师发现，让旁边的小朋友起来，泡泡才坐到自己的位置上。

星期天，奶奶带着泡泡到儿童公园散步。公园有好多小朋友，奶奶在和其他家长聊天，孩子们玩得不亦乐乎，而泡泡就站在奶奶的旁边，一边无意识地抠手指，一边望着玩得正欢的小朋友们，从表情看她很想加入，但是一直不动。直到奶奶推了她一把，叫她和其他小朋友玩儿，她才慢慢走近。这时，和泡泡奶奶聊天的家长

冲自己的孩子喊道："果果，带着妹妹一起玩儿。"果果过来要拉泡泡的小手，泡泡却后退几步，把小手缩到身后，果果又过去，泡泡连续后退好几步，小脑袋摇得跟拨浪鼓一样。"瞧你那点出息！"奶奶责怪地说了她一句。

（3）请根据案例试分析泡泡的行为问题及教师的干预策略。

（4）针对泡泡的行为问题，尝试给家长提出教育建议。

案例三：

3 岁的小军在客厅跑动时，不小心碰倒了电视柜上的精致花瓶，花瓶掉在地上摔了个粉碎。妈妈听到声音，从厨房出来，质问小军怎么回事，小军胆怯地说是小猫咪碰倒了花瓶。妈妈看到小军打碎了花瓶还撒谎，非常生气，在小军的小屁股上狠狠打了几下。

（5）请根据案例，试用所学理论，分析小军说谎的原因。

（6）针对小军说谎的问题，妈妈的做法妥当吗？请尝试给家长提出教育建议。

## 思维导图

学前儿童问题行为干预与矫正

- 学前儿童问题行为概述
  - 学前儿童问题行为的含义
  - 学前儿童问题行为的识别与表现
  - 学前儿童问题行为的分类
  - 学前儿童常见问题行为形成的原因
- 学前儿童常见问题行为的干预策略
  - 强化法
  - 惩罚法
  - 代币法
- 学前儿童社会退缩行为及其干预
  - 社会退缩行为概述
  - 社会退缩行为对幼儿的影响
  - 幼儿社会退缩行为成因分析
  - 家园合作中幼儿社会退缩行为的矫正
- 学前儿童攻击性行为及其干预
  - 攻击性行为概述
  - 攻击性行为对幼儿的影响
  - 幼儿攻击性行为的成因分析
  - 家园合作中幼儿攻击性行为的矫正
- 学前儿童说谎行为及其干预
  - 说谎行为概述
  - 幼儿说谎行为的影响
  - 幼儿说谎行为的成因分析
  - 家园合作中幼儿说谎行为的矫正

# 项目八　学前儿童社会教育评价

## 学习目标

1. 了解学前儿童社会教育评价的意义。
2. 理解并掌握学前儿童社会教育评价的内容。
3. 掌握学前儿童社会教育的常用评价方法和评价指标。
4. 掌握学前儿童社会教育评价的实施，形成科学的学前儿童社会评价教育观。

## 情境导入

燕子是一名幼儿园新入职教师，她从事保教工作只有三个月时间。有一次家长开放日，幼儿园有两个老师上公开课。刘老师是一位经验丰富的教师，她这次组织的社会教育活动是认识消防车，活动目标设计合理，活动实施也很好地完成了目标。因为刘老师在活动之前已经带小朋友参观过消防大队了，所以这次活动主要采用谈话法进行。另外一个教师是年轻的男老师——方老师。方老师这次活动内容是小鸭子帮助小白兔过河，主要教育目的是让儿童学会帮助别人。方老师把一个个轮胎当作船，伴随着音乐，他带着孩子们在教室里推着轮胎跑来跑去跳来跳去，整个活动画面就像一台大型舞蹈表演。孩子们玩得非常开心，直到最后还意犹未尽。家长们也被动感的音乐和孩子们的欢快感染了。果然，在课后的评课环节，家长们大部分都认为方老师的课更好一些，因为“热闹”、因为孩子们“快乐”，还有的家长说男老师就是不一样，特别能调动气氛。燕子就纳闷了，难道热闹的、气氛好的就是好的课堂？

**思考：**

一个好的学前儿童社会教育活动究竟是什么样的？评价标准是什么，评价的意义是什么，评价方法是什么？除此之外，学前儿童社会教育活动的评价还有别的内容吗？

# 模块一　学前儿童社会教育评价的内涵

## 一、学前儿童社会教育评价的概念

教育评价是幼儿园教育工作的重要组成部分，也是教育过程的一个重要环节。通过教育评价可以分析教育活动中存在的问题进而改进教学，以保证教育过程自身的完善与发展。学前儿童社会教育评价是指评价者根据学前儿童社会教育目标以及与此相适应的学前儿童社会性发展目标，应用教育评价的原理和方法，对学前儿童的社会性及社会性教育进行评价判断。主要包括学前儿童社会教育活动的评价和对学前儿童社会性发展的评价两个方面。

对学前儿童社会教育活动进行评价有利于了解当前实施的社会教育活动的科学性与学前儿童社会性发展水平的一致性程度，以探索有效的社会教育理念、方法、途径和形式；对学前儿童社会性发展进行评价，有利于了解学前儿童社会性发展的状况，为开展学前儿童社会教育提供依据。学会对学前儿童社会教育活动和学前儿童社会性发展的评价，是幼儿园教师必备的教育技能，它将帮助幼儿园教师经常反思自己的教育行为，不断改进自己的教育行为，不断改进教育工作，提高教育的质量，提高教师的专业化水平，最终促进学前儿童的全面和谐发展。

## 二、学前儿童社会教育评价的意义

《纲要》中明确指出：“教育评价是幼儿园教育工作的重要组成部分，是了解教育的适宜性、有效性，调整和改进工作，促进每一个幼儿发展，提高教育质量的必要手段。”由此可见教育评价的意义所在。具体来说，教育评价对学前儿童社会教育活动的意义体现在四个方面。

### （一）通过教育评价可以及时掌控学前儿童社会教育质量

通过教育评价可以知道制定的目标、选择的内容是否符合学前儿童的年龄特点、已有的知识经验和现有的水平，采用的活动手段和方法是否科学合理，幼儿园及幼儿园教师实施的教育活动是否达到了预期的效果，等等。

### （二）通过教育评价可以积累学前儿童社会教育经验

在教育评价的过程当中，会去反思哪些社会教育活动比较好，哪些社会教育活

动不够好，为什么不够好。评价不仅是为了判断活动本身的优劣，更是为了通过评价，宣传、学习好的社会教育活动，改进不良的社会教育活动，以积累学前儿童社会教育的经验。

### （三）通过教育评价可以实施补救工作和个性化教育

通过教育评价，教师可以找到自己教育当中的薄弱环节，做好补救工作，避免下次再出错。教师也可以通过评价了解幼儿在活动当中掌握了哪些知识，发展了哪些能力，哪些幼儿掌握得比较好，哪些幼儿掌握得不够好。做好个别教育，提高教师专业化水平。

### （四）通过教育评价有助于探索学前儿童社会性发展的个别差异

教育评价的功能就是通过评价可以了解教育对象的现有发展水平。通过对教育对象的社会性发展水平进行客观公正的评价，可以帮助教师和家长系统地观察学前儿童社会性发展的水平，全面理解学前儿童群体的社会性发展水平，以及具体的学前儿童个体的社会性发展的特点和差异；另外为教师具体拟订班级的社会教育活动目标提供了依据。更重要的是，教师和家长可以根据学前儿童的社会性发展水平和具体特点选择合适的社会教育方法和形式，以提高学前儿童社会教育领域的教育质量，促进学前儿童的社会性发展。

# 模块二　学前儿童社会教育评价的内容与方法

学前儿童社会教育评价主要包括对学前儿童社会教育活动的评价和对学前儿童社会性发展的评价两个方面。

## 一、学前儿童社会教育活动的评价

对学前儿童社会教育活动的评价，包括对活动方案设计和活动组织实施的评价。

### （一）对学前儿童社会教育活动方案设计的评价

对学前儿童社会教育活动方案设计的评价就是依据学前儿童社会教育领域的目标、先进的教育理念、不同年龄阶段幼儿的年龄特征对一系列活动文本进行分析和鉴定。通过对活动方案的文本评价，教师可以及时调整和改进方案当中不适宜的课程内容，从而完善课程计划，其目的是帮助教师完善活动实施前的准备工作，最终更好地促进学前儿童社会教育领域的发展。其包含了四个方面。

1. 对活动目标的评价

（1）活动目标是否与教育领域总目标一致。从幼儿园整个学年社会教育领域的系列活动方案到一次具体的活动方案，其目标的表述虽然越来越具体，但学年活动目标、学期活动目标、季活动目标、月活动目标、单元活动目标、一次活动目标之间应保持一致，并且要最终全面落实符合《纲要》精神的某个年龄阶段的社会教育领域的总目标。

案例 8-1

社会教育活动“我会交新朋友”（中班）其活动目标有三条：其中“知道礼貌用语，记住新朋友的名字”，符合中班儿童的年龄阶段目标中对学前儿童社会领域知识方面的要求；“体验朋友多的乐趣，激发幼儿关爱同伴的情感”，体现了社会交往中情感、态度方面的要求；“会运用介绍自己、交换玩具等简单技巧加入同伴游戏”，体现了对学前儿童社会交往能力、方法的要求。

（2）活动目标是否完整全面，是否注重学前儿童终身学习促进发展的需要。学前儿童社会教育活动的目标涵盖情感、态度，能力、技能，知识、经验三个维度。对活动目标的评价主要包括：活动目标是否完整全面，是否分解到位，是否以现有学前儿童社会性发展水平等因素为依据，是否落实在活动内容和具体环节过程中，是否恰当地确定了本次活动的重点和难点，是否有明确层次，是否容易操作，是否可以检验。

案例 8-2

大班活动“欢欢喜喜过中秋”，教师将活动目标设计为知识目标、技能目标和情感态度目标。

知识目标：了解中秋节的来历和有关习俗。

技能目标：能动手制作月饼或画一画家人中秋节团聚的欢乐场景。

情感态度目标：初步激发幼儿对传统民族文化的兴趣。

当然，并不是说每一次活动的目标必须包含三个维度，有时会有所侧重，但也要保证从长期的活动方案来看，三个维度的目标最终都能得以实现。

一位教师制定一次大班活动目标为学习准确使用“你好”“谢谢”“再见”“对不起”等礼貌用语。显然该教师制定的目标不适宜于学前儿童的最近发展区，对于大班儿童来说，该教师制定的目标要求过于简单了。

所以在评价活动目标时不仅考虑上述两个方面，还要考虑目标是否适宜于学前儿童整体的最近发展区和目标是否兼顾学前儿童个体发展需要。

2. 对活动内容的评价

学前儿童社会教育的内容非常广泛，主要涉及社会认知、社会行为、社会情感和个性四个方面。评价的标准为：教育内容是否源于学前儿童的现实生活，并能拓展学前儿童的知识；教育内容是否符合学前儿童的兴趣和现实的需要，有利于其长远的发展；教育内容是否适合学前儿童的现有水平，又具有一定的挑战性；教育内容是否充实，能保证学前儿童直接参与活动当中；教育内容是否与其他领域内容有机结合，实现多项教育价值。

## 活动设计 8-1

### 分享玩具快乐多(小班)

【活动目标】

1. 乐意主动与同伴交往，体验与同伴分享玩具的快乐。

2. 学会用商量的言语或口吻与同伴交换玩具。

3. 懂得与同伴礼貌交往能给别人带来愉悦感受的道理。

**评析**

在“分享玩具快乐多”(小班)的目标中，目标一是从情感态度方面确定的目标；目标二是从能力技能的角度提出了目标；目标三是从认知的角度提出的目标，比较全面，而且具体可行。同时，目标的制定从幼儿的实际需要出发，较好地体现出社会领域教育内容。

【活动过程】

一、体验交往

1. 幼儿自由地玩自己带来的玩具，并与同桌小朋友自由交谈自己的玩具。

2. 教师不做任何提示，让小朋友自然去交换玩具，互相交往。

教师提问：看到小伙伴这么多有趣的玩具(有电动坦克、遥控飞机、母鸡下蛋、消防车、跑车、积木、音乐盒等)，你们想要玩一玩吗？现在请你们去找小伙伴交换玩具玩吧！如果成功交换到别人的玩具，就取一个“笑脸”小贴片粘在自己的身上。

**评析**

这一部分教师给予幼儿充分的体验与感受机会，让幼儿在分享的过程中感受到快乐和愉悦。

二、说说想想(暂时玩具放在凳子下，专注本环节)

1. 让幼儿说说自己交换到的玩具，是如何进行交换的，并向小伙伴演示。

教师提问：你玩了几件玩具？(数数身上的小贴片)你是怎样玩到这么多的玩具的？你是怎样做的呢？

在这个过程中，有的小朋友身上小贴片的数量不少，但通过交流和演示发现，有的小朋友用语言交流来达到交换的目的，而有的小朋友用肢体语言来达到交换目

的。比如，用玩具去碰碰小朋友，或直接向同伴展示玩具等。因而在演示的过程中，教师应指导幼儿努力用言语来表达自己的想法，教师也可以做示范演示，如“××，你愿意借我玩一下吗？”（“愿意。”）（“谢谢你！”）。

教师提问：你身上的小贴片比较少，遇到了什么困难吗？你是怎样做的呢？谁能帮帮他？（请能干的小朋友来与他合作演示）

教师总结：小贴片数量比较少的幼儿，大多是性格比较内向或胆子比较小的孩子。在此环节中要注意孩子的心理特点，教师的语言评价要多体现鼓励性和帮助性，适时提供有效的支持，并及时发现做得好的地方予以赞扬，保护好孩子与同伴交往的积极性。

2.师生讨论：想与别人分享玩具时，应该怎么做呢？

教师：与别人分享玩具时，先要有礼貌地向他借，征得对方同意后才能拿，并要有礼貌地说“谢谢”。

师生共同归纳出这样几句商量征询语：

我玩一玩你的坦克车，好吗？

我和你换着玩，可以吗？

我想玩一玩你的遥控车，你能同意吗？

你的音乐盒是怎么玩的，你可以教我吗？

我们一起玩，好不好？

你想不想玩一玩我的积木，我们换着玩吧！

**评析**

执教教师在教学中及时关注幼儿活动的表现，观察和组织不同个性的幼儿参与活动，引导他们学会与同伴交往，注重幼儿自身分享意识的培养。活动材料的提供与使用恰到好处地帮助幼儿练习分享这一行为。师生讨论活动进一步促进了教师和幼儿之间形成有效互动，促进了幼儿与幼儿之间的有益互动，学会与人分享的结果体现了活动目标的要求。

三、分享时光

1.练习用新经验去获得分享玩具的机会，如果别人使用的礼貌语言让你觉得很快乐，你就奖励他一个小贴片（另一种颜色的贴片，与前一种有区别）。

2. 教师也参与分享游戏，在平行游戏中给个别幼儿以隐性的指导和鼓励性评价。

3. 集体交流。

（1）说说分享游戏给自己带来的感受。

（2）以后还想玩这样的游戏吗？（共同商定“玩具或绘本分享”的时间）

（讨论中，老师折中了小朋友不同的建议，确定了每周分享的时间：周二的早餐后时间段。周五离园时可带分享物回家，更换分享物后再带来。）

评析

分享时光这一活动，教师引导幼儿运用新的经验感受体验分享的快乐，进一步巩固加强“玩具分享”这一主题活动的内涵。

四、爱护玩具

1. 带来的玩具能否全天随身带在自己身上？为什么不能？

2. 看四张照片，说说图片中是怎样放置玩具的？（分类放置、轻放轻拿）

3. 请小朋友按照片的标志（毛绒玩具、小车玩具、其他玩具），将自己带来的玩具分类放到不同的篓子中。

评析

由分享玩具到爱护玩具，教学内容不断丰富、很充实，幼儿也在不断建构着自身社会经验，提升自身社会性发展水平。在整个活动过程中，执教教师紧紧围绕教学目标组织设计，体验交往、说说想想、分享时光、爱护玩具四个教学环节的安排，给予幼儿充分的体验和感受机会，使得教学内容及环节进行逐层递进。教师适时指导，让幼儿表现出饱满的学习状态，从而形成良好的社会行为习惯。

（资料来源：胡娟. 学前儿童社会教育与活动指导[M]. 长沙：湖南师范大学出版社，2020：257.）

3. 对活动环境和材料的评价

这些主要体现在“活动准备”环节。活动准备具体包括教师的物质环境创设的准备和学前儿童物质、知识和心理的准备。准备的材料种类要丰富环保，并且材料的利用率一定要高；活动准备的形式也要丰富，可以引起幼儿学习的兴趣，能激发幼儿的参与热情。

## 活动设计 8－2

### 玩具分享日（小班）

【活动准备】

1. 幼儿准备。

（1）经验的准备：对自己的玩具有一定的了解，能进行简单的介绍。

（2）物资的准备：选择一两件自己喜欢的玩具带到幼儿园来。

2. 教师准备。

（1）撰写一封“给家长的信”，请家长知晓并融入这个活动中来。

亲爱的家长：

你们好！

学习与人分享事物，是踏入群体的第一步，也是培养良好人际关系的方式之一。玩具是孩子最亲密的伙伴，也是孩子最感兴趣的事物，通过这个载体，让孩子们学习交往，学会分享，是最好不过的。因而近段时间我班将开展玩具分享的活动，请您协助孩子选择一两种孩子最喜欢的玩具，带到幼儿园来。同时，我们也将会和孩子们一起商定一个长久性的“玩具分享日”，让孩子们在分享玩具、体验交往中获得持续性的发展。谢谢您的支持！

小班 x x 老师

（2）物资准备。

①“笑脸”不干胶贴片若干（两种颜色）。

②用相机拍摄的玩具分类标志的照片（毛绒玩具、小车玩具及其他玩具）三张；“轻拿轻放”的照片一张。

③贴有分类标志的大小不一的塑料篓子若干；贴有分类标志的毛绒玩具类、小车玩具类、其他玩具类。

（3）环境准备。

布置玩具的活动角。

**评析**

上述案例中教师在了解幼儿已有经验的基础上，有效地利用家庭中家长的支持与配合，师生的材料准备都充分且丰富，与幼儿的发展相适宜，真正做到了解幼儿、尊重幼儿、满足幼儿，促进幼儿分享行为的良好发展。为本次活动做好了准备。

4. 对活动过程文本设计的评价

学前儿童社会教育活动目标、理念最终是通过教师组织的教育活动对幼儿产生影响。教师所设计的活动过程必须要紧扣活动的目标，为实现活动目标服务。教师组织活动通常包括四个环节：开始部分（导入环节）、基本部分（引导幼儿参与、引导幼儿思考）、结束部分（引导幼儿总结）、活动延伸。

具体有以下标准：

①活动过程的评价首先看活动是否具有以上四部分的要求，其中导入部分要最先出现，并可评价导入的形式是否恰到好处，是否能引起幼儿的注意力并引发幼儿的兴趣和求知欲。

②在基本部分中主要评价幼儿参与和思考的积极性，以及幼儿参与和思考的反馈情况，看活动中师幼或同伴互动情况如何、教学方法是否运用得灵活多样等。

需要说明的是在开始、基本两部分中，可能存在重合情况，但在评价时要注意活动开展的层次性和条理性，基本遵循由易到难、循序渐进的规律。

③在对结束部分的评价中，首先看教师是否进行总结，再看教师是否引导幼儿总结，引导的情况如何等。

④在评价活动延伸时要注意：首先要评价教师是否想到了还需要活动延伸，再评价教师使用的活动延伸的方法，是否具有可操作性，是否对该活动长期的发展起到积极的作用。

另外对活动过程文本设计是否合理的评价还要考虑：活动组织形式是否灵活而适宜。教学组织形式大体上有集体活动、小组活动和个别活动，它们各有利弊。在设计活动时应根据教育目标、环境材料、时间分配和幼儿即时活动状况来恰当选择；教学方法运用得是否恰到好处，教学方法是否恰当，是指既要评价活动方案选择的教学方法是否合理，又要评价所选方法的具体运用是否恰当，如表 8－1。

表 8-1　学前儿童社会教育活动方案评价记录表

| 评价项目＼评价 | | 适宜 | 一般 | 不适宜 |
|---|---|---|---|---|
| 活动目标的设计 | 与教育领域总目标一致性 | | | |
| | 完整性 | | | |
| | 适宜性 | | | |
| 活动内容的准备 | 生活性 | | | |
| | 充实性 | | | |
| | 是否符合需求 | | | |
| | 层次性 | | | |
| 活动环境、材料的准备 | 丰富性 | | | |
| | 环保性 | | | |
| | 利用率 | | | |
| 活动的组织效力 | 导入部分 | | | |
| | 基本部分 | | | |
| | 结束部分 | | | |
| | 延伸部分 | | | |

## 活动设计 8-3

### 我爱家乡（中班）

【活动目标】

1. 认识家乡的自然风光，建立“家乡”的基本概念。

2. 热爱家乡并能想办法为家乡做贡献。

【活动准备】

1. 课前利用家园共育让家长带孩子去看看家乡风光。

2. 家乡的照片、图片、明信片、视频等。

【活动过程】

1. 观看图片，引导幼儿了解家乡的风光

教师：“你们知道这些图片都是什么地方吗？”小朋友积极发言，各抒己见，产生对“家乡”的感性认识。

2. 互相交流，谈谈自己熟悉的家乡一景

教师：“这么多的地方你们可能一下子记不住，我把图片贴到后面墙上，有空的时候可以请爸爸妈妈带你们去看一下不认识的地方。”引导幼儿谈谈自己家乡的自然风光。

3. 活动：我爱家乡——为家乡做贡献

【活动延伸】

让宝宝回到家后，跟爸妈分享今天所学的“家乡”概念，可以以视频电话方式联系家乡亲人，加深对“家乡”的认知，激发热爱家乡和亲人的情感。

【评析】

本次活动可能没有达到理想的教学目标。主要表现在活动过程偏简单，内容显单薄，材料准备也不够丰富，以孩子为主体地位的活动意识尚未明显突出，仅停留在言语上的活动形式居多。可以增加“画一画”、“演一演”或“唱一唱”等多样化形式来开展“我爱家乡”的主题活动。但如果没有这个活动，孩子可能对家乡的风光根本不会去关注。教学中教师主动引导儿童了解家乡的风景，注重社会教育的生活性，同时积极引导儿童与同伴间相互交流自己熟知的家乡一景，最后，提示儿童可以对不认识的地方做进一步了解，为儿童社会性发展创造机会与条件，这些都值得我们借鉴和学习。陶行知的生活教育理论也强调，对于幼儿园的孩子来说，学习不仅体现在课堂上，更体现在生活中。对孩子的教育并不是局限于念几首儿歌、教几个数字就够了，更重要的是让孩子增长知识和见识。最后的活动延伸环节设计得较为巧妙，增进了家园互动的同时也巩固和拓展了本次活动的意义所在。

## 活动设计 8-4

### 我真的长大了（中班）

【设计意图】

中班的孩子有些事情已经可以自理，但经过观察发现，有些孩子在家吃饭、穿衣还是要依靠父母。为了教育孩子自己的事情自己做，培养孩子的自我服务意识，特意设计了本次活动。

【活动目标】

1. 知道自己的事情自己做。

2. 在活动中锻炼语言表达能力，提升自我服务意识。

3. 大胆尝试，体验成功的喜悦。

【活动准备】

故事《谁真的长大了》、衣服、音乐。

【活动过程】

1. 讲述故事《谁真的长大了》引出话题。

故事讲述了一对双胞胎姐妹好多地方都一样，就是一个能够自己的事情自己做，另一个却依靠父母……

2. 设计提问（让幼儿明白应该自己的事情自己做）。

（1）故事中的两个小朋友谁真的长大了？

（2）为什么说某某长大了？

（3）教师小结：某某长大了，他能自己穿鞋子，会自己穿衣服、吃饭。

3. 谈话。

让幼儿说说自己在家是怎样做的，教育幼儿自己的事情自己做。

4. 穿衣大赛。

分小组活动。先学习穿衣脱衣的基本操作技能，然后再进行穿衣比赛。鼓励小朋友大胆尝试，敢于参赛，勇于表现。

【评析】

此次活动的主题直接源于老师对幼儿生活的观察，符合幼儿的现实需要，非常贴近幼儿实际的日常生活。尽管幼儿经过一年的小班学习，自我意识有了很大发展，但不少幼儿没有充分做到自己的事情自己做。以故事《谁真的长大了》引出话题，很自然地引起幼儿的关注和兴趣；故事的内容也符合中班幼儿的认知水平：设计的三个问题紧扣活动主题，深化了幼儿对“真正长大”的认识，很有必要在中班就这个方面继续提升和加强。幼儿课程呈循序渐进，呈螺旋式上升状态，特别是在穿衣大赛环节，充分调动了孩子的参与热情，强化了幼儿对“真正长大”的技能学习意识，取得较好的教学效果。

### （二）对社会教育活动过程组织实施的评价

在对学前儿童社会活动方案的文本评价后，我们还要对这些方案在组织实施过程中的效果进行评价，评价者在评价具体的社会教育活动组织实施过程前，必须亲临现场观察记录。在评价时需要考虑两个方面。

1. 准确执行方案，并保持弹性

活动方案的文本设计是活动组织实施的前期准备。但是即使活动方案很优秀，毕竟是教师预期的，不可能全面考虑到活动现场的临时的、不可控的“意外生成因素”。因此，评价教师是否准确执行方案的同时，也要考虑教师能否灵活地把握生成因素，“弹性执行”活动方案设计。

2. 以幼儿为中心

教育过程是否面向全体幼儿，是否尊重幼儿的个体差异，幼儿的主体地位是否得到体现，幼儿是否有机会自主观察、体验、表达和操作，幼儿参与活动的积极性程度如何，教师是否尊重和充分考虑了幼儿的意愿，是否得到幼儿的信任和依恋。

案例 8-3

**小班社会活动“文明小乘客”**

教师根据小班幼儿的特点，设计了“文明小乘客”的教育活动。整个教育活动教师设计了四个环节：第一个环节，播放无声动画，引发小朋友的好奇心和提高小朋友的专注力，提醒幼儿认真观看，动脑猜想，大胆说说动画里的小动物们在干什么；第二个环节，播放有声动画，巩固加深第一环节的猜想；第三个环节，老师出示一些人乘车的照片，请小朋友们来判断一下这些人的做法是否正确，表扬文明乘车举止，纠正不良乘车行为；第四个环节，利用情境游戏进行模拟乘车实践，培养良好乘车习惯。

相比文本评价的“纸上谈兵”，活动组织实施的评价更具有现场感，然而纷繁复杂的视听信息和转瞬即逝的场景也需要评价者使用敏锐的观察力、快速的记录能力和明确的评价指标，如表 8－2。

表 8-2　活动记录表

<table>
<tr><td>活动名称</td><td></td><td>班级</td><td></td><td>教师</td><td></td><td>日期</td><td></td></tr>
<tr><td colspan="2">项目记录</td><td>活动前记录</td><td colspan="5">活动后记录</td></tr>
<tr><td colspan="2">活动目标的设计</td><td></td><td colspan="5"></td></tr>
<tr><td colspan="2">活动材料的准备</td><td></td><td colspan="5"></td></tr>
<tr><td colspan="2">活动环境的创设</td><td></td><td colspan="5"></td></tr>
<tr><td colspan="2">活动内容的安排</td><td></td><td colspan="5"></td></tr>
<tr><td rowspan="4">活动过程</td><td>是否以幼儿为中心、体现幼儿的主体地位</td><td></td><td colspan="5"></td></tr>
<tr><td>教师的组织与指导</td><td></td><td colspan="5"></td></tr>
<tr><td>是否体现教师的教学机智</td><td></td><td colspan="5"></td></tr>
<tr><td>幼儿的学习态度与方式</td><td></td><td colspan="5"></td></tr>
<tr><td rowspan="3">活动效果</td><td>师幼之间的互动水平</td><td></td><td colspan="5"></td></tr>
<tr><td>幼幼互动情况</td><td></td><td colspan="5"></td></tr>
<tr><td>幼儿的能力与水平的提升情况</td><td></td><td colspan="5"></td></tr>
</table>

## 二、学前儿童社会性发展的评价

学前儿童社会性发展包括了自我系统、交往系统、道德系统等三个系统的九个方面。这是一个三个系统相互影响的动态过程。如表 8－3。

表 8-3　三个系统相互影响的动态过程

<table>
<tr><td rowspan="9">学前儿童社会性发展</td><td rowspan="3">自我系统</td><td>1</td><td>自我认识水平</td></tr>
<tr><td>2</td><td>自尊心水平</td></tr>
<tr><td>3</td><td>自信心水平</td></tr>
<tr><td rowspan="3">交往系统</td><td>4</td><td>人际交往态度</td></tr>
<tr><td>5</td><td>人际交往技能</td></tr>
<tr><td>6</td><td>同伴关系</td></tr>
<tr><td rowspan="3">道德系统</td><td>7</td><td>自制力</td></tr>
<tr><td>8</td><td>评价水平</td></tr>
<tr><td>9</td><td>性格</td></tr>
</table>

## （一）学前儿童自我认识水平的评价标准

1. 稳定性

稳定性是指幼儿对自己的认识是清晰或还是模糊。自我认识水平较高的幼儿对自己的认识往往比较清晰，因而对自己的认识也比较稳定，不容易受他人的影响；自我认识水平较低的幼儿，对自己的认识还处于比较模糊的状态，因而，容易受他人的影响而摇摆不定。

2. 全面性

自我认识水平较高的幼儿，能从生理特征、心理特征、社会角色等各个方面达到对自己的全面认识；自我认识水平较低的幼儿，对自己的某些方面还不能很好地认识，尤其对自己的心理特征往往也不容易认识。

3. 正确性

自我认识水平较高的幼儿，对自己的认识与客观事实比较符合自我；认识水平较低的幼儿，时常会出现与实际不相符的自我认识。

## （二）学前儿童自尊心水平的评价

1. 是否善于自我表现，努力寻求他人的注意和肯定评价

自尊心强的幼儿对那些能表现自己的机会往往不会轻易放弃，而是跃跃欲试、争取表现，并喜欢主动显示自己的成绩，渴望别人的赞许和肯定，受到表扬时心情十分愉悦，越受到表扬，表现得越出色。

2. 是否有维护自身权益的意识，有要求别人尊重的倾向

自尊心强的幼儿能逐步意识到自身权益的不容侵犯性，对一些无理的限制会提出抗议，据理力争。常会出现“我为什么不可以”之类的表达方式，自尊心强的幼儿开始出现要求别人尊重的倾向，比较容易接纳具有理解、尊重特性的言行和举措。正如人们常说的，这种孩子往往“吃软不吃硬”，对一些不尊重自己的人往往会反感，甚至会“以牙还牙”。

## （三）学前儿童自信心水平的评价标准

1. 是否有愿意接受挑战的胆识和行为

自信心强的幼儿总是相信自己“会”“能够”。因此，他往往爱接触、敢接受新的有难度的对象和任务的挑战。他很愿意去尝试去探索没有做过的有难度的事情，即使碰到困难也不会轻易向别人求助，甚至时常会拒绝别人的帮助，他们时常会说

“我会”“我可以”“ 我行”。看到别人有困难或遇上不会做的事情，自信心强的幼儿相信自己比别人能力强、有本领，因此，常常会主动地挺身而出，帮助出主意出力气，喜欢说“我来”“让我看看”“ 让我试一试”。自信心弱的幼儿缺少这种接受挑战的胆略和行为，他们往往爱做已经做过的、比较容易的、熟悉的事情，碰到困难时觉得别人比自己更能干、有本领，因此常常求助于他人。

2. 是否有自我表现的欲望和行为

自信心强的幼儿，由于对自己的力量、能力有充分的估计，因此，往往显得快乐、充满活力。在有表现自我的时机时显得更加活跃，喜欢抛头露面，在大众面前显示自己的能力。相反，自信心弱的幼儿显得更加退缩、胆小，显得忧心忡忡、沉闷冷漠，有时同伴、老师推荐他，鼓励他当众表现的时候，他会极力推辞，爱说 “我不会”“我做不好”。

### （四）学前儿童人际交往态度的评价标准

具有良好人际交往态度的幼儿不喜欢独处，对周围的人们会表现出一种热情的态度，能主动地接触他们。在交往过程当中能体验到愉快的心情，对周围人们的主动交往能给予热情的反应；人际交往态度不佳的幼儿对交往活动表现出冷漠的态度，常常喜欢独处，对于周围人们与他的主动交往表示不自在、躲开甚至直接拒绝。由此可见，人际交往的主动性和对他人的主动交往表现出的积极反应是评价幼儿个体人际交往态度的重要指标。

### （五）学前儿童人际交往技能的评价标准

能否根据当时的具体情境选用恰当的交往方式，能否有效地使用所选的交往方式。

### （六）学前儿童同伴关系的评价标准

学前儿童的同伴关系主要表现在交往活动中被同伴接受或拒绝关注或忽视的状况，评价的标准有以下三个方面：

第一，同伴关系好的学前儿童在同伴的心中有一定的“威信”，他的意见和主意常常会得到同伴的赞同、拥护和响应；

第二，同伴关系好的学前儿童受同伴的欢迎，他常常被同伴当作选择的对象；

第三，同伴关系好的学前儿童被同伴所关心，他常常会得到同伴的关心和帮助。

### （七）学前儿童自制力水平的评价

自制力水平的强弱主要区别于忍受身心困难的能力。一般来说自制力强的个体在进行某种活动时对于环境中的干扰比较能付出努力进行抗拒或者排除。这里所说的干扰，主要是诱惑或者障碍。如表 8－4。

表 8-4　儿童自制力评价表

| 班级 | | 姓名 | | 性别 | | 年龄 | | 日期 | |
|---|---|---|---|---|---|---|---|---|---|
| 序号 | 项目 | | | | | 是 | | 否 | |
| 1 | 孩子很喜欢长跑、徒步、爬山等体育运动。 | | | | | | | | |
| 2 | 孩子每天都能按时起床，不睡懒觉。 | | | | | | | | |
| 3 | 孩子可以较长时间思考一个问题。 | | | | | | | | |
| 4 | 对于自己熟悉的事情，孩子能很快地完成。 | | | | | | | | |
| 5 | 碰到烫的东西孩子会很敏捷地缩手。 | | | | | | | | |
| 6 | 孩子愿意放弃一部分玩的时间来多学一种技能，如叠衣服、书法等。 | | | | | | | | |
| 7 | 即使很饿，孩子也能等家长都做好了再一起吃饭。 | | | | | | | | |
| 8 | 吃饭时孩子主动把自己很喜爱吃的美食分享给其他校伙伴。 | | | | | | | | |
| 9 | 孩子玩要时会按约定时间回家。 | | | | | | | | |
| 10 | 做作业时，孩子总能想清楚了再动笔。 | | | | | | | | |
| 11 | 孩子常常能忍住不发火。 | | | | | | | | |
| 12 | 孩子花时间学知识，是为了得到父母的表扬。 | | | | | | | | |
| 13 | 当有两样都喜欢的东西只能选择一样的时候，孩子会很难做出选择。 | | | | | | | | |
| 14 | 孩子一高兴起来就很难平静下来。 | | | | | | | | |
| 15 | 父母如果不答应孩子的要求，孩子会大哭大闹。 | | | | | | | | |
| 计分方法：序号 1 ～ 11，是＝1，否＝0；序号 12 ～ 15，是＝0，否＝1。 | | | | | | | | | |
| 评价标准：<br>（1）0 ～ 5 分<br>孩子的自制力弱，缺乏控制自己行为、情绪以及认知活动的能力，孩子可能是缺乏高级运动的能力，或是较为缺乏情绪控制力，或是缺乏思维控制力，不能估计出自己完成一项思维活动所需要的时间或步骤。<br>（2）5 ～ 10 分<br>孩子的自制力较弱，较为缺乏控制自己的行为情绪以及认知活动的能力。运动控制力、思维控制力不够强，不能比较准确地估计出自己完成一项活动所需要的时间或步骤。<br>（3）11 ～ 15 分<br>能较好地控制自己的行为情绪以及认知活动。孩子具有很好的运动控制力、情绪控制力和思维控制力，能够准确估计出自己完成一项思维活动所需要的时间或步骤，具有比较成熟的自我控制力。 | | | | | | | | | |

资料来源：姜莉莉 . 学前儿童社会教育活动指导[M]. 大连：大连理工大学出版社，2016：183.

### （八）学前儿童评价水平的评价标准

能独立客观准确地进行评价是学前儿童评价水平达到较高层次的重要标志，它评判的标准主要表现在独立性、客观性和准确性三个方面。

### （九）学前儿童的性格的评价

幼儿不论对人对己对事对物都会表现出一定的态度和相应的行为方式，而且开始稳定下来，因此学前期是人的性格初步形成的时期，这个时期的性格培养极其重要。教师要关注、关心每一位幼儿性格的特征评价，从而为性格的进一步塑造提供依据。主要考虑的是对待他人、对待自己和对待事情等三个方面。对待他人的方面，幼儿应该有热情大方、合群、有礼貌、善良、富有同情心、诚实等良好的性格特征；对待自己的方面，幼儿具有的良好性格特征应该有自信、自尊、自豪、知错就改等；对待事情的方面，幼儿应该有活泼、开朗、勇敢、认真、勤劳、负责、细心、不怕苦等良好的性格特征。学前儿童的性格评价表如表 8－5。

表 8-5　学前儿童的性格评价表

<table>
<tr><td>班级</td><td></td><td>姓名</td><td></td><td>性别</td><td></td><td>年龄</td><td></td><td>日期</td><td></td></tr>
<tr><td>序号</td><td>项目</td><td colspan="4">分项目</td><td>优秀</td><td>良好</td><td>合格</td><td>不合格</td></tr>
<tr><td>1</td><td>对他人</td><td colspan="4">热情大方、合群、有礼貌、善良、富有同情心、诚实</td><td></td><td></td><td></td><td></td></tr>
<tr><td>2</td><td>对自己</td><td colspan="4">自信、自尊、自豪、知错就改</td><td></td><td></td><td></td><td></td></tr>
<tr><td>3</td><td>对事情</td><td colspan="4">活泼、开朗、勇敢、认真、勤劳、负责、细心、不怕苦</td><td></td><td></td><td></td><td></td></tr>
</table>

## 三、学前儿童社会教育评价的方法

有了评价对象和评价标准，如何收集评价对象的各类信息是评价的重点和难点，下面介绍几种常用的收集评价信息的方法，主要有观察分析法、谈话法、问卷调查法和情境测验法。

### （一）观察分析法

在自然状态或准自然状态下，有目的、有计划地对幼儿的社会活动行为、幼儿的外显行为进行现场直接观察、记录和分析，从而获得幼儿社会领域发展、幼儿社会性发展、教师社会领域专业发展信息的一种方法。

行为观察检核法是观察分析法中的一种。行为观察检核法是将观察的项目和行为预先列出表格，然后核查行为是否发生或出现，并予以记录的方法。这种方法比较简单而且针对性较强。幼儿社会性行为是幼儿社会性发展状况的一个主要方面，因此在幼儿社会性发展评价工作中，经常使用行为观察检核法。幼儿园教师评价幼儿社会性发展时，可以将所选择的评价指标体系分解为若干个行为检核表，分阶段对不同的发展方面进行观察。

例如，对幼儿人际交往能力进行观察，可以设计一下幼儿人际交往能力检核表（表 8–6）。

**表 8-6　幼儿人际交往能力检核表**

<table>
<tr><td>班级</td><td></td><td>姓名</td><td></td><td>年龄</td><td></td><td>日期</td><td></td></tr>
<tr><td>序号</td><td colspan="5">行为表现</td><td>能</td><td>不能</td></tr>
<tr><td>1</td><td colspan="5">采纳同伴、老师提出的好建议</td><td></td><td></td></tr>
<tr><td>2</td><td colspan="5">某种请求遭拒绝时不哭泣，也不赌气</td><td></td><td></td></tr>
<tr><td>3</td><td colspan="5">来园或离园时主动向老师、家长问好</td><td></td><td></td></tr>
<tr><td>4</td><td colspan="5">与小朋友比赛时，输了不要赖</td><td></td><td></td></tr>
<tr><td>5</td><td colspan="5">与别人分享自己的玩具</td><td></td><td></td></tr>
<tr><td>6</td><td colspan="5">做错事情主动道歉</td><td></td><td></td></tr>
<tr><td>7</td><td colspan="5">自己的作品被别人碰倒时，愿意听取别人的道歉</td><td></td><td></td></tr>
<tr><td colspan="8">具体列举了 7 个行为表现，根据幼儿的具体情况在“能”与“不能”中打√号 。</td></tr>
</table>

除了行为观察检核法，还有轶事记录法、事件抽样观察法等。

轶事记录法也是教师常用的一种方法。这种方法就是选择典型的或者异常的、有价值的或者有意义的完整事件进行观察记录。轶事记录法可以有主题也可以没有主题，可以反映学前儿童某个方面的发展状况也可以表现学前儿童的个性特征等。轶事记录法不受任何条件的限制，不需专门的编码，没有特别的技术要求。轶事记录法要求观察者做到及时、准确、具体、完整地记录事件发生的环境和背景。轶事记录法要求观察者保持客观立场，不带有主观偏见。轶事记录法的一个难点是要选择典型事件，这需要观察者深厚的专业知识和丰富的实践经验作为支撑。

事件抽样观察法是在自然情境中进行的观察，既可获取有代表性的行为样本，又可观察行为时间的全过程，还可得到与行为事件有关的背景材料，有助于分析行为事件的因果关系。另外，研究者根据预先制定好的行为事件编码记录，目标明确，资料集中，整体化程度较高。但是，学前儿童在不同时间、不同场合发生同类行为有时具有不同的含义。因此，运用事件抽样观察法应特别注意记录与分析行为事件

发生的情境与背景。

运用观察法应注意以下四点：

第一，要创造自然的观察环境和气氛。评价者不应对幼儿的行为进行干预、限制。此外，还要避免幼儿注意或发觉评价者的观察意图，以防止幼儿出现紧张及其他非自然的行为，确保观察结果的真实性。

第二，要有明确的观察目的。评价者应始终明确每次观察的任务和目的，选择与观察目的有关的行为和重要事实进行记录。

第三，要做好观察记录。精确记下反映幼儿行为的事实及其发生的条件、环境，以便对幼儿的发展做出正确的判断。

第四，要对幼儿的行为进行多次观察。为使观察结果具有可靠性，必须对同一行为保持足够的观察次数和观察时间。幼儿行为易受环境和其他主客观因素的影响，而在不同时间、不同地点、不同条件下则表现出不同的特点。在某一具体情境中，幼儿所表现出来的行为可能具有偶然性，不一定是其典型的、一般的行为。所以，在运用观察法对幼儿进行评价时，一定要注意进行多次观察。

### （二）谈话法

谈话法又称为访谈法，是指评价者通过直接与访谈对象交谈来获取信息的一种搜集评价资料的方法。利用此种方法时，谈话前要精心准备由一些问题组成的访谈提纲，但题目不宜过多，谈话中评价者需要对谈话内容进行记录，然后对谈话记录进行分析。

谈话法经常用于收集学前儿童有关自我认识、自我评价等方面的信息。另外，谈话的形式多种多样，可以进行小组谈话，也可以进行个别谈话。访谈对象可以是教师、家长，也可以是幼儿。特别是在访谈幼儿时，问题的表述要具体、形象，要适合幼儿的语言理解水平。例如一位教师想了解幼儿的自我认识水平，首先该教师要拟定一些有关幼儿自我认识的话题，与幼儿进行个别谈话，以此来评定该幼儿的自我认识水平。表 8－7 是幼儿的自我认识水平测试表，一共 10 个问题并有评定的参考等级。

表 8-7 幼儿的自我认识水平测试表

| 班级 | | 姓名 | | 性别 | | 年龄 | | 日期 | |
|---|---|---|---|---|---|---|---|---|---|
| 序号 | “了解幼儿对自己的身份、年龄、性别、社会角色的认识”谈话题目 | | | | | | | 回答正确与否，正确的打“√” | |
| 1 | 你叫什么名字啊？ | | | | | | | | |
| 2 | 你是男孩还是女孩？ | | | | | | | | |
| 3 | 你是爸爸妈妈的什么人？你是弟弟妹妹的什么人？ | | | | | | | | |
| 4 | 你几岁了？ | | | | | | | | |
| 5 | 你长大后能当爸爸还是妈妈？ | | | | | | | | |
| 6 | 什么时候是你的生日？ | | | | | | | | |
| 7 | 你什么时候是主人？ | | | | | | | | |
| 8 | 你什么时候是客人？ | | | | | | | | |
| 9 | 你什么时候是顾客？ | | | | | | | | |
| 10 | 你什么时候是观众？ | | | | | | | | |
| 评定参考等级：<br>根据实际情况回答问题，<br>小班答对 5 题以上为好，中班答对 7 题以上为好，大班答对 9 题以上为好；<br>小班答对 3 ～ 4 题为中，中班答对 5 ～ 6 题为中，大班答对 7 ～ 8 题为中；<br>小班答对 2 题以内为差，中班答对 5 题以内为差，大班答对 6 题以内为差。 | | | | | | | | | |

运用谈话法进行学前儿童社会教育评价，要注意以下四个问题：

第一，谈话要有明确的目的。教师应围绕着谈话的目的来展开谈话的内容，必要时可以先预先拟定一个谈话的提纲，以使谈话的内容不“跑题”。

第二，谈话要选择恰当的时机。在自然的状态下与幼儿交谈，以免幼儿紧张，从而影响谈话效果。

第三，谈话要用儿童听得懂的语言。对幼儿的提问要尽量简单，语气要亲切，要有耐心，并善于倾听。

第四，谈话结束后，要妥善保管谈话记录，并及时对谈话记录进行分析和整理。

### （三）问卷调查法

问卷调查法是评价者根据评价目的和内容选择或自编问卷向调查对象发放，以广泛收集学前儿童社会性发展信息的一种方法，编制问卷是应用该方法的关键。

问卷包含一些符合评价目的的问题，用问卷法一般是向家长和教师了解本班或本园幼儿在幼儿园内和家庭当中的社会领域行为表现，为评价提供信息；在教师社会活动指导效果的评价中，用问卷法一般是幼儿园管理者为广泛收集教师的社会教育理念及行为的信息，并对此做出评价。

如调查幼儿的自信心，可以围绕评定的标准拟定话题和问卷，从了解幼儿的家长或教师那里获得有关的信息。问卷设计可以如表 8－8 所示。

表 8-8　幼儿自信心调查问卷

| 班级 | | 姓名 | | 性别 | | 年龄 | | 日期 | |
|---|---|---|---|---|---|---|---|---|---|
| 请家长在符合你孩子实际情况的答案上画“√”。 | | | | | | | | | |
| 1 | 能将自己使用过的东西如玩具及时归位，主动收好。<br>A. 很少　　B. 有时　　C. 经常 | | | | | | | | |
| 2 | 幼儿园教师布置幼儿回家做的事能认真做好。<br>A. 经常　　B. 有时　　C. 很少 | | | | | | | | |
| 3 | 每天早晚自觉刷牙，自己洗脸。<br>A. 经常　　B. 有时　　C. 很少 | | | | | | | | |
| 4 | 如果幼儿无意中弄坏了家里的东西，会感到不安并尽力弥补。<br>A. 很少　　B. 有时　　C. 经常 | | | | | | | | |
| 5 | 能完整记住父母交代的任务，并认真完成。<br>A. 经常　　B. 有时　　C. 很少 | | | | | | | | |

使用问卷调查法时应注意以下五点：

第一，让家长了解问卷的意图和目的，建立与评价者互相信赖的态度，以获得真实的调查信息。

第二，针对调查对象选用适宜的词语，简单明了，避免出现专用术语和多重否定，对问题的陈述方式必须有利于调查对象回答，便于被调查者正确领会问题的内容。

第三，题目的数量要恰当，要考虑所列项目是否覆盖调查内容，是否有遗漏，还要考虑答卷时间。

第四，问题的排列顺序要由易到难，将同一类型题目放在一起，间隔要清楚，要有答题说明。

第五，回答方式要简便，既减轻了家长答题的负担，又便于日后统计调查结果。

### （四）情境测验法

情境测验法是指教师在一个设计好的情境中，对所要研究的幼儿的某种行为加以诱导，并进行观察、记录与分析的一种方法。一般完整的情境测验法的流程是：先制定测验目的，再确定测验内容、测验形式，做好测验准备，创设好环境，实施测验步骤，制定测验标准以及收集处理记录表格。

应用情境测验法时应注意以下几点：

第一，预先拟订好测验的方案，包括测验的目的、内容、形式、环境、步骤、记录表格、评分标准等。

第二， 要围绕评价目的设计测验的情境，所创设的情境能引发幼儿表现出评价者要测验的行为。

第三，测验中认真做好记录，以方便日后进行整理和分析。

案例 8-5

### 责任感情境测验

幼儿离开幼儿园前，教师告诉幼儿明天要把交换的图书还回班级了，要求每个幼儿第二天从家里带来之前交换过的图书。第二天观察哪些幼儿带来了，并对没带来图书的幼儿进行第二次提醒，观察幼儿的表现。

表 8-9 责任感情境测验表

| 测验班级 | | 测验时间 | |
|---|---|---|---|
| 教师第一次提出要求后就能带来的幼儿名单 | | | |
| 教师第二次提醒后才带来的幼儿名单 | | | |
| 教师第二次提醒后仍未带来的幼儿名单 | | | |

# 模块三 学前儿童社会教育评价的组织与实施

学前儿童社会教育评价是一项计划性和科学性都很强的工作，评价的组织与实施过程是否科学，直接决定了评价结果是否真实、可靠。所以，为了提高评价的质量，必须按照科学、合理的程序来组织和实施整个评价过程。

## 一、评价的准备

### （一）确定评价的目的

评价的目的决定着整个评价的实施，所以，从一开始，评价者就要有一个清晰、明确的评价目的，明白评价是为了衡量教育效果还是为了向家长提供幼儿的发展情况。目的不同，评价的实施也会有所不同。

### （二）确定评价的主体

评价的目的不同，评价的主体也不同。比如：如果仅仅是为了向家长报告幼儿的发展情况，则完全可以由教师作为主体来对幼儿进行评价；如果是为了发现问题和改进教学，则可以由幼儿园的管理人员或家长来进行评价；如果是为了改进教育的质量，则可以由上级教育行政部门或者教育专家来进行评价。

### （三）设计或选择评价体系

评价体系是评价的主要工具，对评价的成败起着重要的作用。评价体系的设计和选择应注意以下几个问题。

1. 评价体系要全面

完整的评价体系应包括评价的指导思想、评价指标体系的分类、评价标准、评价信息的收集方法、评价结果的解释、评价的操作说明等。

2. 评价指标体系要科学、合理

评价指标体系要全面，要涵盖学前儿童的社会认知、社会情感、社会态度和社会技能等。评价指标要具体，要具有可测量的特点，不可太过繁杂。

我们从白爱宝《幼儿发展评价手册》中选取品德与社会性发展评价量表的内容供大家参考（见表 8－10）。这份量表在等级划分上的三个等级标准对应幼儿园小中大班三个参考年龄，便于不同年龄班的教师很容易地掌握本年龄班幼儿应该达到的标准。本量表评价体系采用的是标准参照评价模式，只考察幼儿在各项指标上达到标准的情况，没有深究幼儿低于或高于标准的精确程度。使用本评价体系，只需对照评价体系，对幼儿达到标准的情况进行“是”或“否”的判断。这份量表既适用于教师使用，又适用于家长使用，目的是帮助家长和教师考察发现幼儿的社会化发展现状，为改善教育过程、加强对幼儿的个别指导提供依据。

**表 8-10　幼儿品德与社会性发展评价量表**

| 项目 | 内容 | 等级标准 | | |
|---|---|---|---|---|
| | | 一 | 二 | 三 |
| 自我系统 | 自我认识 | 知道自己的姓名、性别、年龄 | 知道自己的爱好 | 知道自己的优缺点 |
| | 自信心 | 完成简单事情或任务时有信心 | 完成稍有难度的任务时有信心 | 完成没有做过或有较大难度的任务时有信心 |
| | 独立性 | 在教师鼓励和要求下能独立做事 | 自己能做的事不请求帮助 | 喜欢独立做事情和独立思考问题 |
| | 坚持性 | 能有始有终做完一件简单的事 | 能坚持一段时间完成稍有难度的任务 | 经常能在较长时间内主动克服困难，实现活动目的 |
| | 好胜心 | 在感兴趣的活动中努力做好 | 在竞赛情景及与他人同时进行的活动中，努力争取好成绩 | 做任何事都努力争取好结果 |
| 情绪情感 | 表达与控制情绪情感 | 情绪一般较稳定，经劝说能控制消极情绪 | 一般情绪状态较好，能用较平和的方式表达情绪；一般能自己调节与控制消极情绪 | 一般情绪状态良好，能用恰当的方式对待不同情景，做出适宜的情绪反应 |
| | 爱周围人 | 热爱、尊敬父母 | 亲近班里的老师和小朋友 | 关心父母、老师和小朋友，喜欢帮助他们做力所能及的事 |
| | 爱集体 | 喜欢幼儿园，愿意参加集体活动 | 在教师引导下，能关心班里的事，为集体做好事 | 能主动关心班里的事，为集体做好事，维护集体荣誉 |
| 礼貌行为 | 礼貌 | 在成人的提醒下能使用礼貌用语 | 能主动使用礼貌用语 | 能在不同情景下主动使用礼貌用语，举止文明 |
| | 诚实 | 不说谎话，不随便拿别人东西 | 做错事能承认，拾到物品主动交还 | 做错事能承认，并努力改正；不背着成人做被禁止的事 |
| | 合作 | 能与小朋友一起游戏 | 喜欢与小朋友合作游戏和做事 | 能成功地与小朋友合作游戏和做事 |
| | 遵守规则 | 经提醒能遵守规则 | 能自觉遵守规则 | 能自觉遵守并维护规则 |

续表

| 项目 | 内容 | 等级标准 | | |
|---|---|---|---|---|
| | | 一 | 二 | 三 |
| 交往行为 | 与教师交往 | 对教师的主动交往能做出积极反应 | 有时能主动与教师交往 | 常主动发起与教师的交往 |
| | 与小朋友交往 | 对小朋友的主动交往能做出积极反应 | 有时能主动与小朋友交往 | 经常主动发起与小朋友的交往 |
| | 与客人交往 | 见到客人不害怕、不回避 | 对客人的主动交往有积极反应 | 能主动与客人交往 |
| | 解决冲突 | 与小朋友发生冲突时，经教师帮助能和解 | 能用适宜的方式自己解决与小朋友的冲突 | 能帮助解决其他小朋友之间的冲突 |

资料来源：白爱宝．幼儿发展评价手册[M]．北京：教育科学出版社，1999.

教师在使用量表时，可以根据本园、本班的教育计划和幼儿的实际情况与个人的工作风格、习惯等进行选择和修改，也可根据实际情况对评价体系进行增删，但要注意指标体系的合理性和指标之间的逻辑关系，以使修改后的评价体系在符合自己需要的同时，仍然是一个具有全面性和科学性的完整体系。对于某些幼儿园而言，有些项目的评价标准可能过低，而对另外一些幼儿园而言，又可能是过高的，所以，每位教师在具体使用时要灵活机动。

3. 评价体系的编制过程要科学

单凭个人的主观认识而不经过科学论证的评价体系，会因其不够严谨而影响评价的结果。

4. 物质准备

评价工作需要准备多种物品，如记录的表格、测量的工具、计量用品和办公用品等。

## 二、评价的实施

评价的实施阶段是整个学前儿童社会教育评价的中心环节，其一般的程序如下。

### （一）宣传发动

宣传发动的目的是让评价者和被评价者做好思想准备，有一个积极良好的心态，主动地参与到评价工作中。评价的组织者应该向教师、幼儿、家长等相关人员做必要的解释，让他们理解评价的目的和意义，积极配合相应的评价工作，以避免一些人为因素影响评价的结果。宣传发动工作可以通过多种形式进行，可以召开座谈会和讨论会，也可以请评价的组织者做专题报告，视情况可选择线上线下相结合。

### （二）收集评价信息

评价信息的收集是评价实施过程中最为费时费力但也是最有实质性的工作。评价者应综合运用多种方式，尽量全面、客观地收集相关的评价信息。在收集信息的过程中，教师应避免带有主观色彩。信息的形式要丰富，既可以是有文字的，也可以是有图片的，还可以是有录音录像的视频信息。信息收集后，要注意完整地保存。

### （三）分析、整理评价信息

在掌握大量相关信息的基础上，评价者应对信息进行及时的汇总、分析、统计和整理。这一阶段的工作量很大也很烦琐，需要评价者认真、细致地对待，对相关信息进行精确的分析和统计，必要时可以借助一些辅助工具，如计算机等。对信息进行汇总、整理后，还要请专门人员依据整理、分析的结果写出评价工作的总结报告。

## 三、评价结果的处理和反馈

在得出评价结果后，评价者可以据此分析和诊断学前儿童社会教育工作中的问题和不足，总结经验和教训，并对今后的教育工作提出整改的意见和建议。另外，评价者还要将评价结果以恰当的方式反馈给有关人员，使其能根据评价结果改进自己的工作，提高教育质量与专业化水平。

## 四、学前儿童社会教育评价应注意的问题

### （一）树立正确的评价观

具体评价对象是谁？评价的意义是什么？目的何在？对这些问题的认识制约着人们的评价观。随着现代教育评价的发展，在幼儿社会领域教育评价提倡评价平等和多元，一方面要求评价者和被评价者平等、自由、宽容、帮助和尊重，杜绝评价者高高在上、冷面无情；另一方面，要求评价主体多元化，教师、幼儿、家长、其他教育工作者都可以是评价的主体。

现代教育评价也要求人们树立发展性评价的观点，即评价的目的是促进发展。

在学前儿童社会教育评价中，树立发展性评价的观点，一方面是要通过评价促进学前儿童社会性的发展，这就要人们正确认识儿童的社会性发展问题。

首先，儿童的社会性发展包括身体素质、认识能力、情绪情感、社会能力、生活能力，社会适应、行为习惯等多个方面，在实践过程中，应该对学前儿童社会性各个方面的发展都给予重视，不能厚此薄彼。

其次，学前儿童社会性的发展是一个渐进变化的过程。在这个过程中，幼儿的发展速度存在着个体差异。评价时，不能因为幼儿某一方面发展慢或出现了问题而对其整体发展全盘否定，也不能因其某一方面表现突出而忽略其发展的不足之处。

总之，应该以一种动态、辩证的眼光看待幼儿的社会性发展。另一方面，也要通过学前儿童社会教育评价促进教师不断进步和发展。在评价过程中，通过对教师社会教育活动的评价，发现其教育教学中存在的不足，总结其教育教学的经验，以更好地改进教师的社会教育活动，促进教师教育能力的不断提高和进步。

### （二）评价与日常的教育工作相结合

学前儿童社会性的发展有个显著的特点，即在幼儿日常实际生活中发展儿童的社会性。因此，学前儿童社会性发展的评价，也必须结合幼儿日常实际生活进行。在幼儿日常实际生活中，教师有目的、有计划地根据评价工作的总目标对幼儿的发展情况进行观察，及时发现儿童社会性发展中存在的问题，采取正确的措施给予纠正，既可以促进学前儿童社会性的发展，也可以提高幼儿园日常教育工作的质量。

将评价与日常的教育工作相结合，进行多次、长时间的观察，也可保证评价信息的真实、可靠。集中进行一次观察和测量，看到的只是学前儿童在某一种特定情境下的行为，若仅以此作为对幼儿发展性评判的依据，往往会导致评价结果的片面性。

### （三）正确运用评价结果

结合学前儿童社会性发展的评价结果，教师应对每个幼儿的发展特点进行分析和把握，在此基础上因材施教，促进每个儿童在自身发展的基础上获得更进一步的发展，而不是根据评价结果给幼儿排队、贴标签，以此区分所谓的“好”孩子和“坏”孩子。另外，还要根据评价结果分析影响学前儿童社会性发展的因素，改善幼儿园和家庭的社会教育质量。在幼儿园教育实践中，还要反对将幼儿的社会性发展水平作为对教师进行奖惩的依据，这样只会误导教师用评价的内容去训化孩子，以求获得短期的教育效果而忽略了幼儿的长期直至终身的有益发展。

## 思考与实训

1. 请用情境测验法设计一项有关学前儿童同伴关系的测验。
2. 到幼儿园进行一次社会领域的观摩活动，并对其进行评价。
3. 请收集一篇社会领域的活动方案，并对其进行评价。

## 思维导图

- 学前儿童社会教育评价
  - 学前儿童社会教育评价的内涵
    - 学前儿童社会教育评价的概念
    - 学前儿童社会教育评价的意义
  - 学前儿童社会教育评价的内容与方法
    - 学前儿童社会教育活动的评价
    - 学前儿童社会性发展的评价
    - 学前儿童社会教育评价的方法
  - 学前儿童社会教育评价的组织与实施
    - 评价的准备
    - 评价的实施
    - 评价结果的处理和反馈
    - 学前儿童社会教育评价应注意的问题

# 附 录

## 附录1 教育部关于印发《幼儿园教育指导纲要（试行）》的通知

教基〔2001〕20号

各省、自治区、直辖市教育厅（教委）、新疆生产建设兵团教委，部属师范大学：

为进一步贯彻第三次全国教育工作会议和全国基础教育工作会议精神，落实《国务院关于基础教育改革与发展的决定》，推进幼儿园实施素质教育，全面提高幼儿园教育质量，现将《幼儿园教育指导纲要（试行）》（以下简称《纲要》）印发给你们，从2001年9月起试行，并就贯彻实施《纲要》的有关问题通知如下：

一、《纲要》是根据党的教育方针和《幼儿园工作规程》（以下简称《规程》）制定的，是指导广大幼儿教师将《规程》的教育思想和观念转化为教育行为的指导性文件。各地教育行政部门要对《纲要》的实施工作给予充分重视，认真抓好。

要积极利用多种宣传媒介，采取多种形式，广泛、深入地宣传《纲要》，使广大幼儿教育工作者、幼儿家长以及社会人士都能了解《纲要》的指导思想和基本要求。

要通过多种形式的学习和培训，认真组织各级教育行政部门负责幼儿教育工作的行政人员、教研人员、幼儿园园长和教师学习和理解《纲要》，以有效地依据《纲要》的指导思想和基本要求，根据儿童发展的实际需要，制订教育计划和组织教育活动，进一步更新教育观念，提高教育技能。

二、贯彻实施《纲要》，要坚持因地制宜、实事求是的原则，认真制订本地贯彻《纲要》的实施方案。应从具体情况出发，切忌搞“一刀切”。各地可采取先试点的方法，对不同地区、不同类型、不同条件的幼儿园，分别提出不同的要求，待取得经验后逐步推开。

三、设有学前教育专业的高等师范院校和幼儿师范学校要认真、深入地学习《纲要》的精神，改革现行学前教育课程和师资培养方式，并主动配合教育行政部门做好贯彻实施《纲要》的宣传和培训工作。

四、各地在实施《纲要》的过程中，要注意不断研究和解决出现的困难和问题，要注意总结积累经验，并及时反映给我部。

1981 年颁发的《幼儿园教育纲要（试行草案）》同时废止。

附件：

## 幼儿园教育指导纲要（试行）

### 第一部分　总则

一、为贯彻《中华人民共和国教育法》《幼儿园管理条例》和《幼儿园工作规程》，指导幼儿园深入实施素质教育，特制定本纲要。

二、幼儿园教育是基础教育的重要组成部分，是我国学校教育和终身教育的奠基阶段。城乡各类幼儿园都应从实际出发，因地制宜地实施素质教育，为幼儿一生的发展打好基础。

三、幼儿园应与家庭、社区密切合作，与小学相互衔接，综合利用各种教育资源，共同为幼儿的发展创造良好的条件。

四、幼儿园应为幼儿提供健康、丰富的生活和活动环境，满足他们多方面发展的需要，使他们在快乐的童年生活中获得有益于身心发展的经验。

五、幼儿园教育应尊重幼儿的人格和权利，尊重幼儿身心发展的规律和学习特点，以游戏为基本活动，保教并重，关注个别差异，促进每个幼儿富有个性的发展。

### 第二部分　教育内容与要求

幼儿园的教育内容是全面的、启蒙性的，可以相对划分为健康、语言、社会、科学、艺术等五个领域，也可作其他不同的划分。各领域的内容相互渗透，从不同的角度促进幼儿情感、态度、能力、知识、技能等方面的发展。

**一、健康**

**（一）目标**

1. 身体健康，在集体生活中情绪安定、愉快；
2. 生活、卫生习惯良好，有基本的生活自理能力；
3. 知道必要的安全保健常识，学习保护自己；

4. 喜欢参加体育活动，动作协调、灵活。

（二）内容与要求

1. 建立良好的师生、同伴关系，让幼儿在集体生活中感到温暖，心情愉快，形成安全感、信赖感。

2. 与家长配合，根据幼儿的需要建立科学的生活常规。培养幼儿良好的饮食、睡眠、盥洗、排泄等生活习惯和生活自理能力。

3. 教育幼儿爱清洁、讲卫生，注意保持个人和生活场所的整洁和卫生。

4. 密切结合幼儿的生活进行安全、营养和保健教育，提高幼儿的自我保护意识和能力。

5. 开展丰富多彩的户外游戏和体育活动，培养幼儿参加体育活动的兴趣和习惯，增强体质，提高对环境的适应能力。

6. 用幼儿感兴趣的方式发展基本动作，提高动作的协调性、灵活性。

7. 在体育活动中，培养幼儿坚强、勇敢、不怕困难的意志品质和主动、乐观、合作的态度。

（三）指导要点

1. 幼儿园必须把保护幼儿的生命和促进幼儿的健康放在工作的首位。树立正确的健康观念，在重视幼儿身体健康的同时，要高度重视幼儿的心理健康。

2. 既要高度重视和满足幼儿受保护、受照顾的需要，又要尊重和满足他们不断增长的独立要求，避免过度保护和包办代替，鼓励并指导幼儿自理、自立的尝试。

3. 健康领域的活动要充分尊重幼儿生长发育的规律，严禁以任何名义进行有损幼儿健康的比赛、表演或训练等。

4. 培养幼儿对体育活动的兴趣是幼儿园体育的重要目标，要根据幼儿的特点组织生动有趣、形式多样的体育活动，吸引幼儿主动参与。

二、语言

（一）目标

1. 乐意与人交谈，讲话礼貌；

2. 注意倾听对方讲话，能理解日常用语；

3. 能清楚地说出自己想说的事；

4. 喜欢听故事、看图书；

5．能听懂和会说普通话。

（二）内容与要求

1．创造一个自由、宽松的语言交往环境，支持、鼓励、吸引幼儿与教师、同伴或其他人交谈，体验语言交流的乐趣，学习使用适当的、礼貌的语言交往。

2．养成幼儿注意倾听的习惯，发展语言理解能力。

3．鼓励幼儿大胆、清楚地表达自己的想法和感受，尝试说明、描述简单的事物或过程，发展语言表达能力和思维能力。

4．引导幼儿接触优秀的儿童文学作品，使之感受语言的丰富和优美，并通过多种活动帮助幼儿加深对作品的体验和理解。

5．培养幼儿对生活中常见的简单标记和文字符号的兴趣。

6．利用图书、绘画和其他多种方式，引发幼儿对书籍、阅读和书写的兴趣，培养前阅读和前书写技能。

7．提供普通话的语言环境，帮助幼儿熟悉、听懂并学说普通话。少数民族地区还应帮助幼儿学习本民族语言。

（三）指导要点

1．语言能力是在运用的过程中发展起来的，发展幼儿语言的关键是创设一个能使他们想说、敢说、喜欢说、有机会说并能得到积极应答的环境。

2．幼儿语言的发展与其情感、经验、思维、社会交往能力等其他方面的发展密切相关，因此，发展幼儿语言的重要途径是通过互相渗透的各领域的教育，在丰富多彩的活动中去扩展幼儿的经验，提供促进语言发展的条件。

3．幼儿的语言学习具有个别化的特点，教师与幼儿的个别交流、幼儿之间的自由交谈等，对幼儿语言发展具有特殊意义。

4．对有语言障碍的儿童要给予特别关注，要与家长和有关方面密切配合，积极地帮助他们提高语言能力。

三、社会

（一）目标

1．能主动地参与各项活动，有自信心；

2．乐意与人交往，学习互助、合作和分享，有同情心；

3．理解并遵守日常生活中基本的社会行为规则；

4．能努力做好力所能及的事，不怕困难，有初步的责任感；

5．爱父母长辈、老师和同伴，爱集体、爱家乡、爱祖国。

**（二）内容与要求**

1．引导幼儿参加各种集体活动，体验与教师、同伴等共同生活的乐趣，帮助他们正确认识自己和他人，养成对他人、社会亲近、合作的态度，学习初步的人际交往技能。

2．为每个幼儿提供表现自己长处和获得成功的机会，增强其自尊心和自信心。

3．提供自由活动的机会，支持幼儿自主地选择、计划活动，鼓励他们通过多方面的努力解决问题，不轻易放弃克服困难的尝试。

4．在共同的生活和活动中，以多种方式引导幼儿认识、体验并理解基本的社会行为规则，学习自律和尊重他人。

5．教育幼儿爱护玩具和其他物品，爱护公物和公共环境。

6．与家庭、社区合作，引导幼儿了解自己的亲人以及与自己生活有关的各行各业人们的劳动，培养其对劳动者的热爱和对劳动成果的尊重。

7．充分利用社会资源，引导幼儿实际感受祖国文化的丰富与优秀，感受家乡的变化和发展，激发幼儿爱家乡、爱祖国的情感。

8．适当向幼儿介绍我国各民族和世界其他国家、民族的文化，使其感知人类文化的多样性和差异性，培养理解、尊重、平等的态度。

**（三）指导要点**

1．社会领域的教育具有潜移默化的特点。幼儿社会态度和社会情感的培养尤应渗透在多种活动和一日生活的各个环节之中，要创设一个能使幼儿感受到接纳、关爱和支持的良好环境，避免单一呆板的言语说教。

2．幼儿与成人、同伴之间的共同生活、交往、探索、游戏等，是其社会学习的重要途径。应为幼儿提供人际间相互交往和共同活动的机会和条件，并加以指导。

3．社会学习是一个漫长的积累过程，需要幼儿园、家庭和社会密切合作，协调一致，共同促进幼儿良好社会性品质的形成。

**四、科学**

**（一）目标**

1．对周围的事物、现象感兴趣，有好奇心和求知欲；

2．能运用各种感官，动手动脑，探究问题；

3．能用适当的方式表达、交流探索的过程和结果；

4．能从生活和游戏中感受事物的数量关系并体验到数学的重要性和有趣；

5.爱护动植物,关心周围环境,亲近大自然,珍惜自然资源,有初步的环保意识。

**（二）内容与要求**

1．引导幼儿对身边常见事物和现象的特点、变化规律产生兴趣和探究的欲望。

2．为幼儿的探究活动创造宽松的环境，让每个幼儿都有机会参与尝试，支持、鼓励他们大胆提出问题，发表不同意见，学会尊重别人的观点和经验。

3．提供丰富的可操作的材料，为每个幼儿都能运用多种感官、多种方式进行探索提供活动的条件。

4．通过引导幼儿积极参加小组讨论、探索等方式，培养幼儿合作学习的意识和能力，学习用多种方式表现、交流、分享探索的过程和结果。

5．引导幼儿对周围环境中的数、量、形、时间和空间等现象产生兴趣，建构初步的数概念，并学习用简单的数学方法解决生活和游戏中某些简单的问题。

6．从生活或媒体中幼儿熟悉的科技成果入手，引导幼儿感受科学技术对生活的影响，培养他们对科学的兴趣和对科学家的崇敬。

7．在幼儿生活经验的基础上，帮助幼儿了解自然、环境与人类生活的关系。从身边的小事入手，培养初步的环保意识和行为。

**（三）指导要点**

1．幼儿的科学教育是科学启蒙教育，重在激发幼儿的认识兴趣和探究欲望。

2．要尽量创造条件让幼儿实际参加探究活动，使他们感受科学探究的过程和方法，体验发现的乐趣。

3．科学教育应密切联系幼儿的实际生活进行，利用身边的事物与现象作为科学探索的对象。

五、艺术

**（一）目标**

1．能初步感受并喜爱环境、生活和艺术中的美；

2．喜欢参加艺术活动，并能大胆地表现自己的情感和体验；

3．能用自己喜欢的方式进行艺术表现活动。

### （二）内容与要求

1．引导幼儿接触周围环境和生活中美好的人、事、物，丰富他们的感性经验和审美情趣，激发他们表现美、创造美的情趣。

2．在艺术活动中面向全体幼儿，要针对他们的不同特点和需要，让每个幼儿都得到美的熏陶和培养。对有艺术天赋的幼儿要注意发展他们的艺术潜能。

3．提供自由表现的机会，鼓励幼儿用不同艺术形式大胆地表达自己的情感、理解和想象，尊重每个幼儿的想法和创造，肯定和接纳他们独特的审美感受和表现方式，分享他们创造的快乐。

4．在支持、鼓励幼儿积极参加各种艺术活动并大胆表现的同时，帮助他们提高表现的技能和能力。

5．指导幼儿利用身边的物品或废旧材料制作玩具、手工艺品等来美化自己的生活或开展其他活动。

6．为幼儿创设展示自己作品的条件，引导幼儿相互交流、相互欣赏、共同提高。

### （三）指导要点

1．艺术是实施美育的主要途径，应充分发挥艺术的情感教育功能，促进幼儿健全人格的形成。要避免仅仅重视表现技能或艺术活动的结果，而忽视幼儿在活动过程中的情感体验和态度的倾向。

2．幼儿的创作过程和作品是他们表达自己的认识和情感的重要方式，应支持幼儿富有个性和创造性的表达，克服过分强调技能技巧和标准化要求的偏向。

3．幼儿艺术活动的能力是在大胆表现的过程中逐渐发展起来的，教师的作用应主要在于激发幼儿感受美、表现美的情趣，丰富他们的审美经验，使之体验自由表达和创造的快乐。在此基础上，根据幼儿的发展状况和需要，对表现方式和技能技巧给予适时、适当的指导。

## 第三部分　组织与实施

一、幼儿园的教育是为所有在园幼儿的健康成长服务的，要为每一个儿童，包括有特殊需要的儿童提供积极的支持和帮助。

二、幼儿园的教育活动，是教师以多种形式有目的、有计划地引导幼儿生动、活泼、主动活动的教育过程。

三、教育活动的组织与实施过程是教师创造性地开展工作的过程。教师要根据本《纲要》，从本地、本园的条件出发，结合本班幼儿的实际情况，制定切实可行的工作计划并灵活地执行。

四、教育活动目标要以《幼儿园工作规程》和本《纲要》所提出的各领域目标为指导，结合本班幼儿的发展水平、经验和需要来确定。

五、教育活动内容的选择应遵照本《纲要》第二部分的有关条款进行，同时体现以下原则：

（一）既适合幼儿的现有水平，又有一定的挑战性。

（二）既符合幼儿的现实需要，又有利于其长远发展。

（三）既贴近幼儿的生活来选择幼儿感兴趣的事物和问题，又有助于拓展幼儿的经验和视野。

六、教育活动内容的组织应充分考虑幼儿的学习特点和认识规律，各领域的内容要有机联系，相互渗透，注重综合性、趣味性、活动性，寓教育于生活、游戏之中。

七、教育活动的组织形式应根据需要合理安排，因时、因地、因内容、因材料灵活地运用。

八、环境是重要的教育资源，应通过环境的创设和利用，有效地促进幼儿的发展。

（一）幼儿园的空间、设施、活动材料和常规要求等应有利于引发、支持幼儿的游戏和各种探索活动，有利于引发、支持幼儿与周围环境之间积极的相互作用。

（二）幼儿同伴群体及幼儿园教师集体是宝贵的教育资源，应充分发挥这一资源的作用。

（三）教师的态度和管理方式应有助于形成安全、温馨的心理环境；言行举止应成为幼儿学习的良好榜样。

（四）家庭是幼儿园重要的合作伙伴。应本着尊重、平等、合作的原则，争取家长的理解、支持和主动参与，并积极支持、帮助家长提高教育能力。

（五）充分利用自然环境和社区的教育资源，扩展幼儿生活和学习的空间。幼儿园同时应为社区的早期教育提供服务。

九、科学、合理地安排和组织一日生活。

（一）时间安排应有相对的稳定性与灵活性，既有利于形成秩序，又能满足幼儿的合理需要，照顾到个体差异。

（二）教师直接指导的活动和间接指导的活动相结合，保证幼儿每天有适当的自主选择和自由活动时间。教师直接指导的集体活动要能保证幼儿的积极参与，避免时间的隐性浪费。

（三）尽量减少不必要的集体行动和过渡环节，减少和消除消极等待现象。

（四）建立良好的常规，避免不必要的管理行为，逐步引导幼儿学习自我管理。

十、教师应成为幼儿学习活动的支持者、合作者、引导者。

（一）以关怀、接纳、尊重的态度与幼儿交往。耐心倾听，努力理解幼儿的想法与感受，支持、鼓励他们大胆探索与表达。

（二）善于发现幼儿感兴趣的事物、游戏和偶发事件中所隐含的教育价值，把握时机，积极引导。

（三）关注幼儿在活动中的表现和反应，敏感地察觉他们的需要，及时以适当的方式应答，形成合作探究式的师生互动。

（四）尊重幼儿在发展水平、能力、经验、学习方式等方面的个体差异，因人施教，努力使每一个幼儿都能获得满足和成功。

（五）关注幼儿的特殊需要，包括各种发展潜能和不同发展障碍，与家庭密切配合，共同促进幼儿健康成长。

十一、幼儿园教育要与0—3岁儿童的保育教育以及小学教育相互衔接。

## 第四部分 教育评价

一、教育评价是幼儿园教育工作的重要组成部分，是了解教育的适宜性、有效性，调整和改进工作，促进每一个幼儿发展，提高教育质量的必要手段。

二、管理人员、教师、幼儿及其家长均是幼儿园教育评价工作的参与者。评价过程是各方共同参与、相互支持与合作的过程。

三、评价的过程，是教师运用专业知识审视教育实践，发现、分析、研究、解决问题的过程，也是其自我成长的重要途径。

四、幼儿园教育工作评价实行以教师自评为主，园长以及有关管理人员、其他教师和家长等参与评价的制度。

五、评价应自然地伴随着整个教育过程进行。综合采用观察、谈话、作品分析等多种方法。

六、幼儿的行为表现和发展变化具有重要的评价意义，教师应视之为重要的评价信息和改进工作的依据。

七、教育工作评价宜重点考察以下方面：

（一）教育计划和教育活动的目标是否建立在了解本班幼儿现状的基础上。

（二）教育的内容、方式、策略、环境条件是否能调动幼儿学习的积极性。

（三）教育过程是否能为幼儿提供有益的学习经验，并符合其发展需要。

（四）教育内容、要求能否兼顾群体需要和个体差异，使每个幼儿都能得到发展，都有成功感。

（五）教师的指导是否有利于幼儿主动、有效地学习。

八、对幼儿发展状况的评估，要注意：

（一）明确评价的目的是了解幼儿的发展需要，以便提供更加适宜的帮助和指导。

（二）全面了解幼儿的发展状况，防止片面性，尤其要避免只重知识和技能，忽略情感、社会性和实际能力的倾向。

（三）在日常活动与教育教学过程中采用自然的方法进行。平时观察所获的具有典型意义的幼儿行为表现和所积累的各种作品等，是评价的重要依据。

（四）承认和关注幼儿的个体差异，避免用统一的标准评价不同的幼儿，在幼儿面前慎用横向的比较。

（五）以发展的眼光看待幼儿，既要了解现有水平，更要关注其发展的速度、特点和倾向等。

# 附录 2 《3—6 岁儿童学习与发展指南》社会领域相关内容

## 《3—6 岁儿童学习与发展指南》说明

一、为深入贯彻《国家中长期教育改革和发展规划纲要(2010—2020 年)》和《国务院关于当前发展学前教育的若干意见》(国发〔2010〕41 号),指导幼儿园和家庭实施科学的保育和教育,促进幼儿身心全面和谐发展,制定《3—6 岁儿童学习与发展指南》(以下简称《指南》)。

二、《指南》以为幼儿后继学习和终身发展奠定良好素质基础为目标,以促进幼儿体、智、德、美各方面的协调发展为核心,通过提出 3 ~ 6 岁各年龄段儿童学习与发展目标和相应的教育建议,帮助幼儿园教师和家长了解 3 ~ 6 岁幼儿学习与发展的基本规律和特点,建立对幼儿发展的合理期望,实施科学的保育和教育,让幼儿度过快乐而有意义的童年。

三、《指南》从健康、语言、社会、科学、艺术五个领域描述幼儿的学习与发展。每个领域按照幼儿学习与发展最基本、最重要的内容划分为若干方面。每个方面由学习与发展目标和教育建议两部分组成。

目标部分分别对 3 ~ 4 岁、4 ~ 5 岁、5 ~ 6 岁三个年龄段末期幼儿应该知道什么、能做什么,大致可以达到什么发展水平提出了合理期望,指明了幼儿学习与发展的具体方向;教育建议部分列举了一些能够有效帮助和促进幼儿学习与发展的教育途径与方法。

四、实施《指南》应把握以下几个方面:

1. 关注幼儿学习与发展的整体性。儿童的发展是一个整体,要注重领域之间、目标之间的相互渗透和整合,促进幼儿身心全面协调发展,而不应片面追求某一方面或几方面的发展。

2. 尊重幼儿发展的个体差异。幼儿的发展是一个持续、渐进的过程,同时也表现出一定的阶段性特征。每个幼儿在沿着相似进程发展的过程中,各自的发展速度和到达某一水平的时间不完全相同。要充分理解和尊重幼儿发展进程中的个别差异,支持和引导他们从原有水平向更高水平发展,按照自身的速度和方式到达《指南》所呈现的发展"阶梯",切忌用一把"尺子"衡量所有幼儿。

3. 理解幼儿的学习方式和特点。幼儿的学习是以直接经验为基础,在游戏和日常生活中进行的。要珍视游戏和生活的独特价值，创设丰富的教育环境，合理安排一日生活，最大限度地支持和满足幼儿通过直接感知、实际操作和亲身体验获取经验的需要，严禁“拔苗助长”式的超前教育和强化训练。

4．重视幼儿的学习品质。幼儿在活动过程中表现出的积极态度和良好行为倾向是终身学习与发展所必需的宝贵品质。要充分尊重和保护幼儿的好奇心和学习兴趣，帮助幼儿逐步养成积极主动、认真专注、不怕困难、敢于探究和尝试、乐于想象和创造等良好学习品质。忽视幼儿学习品质培养，单纯追求知识技能学习的做法是短视而有害的。

## 《指南》社会领域目标及建议

幼儿社会领域的学习与发展过程是其社会性不断完善并奠定健全人格基础的过程。人际交往和社会适应是幼儿社会学习的主要内容，也是其社会性发展的基本途径。幼儿在与成人和同伴交往的过程中，不仅学习如何与人友好相处，也在学习如何看待自己、对待他人，不断发展适应社会生活的能力。良好的社会性发展对幼儿身心健康和其他各方面的发展都具有重要影响。

家庭、幼儿园和社会应共同努力，为幼儿创设温暖、关爱、平等的家庭和集体生活氛围，建立良好的亲子关系、师生关系和同伴关系，让幼儿在积极健康的人际关系中获得安全感和信任感，发展自信和自尊，在良好的社会环境及文化的熏陶中学会遵守规则，形成基本的认同感和归属感。

幼儿的社会性主要是在日常生活和游戏中通过观察和模仿潜移默化地发展起来的。成人应注重自己言行的榜样作用，避免简单生硬的说教。

### （一）人际交往

**目标1　愿意与人交往**

| 3～4岁 | 4～5岁 | 5～6岁 |
|---|---|---|
| 1．愿意和小朋友一起游戏。<br>2.愿意与熟悉的长辈一起活动。 | 1．喜欢和小朋友一起游戏，有经常一起玩的小伙伴。<br>2．喜欢和长辈交谈，有事愿意告诉长辈。 | 1．有自己的好朋友，也喜欢结交新朋友。<br>2．有问题愿意向别人请教。<br>3．有高兴的或有趣的事愿意与大家分享。 |

教育建议：

1．主动亲近和关心幼儿，经常和他一起游戏或活动，让幼儿感受到与成人交往的快乐，建立亲密的亲子关系和师生关系。

2．创造交往的机会，让幼儿体会交往的乐趣。如：

●利用走亲戚、到朋友家做客或有客人来访的时机，鼓励幼儿与他人接触和交谈。

●鼓励幼儿参加小朋友的游戏，邀请小朋友到家里玩，感受有朋友一起玩的快乐。

●幼儿园应多为幼儿提供自由交往和游戏的机会，鼓励他们自主选择、自由结伴开展活动。

**目标2　能与同伴友好相处**

| 3～4岁 | 4～5岁 | 5～6岁 |
| --- | --- | --- |
| 1．想加入同伴的游戏时，能友好地提出请求。<br>2．在成人指导下，不争抢、不独霸玩具。<br>3．与同伴发生冲突时，能听从成人的劝解。 | 1．会运用介绍自己、交换玩具等简单技巧加入同伴游戏。<br>2．对大家都喜欢的东西能轮流、分享。<br>3．与同伴发生冲突时，能在他人帮助下和平解决。<br>4．活动时愿意接受同伴的意见和建议。<br>5．不欺负弱小。 | 1．能想办法吸引同伴和自己一起游戏。<br>2．活动时能与同伴分工合作，遇到困难能一起克服。<br>3．与同伴发生冲突时能自己协商解决。<br>4．知道别人的想法有时和自己不一样，能倾听和接受别人的意见，不能接受时会说明理由。<br>5．不欺负别人，也不允许别人欺负自己。 |

教育建议：

1．结合具体情境，指导幼儿学习交往的基本规则和技能。如：

●当幼儿不知怎样加入同伴游戏，或提出请求不被接受时，建议他拿出玩具邀请大家一起玩；或者扮成某个角色加入同伴的游戏。

●对幼儿与别人分享玩具、图书等行为给予肯定，让他对自己的表现感到高兴和满足。

●当幼儿与同伴发生矛盾或冲突时，指导他尝试用协商、交换、轮流玩、合作等方式解决冲突。

●利用相关的图书、故事，结合幼儿的交往经验，和他讨论什么样的行为受大家欢迎，想要得到别人的接纳应该怎样做。

●幼儿园应多为幼儿提供需要大家齐心协力才能完成的活动，让幼儿在具体活动中体会合作的重要性，学习分工合作。

2．结合具体情境，引导幼儿换位思考，学习理解别人。如：幼儿有争抢玩具等不友好行为时，引导他们想想“假如你是那个小朋友，你有什么感受？”让幼儿学习理解别人的想法和感受。

3．和幼儿一起谈谈他的好朋友，说说喜欢这个朋友的原因，引导他多发现同伴的优点、长处。

**目标3　具有自尊、自信、自主的表现**

| 3～4岁 | 4～5岁 | 5～6岁 |
| --- | --- | --- |
| 1．能根据自己的兴趣选择游戏或其他活动。<br>2．为自己的好行为或活动成果感到高兴。<br>3.自己能做的事情愿意自己做。<br>4．喜欢承担一些小任务。 | 1．能按自己的想法进行游戏或其他活动。<br>2．知道自己的一些优点和长处，并对此感到满意。<br>3．自己的事情尽量自己做，不愿意依赖别人。<br>4．敢于尝试有一定难度的活动和任务。 | 1．能主动发起活动或在活动中出主意、想办法。<br>2．做了好事或取得了成功后还想做得更好。<br>3．自己的事情自己做，不会的愿意学。<br>4．主动承担任务，遇到困难能够坚持而不轻易求助。<br>5．与别人的看法不同时，敢于坚持自己的意见并说出理由。 |

教育建议：

1．关注幼儿的感受，保护其自尊心和自信心。如：

●能以平等的态度对待幼儿，使幼儿切实感受到自己被尊重。

●对幼儿好的行为表现多给予具体、有针对性的肯定和表扬，让他对自己的优点和长处有所认识并感到满足和自豪。

●不要拿幼儿的不足与其他幼儿的优点作比较。

2．鼓励幼儿自主决定，独立做事，增强其自尊心和自信心。如：

●与幼儿有关的事情要征求他的意见，即使他的意见与成人不同，也要认真倾听，接受他的合理要求。

●在保证安全的情况下，支持幼儿按自己的想法做事；或提供必要的条件，帮助他实现自己的想法。

●幼儿自己的事情尽量放手让他自己做，即使做得不够好，也应鼓励并给予一定的指导，让他在做事中树立自尊和自信。

●鼓励幼儿尝试有一定难度的任务，并注意调整难度，让他感受经过努力获得的成就感。

**目标4　关心尊重他人**

| 3～4岁 | 4～5岁 | 5～6岁 |
| --- | --- | --- |
| 1. 长辈讲话时能认真听，并能听从长辈的要求。<br>2. 身边的人生病或不开心时表示同情。<br>3. 在提醒下能做到不打扰别人。 | 1. 会用礼貌的方式向长辈表达自己的要求和想法。<br>2. 能注意到别人的情绪，并有关心、体贴的表现。<br>3. 知道父母的职业，能体会到父母为养育自己所付出的辛劳。 | 1. 能有礼貌地与人交往。<br>2. 能关注别人的情绪和需要，并能给予力所能及的帮助。<br>3. 尊重为大家提供服务的人，珍惜他们的劳动成果。<br>4. 接纳、尊重与自己的生活方式或习惯不同的人。 |

教育建议：

1. 成人以身作则，以尊重、关心的态度对待自己的父母、长辈和其他人。如：

●经常问候父母，主动做家务。

●礼貌地对待老年人，如坐车时主动为老人让座。

●看到别人有困难能主动关心并给予一定的帮助。

2. 引导幼儿尊重、关心长辈和身边的人，尊重他人劳动及成果。如：

●提醒幼儿关心身边的人，如妈妈累了，知道让她安静休息一会儿。

●借助故事、图书等给幼儿讲讲父母抚育孩子成长的经历，让幼儿理解和体会父爱与母爱。

●结合实际情境，提醒幼儿注意别人的情绪，了解他们的需要，给予适当的关心和帮助。

●利用生活机会和角色游戏，帮助幼儿了解与自己关系密切的社会服务机构及其工作，如商场、邮局、医院等，体会这些机构给大家提供的便利和服务，懂得尊重工作人员的劳动，珍惜劳动成果。

3. 引导幼儿学习用平等、接纳和尊重的态度对待差异。如：

●了解每个人都有自己的兴趣、爱好和特长，可以相互学习。

●利用民间游戏、传统节日等，适当向幼儿介绍我国主要民族和世界其他国家和民族的文化，帮助幼儿感知文化的多样性和差异性，理解人们之间是平等的，应该互相尊重，友好相处。

### （二）社会适应

目标 1　喜欢并适应群体生活

| 3～4岁 | 4～5岁 | 5～6岁 |
| --- | --- | --- |
| 1. 对群体活动有兴趣。<br>2. 对幼儿园的生活好奇，喜欢上幼儿园。 | 1. 愿意并主动参加群体活动。<br>2. 愿意与家长一起参加社区的一些群体活动。 | 1. 在群体活动中积极、快乐。<br>2. 对小学生活有好奇和向往。 |

教育建议：

1. 经常和幼儿一起参加一些群体性的活动，让幼儿体会群体活动的乐趣。如：参加亲戚、朋友和同事间的聚会以及适合幼儿参加的社区活动等，支持幼儿和不同群体的同伴一起游戏，丰富其群体活动的经验。

2. 幼儿园组织活动时，可以经常打破班级的界限，让幼儿有更多机会参加不同群体的活动。

3. 带领大班幼儿参观小学，讲讲小学有趣的活动，唤起他们对小学生活的好奇和向往，为入学做好心理准备。

目标 2　遵守基本的行为规范

| 3～4岁 | 4～5岁 | 5～6岁 |
| --- | --- | --- |
| 1. 在提醒下，能遵守游戏和公共场所的规则。<br>2. 知道不经允许不能拿别人的东西，借别人的东西要归还。<br>3. 在成人提醒下，爱护玩具和其他物品。 | 1. 感受规则的意义，并能基本遵守规则。<br>2. 不私自拿不属于自己的东西。<br>3. 知道说谎是不对的。<br>4. 知道接受了的任务要努力完成。<br>5. 在提醒下，能节约粮食、水电等。 | 1. 理解规则的意义，能与同伴协商制定游戏和活动规则。<br>2. 爱惜物品，用别人的东西时也知道爱护。<br>3. 做了错事敢于承认，不说谎。<br>4. 能认真负责地完成自己所接受的任务。<br>5. 爱护身边的环境，注意节约资源。 |

教育建议：

1. 成人要遵守社会行为规则，为幼儿树立良好的榜样。如：答应幼儿的事一定要做到、尊老爱幼、爱护公共环境、节约水电等。

2. 结合社会生活实际，帮助幼儿了解基本行为规则或其他游戏规则，体会规则的重要性，学习自觉遵守规则。如：

●经常和幼儿玩带有规则的游戏，遵守共同约定的游戏规则。

●利用实际生活情境和图书故事，向幼儿介绍一些必要的社会行为规则，以及为什么要遵守这些规则。

●在幼儿园的区域活动中，创设情境，让幼儿体会没有规则的不方便，鼓励他们讨论制定规则并自觉遵守。

●对幼儿表现出的遵守规则的行为要及时肯定，对违规行为给予纠正。如：幼儿主动为老人让座时要表扬；幼儿损害别人的物品或公共物品时要及时制止并主动赔偿。

3. 教育幼儿要诚实守信。如：

●对幼儿诚实守信的行为要及时肯定。

●允许幼儿犯错误，告诉他改了就好。不要打骂幼儿，以免他因害怕惩罚而说谎。

●小年龄幼儿经常分不清想象和现实，成人不要误认为他是在说谎。

●发现幼儿说谎时，要反思是否是因自己对幼儿的要求过高过严造成的。如果是，要及时调整自己的行为，同时要严肃地告诉幼儿说谎是不对的。

●经常给幼儿分配一些力所能及的任务，要求他完成并及时给予表扬，培养他的责任感和认真负责的态度。

**目标 3　具有初步的归属感**

| 3～4岁 | 4～5岁 | 5～6岁 |
|---|---|---|
| 1. 知道和自己一起生活的家庭成员及与自己的关系，体会到自己是家庭的一员。<br>2. 能感受到家庭生活的温暖，爱父母，亲近与信赖长辈。<br>3. 能说出自己家所在街道、小区（乡镇、村）的名称。<br>4. 认识国旗，知道国歌。 | 1. 喜欢自己所在的幼儿园和班级，积极参加集体活动。<br>2. 能说出自己家所在地的省、市、县（区）名称，知道当地有代表性的物产或景观。<br>3. 知道自己是中国人。<br>4. 奏国歌、升国旗时能自动站好。 | 1. 愿意为集体做事，为集体的成绩感到高兴。<br>2. 能感受到家乡的发展变化并为此感到高兴。<br>3. 知道自己的民族，知道中国是一个多民族的大家庭，各民族之间要互相尊重，团结友爱。<br>4. 知道国家一些重大成就，爱祖国，为自己是中国人感到自豪。 |

教育建议：

1. 亲切地对待幼儿，关心幼儿，让他感到长辈是可亲、可近、可信赖的，家庭和幼儿园是温暖的。如：

●多和孩子一起游戏、谈笑，尽量在家庭和班级中营造温馨的氛围。

●通过和幼儿一起翻阅照片、讲幼儿成长的故事等，让幼儿感受到家庭和幼儿园的温暖，老师的和蔼可亲，对养育自己的人产生感激之情。

2. 吸引和鼓励幼儿参加集体活动，萌发集体意识。如：

●幼儿园和班级里的重大事情和计划，请幼儿集体讨论决定。

●幼儿园应经常组织多种形式的集体活动，萌发幼儿的集体荣誉感。

3. 运用幼儿喜闻乐见和能够理解的方式激发幼儿爱家乡、爱祖国的情感。如：

●和幼儿说一说或在地图上找一找自己家所在的省、市、县（区）名称。

●和幼儿一起外出游玩，一起看有关的电视节目或画报等；和他们一起收集有关家乡、祖国各地的风景名胜、著名的建筑、独特物产的图片等，在观看和欣赏的过程中激发幼儿的自豪感和热爱之情。

●利用电视节目或参加升旗等活动，向幼儿介绍国旗、国歌以及观看升旗、奏国歌的礼仪。

●向幼儿介绍反映中国人聪明才智的发明和创造，激发幼儿的民族自豪感。

# 参考文献

[1] 白爱宝．幼儿发展评价手册［M］．北京：教育科学出版社，1999.

[2] 蔡春凤，周宗奎．儿童外部问题行为稳定性的研究［J］．心理科学进展，2006（1）：66–72.

[3] 车文博．心理咨询百科全书［M］．长春：吉林人民出版社，1991.

[4] 车文博．心理咨询大百科全书［M］．杭州：浙江科学技术出版社，2001.

[5] 陈秋，于伟平，陈瑞美，等．学龄前儿童生活方式对情绪与行为问题影响的研究［J］．现代预防医学，2021，48（1）：82–85.

[6] 陈淑芳．不同情境下移情训练对幼儿助人行为影响的研究［D］．天津：天津师范大学，2012.

[7] 陈芝蓉．学前儿童社会教育活动设计与指导［M］．北京：机械工业出版社，2017.

[8] 池丽萍，王耘．婚姻冲突与儿童问题行为关系研究的理论进展［J］．心理科学进展，2002，10（4）：411–417.

[9] 戴莉．学前儿童性别教育的研究现状及其启示［J］．中华女子学院学报，2016（8）：86–94.

[10] 戴维·谢弗．社会性与人格发展［M］．陈会昌等，译．北京：人民邮电出版社，2014.

[11] 但菲．幼儿社会性发展与教育活动设计［M］．北京：高等教育出版社，2008.

[12] 冯季林．幼儿社会领域教育评价的后现代审视［J］．当代教育论坛，2007，（24）：8–10.

[13] 樊富珉．大学生心理健康与发展［M］．北京：清华大学出版社，1997.

[14] 樊婷婷．让幼儿做情绪的小主人［J］．早期教育（教师版），2015（2）：54.

[15] 盖秀灵．角色游戏中幼儿性别角色认同和教师介入的研究［D］开封：河南大学，2012.

[16] 甘剑梅．学前儿童社会教育［M］．北京：中央广播电视大学出版社，2007.

[17] 宫亚男．学前儿童性别角色教育特点研究［D］．长春：东北师范大学，2008.

[18] 胡惠闵，郭良菁．幼儿园教育评价［M］．上海：华东师范大学出版社，2009.

[19] 胡娟．学前儿童社会教育与活动指导［M］．长沙：湖南师范大学出版社，2020.

[20] 霍力岩．学前教育评价［M］．北京：北京师范大学出版社，1999.

[21] 嵇琚．我国幼儿园社会领域教育研究［D］．南京：南京师范大学，2012.

[22] 姜莉莉.学前儿童社会教育活动指导[M].大连：大连理工大学出版社，2016.

[23] 教育部基础教育司.《幼儿园教育指导纲要(试行)》解读[M].南京：江苏凤凰教育出版社，2017.

[24] 李焕稳.学前儿童社会教育[M].北京：北京师范大学出版社，2016.

[25] 李季湄.《3—6岁儿童学习与发展指南》解读[M].北京：人民教育出版社，2013.

[26] 李林烛.大班幼儿游戏活动中同伴合作策略的研究[D].重庆：西南师范大学，2016.

[27] 李叶兰.幼儿社会教育活动设计与指导[M].北京：中国劳动社会保障出版社，2006.

[28] 梁薇.基于绘本阅读的幼儿性别角色教育[J].陕西学前师范学院学报，2019，35(9)：44-49.

[29] 林格伦.课堂教育心理学[M].章志光，张世富，肖毓秀，译.昆明：云南人民出版社，1983.

[30] 刘俐敏.幼儿发展评价研究[M].北京：人民教育出版社，2004.

[31] 刘文敏，高燕，赵丹.公共基础课系列大学生心理健康教育[M].南京：东南大学出版社，2015.

[32] 刘阳，陈李笑.创良好心理环境促学前儿童社会性发展：基于英国早期基础教育体系的经验与启示[J].福建教育，2021(4)：50-51.

[33] 刘源.不同游戏中中班幼儿分享行为培养的教师指导研究[D].呼和浩特：内蒙古师范大学，2013.

[34] 陆留霞.构建班本红色微课程：以大班活动“走进海军纪念馆”为例[J].好家长，2021(95)：84-85.

[35] 潘玉芝.亲子关系对大班幼儿人际交往的影响研究[D].洛阳：洛阳师范学院，2018.

[36] 彭春燕，储长山，刘成先，等.六安市1264名学龄前儿童心理行为问题调查分析[J].中国儿童保健杂志，2018，26(7)：787-789.

[37] 彭海蕾.学前儿童社会教育与活动指导[M].北京：教育科学出版社，2012.

[38] 裘指挥，王燕.幼儿园活动设计与经典案例分析[M].天津：南开大学出版社，2017.

[39] 沙莲香.社会心理学：第三版[M].北京：中国人民大学出版社，2015.

[40] 石义堂，李守红.“社会情感学习”的内涵、发展及其对基础教育变革的意义[J].当代教育与文化，2013(6)：46-50.

[41] 苏林雁，罗学荣，张纪水，等.儿童自我意识量表的中国城市常模[J].中国心理卫生杂志，2002(1)：31-34.

[42] 苏林雁，万国斌，杨志伟，等.Piers-Harris 儿童自我意识量表在湖南的修订[J].中国临床心理学杂志，1994(1)：14–18，64.

[43] 孙瑞雪.爱和自由[M].北京：中国妇女出版社，2013.

[44] 孙瑞雪.完整的成长[M].北京：中国妇女出版社，2015.

[45] 孙圣涛，卢家楣.自我意识及其研究概述[J].心理学探新，2000(1)：17–22.

[46] 陶亚哲.教师应对幼儿消极情绪的策略研究[D].武汉：华中师范大学，2018.

[47] 王楠.移情训练对 5～6 岁幼儿亲社会行为的影响研究[D].西安：陕西师范大学，2012.

[48] 王树涛，毛亚庆.寄宿对留守儿童社会情感能力发展的影响：基于西部 11 省区的实证研究[J].教育学报，2015(5)：111–120.

[49] 王亚珺.正确看待孩子的分享行为[J].早期教育(家庭教育)，2019(1)：5–7.

[50] 王子恩.幼儿园社会教育活动及设计[M].长春：东北师范大学出版社，2014.

[51] 威廉·詹姆斯.心理学原理[M].郭宾，译.北京：中国社会科学出版社，2009.

[52] 吴越.班杜拉社会学习理论对幼儿德育的启示[J].长春教育学院学报，2020(9)：74–80.

[53] 武翠红.学前儿童性别教育实施中存在的问题及对策研究：以 Z 市为例[D].镇江：江苏大学，2018.

[54] 谢弗.发展心理学的关键概念[M].胡清芬等，译.上海：华东师范大学出版社，2008.

[55] 熊玲.中班幼儿助人行为的观察研究[J].学前教育，2021(4)：22–25.

[56] 许世彤，区英琦，肖鹏.性科学与性教育[M].北京：高等教育出版社，2004.

[57] 鄢超云.学前教育评价[M].北京：高等教育出版社，2010.

[58] 姚秀娟，张莉.3～6 岁幼儿助人行为观察研究[J].幼儿教育(教育科学)，2015(5)：34–38.

[59] 喻晓.幼儿园中班性教育实施现状的调查研究[D].南昌：江西科技师范大学，2021.

[60] 詹姆斯·W.范德赞登，托马斯·L.克兰德尔，科琳·海恩斯·克兰德尔.人类发展：第八版[M].俞国良，黄峥，樊召锋，译.北京：中国人民大学出版社，2011.

[61] 张晗.幼儿性别概念及性别偏好研究[D]济南：山东师范大学，2007.

[62] 张明红.学前儿童社会教育[M].上海：华东师范大学出版社，2008.

[63] 张明红.学前儿童社会教育与活动指导[M].上海：华东师范大学出版社，2014.

[64] 赵杰.换种方式，让幼儿从“告状”到自律[J].学前教育，2020(5)：58–59.

[65] 郑卫东.幼儿合作行为发展特点及合作能力培养的研究述评[D].长沙：湖南师范大学，

2012.

[66] 郑新蓉 . 性别与教育 [M]. 北京: 教育科学出版社, 2005.

[67] 周梅林 . 学前儿童社会教育活动指导 [M]. 上海: 复旦大学出版社, 2019.

[68] 周兴国 . 人文科学视野中的 "儿童问题行为" 及其实践意蕴 [J]. 南京师大学报: 社会科学版, 2019, 221 (1) : 41–47.

[69] AMSTERDAM B. Mirror self–image reactions before age two [J]. Developmental Psycho–biology, 1972, 5 (4) : 297–305.

[70] BASTEN M, TIEMEIER H , ALTHOFF R R, et al.The stability of problem behavior across the preschool years: An empiricalapproach in the general population [J]. Journal of Abnormal Child Psychology , 2016, 44 (2) : 393–404.

[71] BOWLBY J.Attachment and Loss: Vol 1 [M]. New York: Basic Books, 1969.

[72] BULOTSKY–SHEARER R J, FANTUZZO J W. Preschool behavior problems in classroom learning situations and literacy outcomes in kindergarten and first grade [J]. Early Childhood Research Quarterly , 2011, 26 (1) : 61–73.

[73] DODGE K A, LANSFORD J E, BURKS V S, et al. Peer rejection and social information – processing factors in the development of aggressive behavior problems in children [J].Child Development, 2003, 74 (2) : 374–393.

[74] LIU J.Childhood externalizing behavior: theory and implications [J]. Journal of Child and Adolescent Psychiatric Nursing, 2004, 17 (3) : 93–103.

[75] WINDMILLER M, CAMBERT M, TURIEL E. Moral development and socialization [M]. Boston: Allyn and Bacon, INC., 1980.